Cross-Media Management

Springer

Berlin
Heidelberg
New York
Barcelona
Hongkong
London
Mailand
Paris
Tokio

Björn Müller-Kalthoff
Herausgeber

Cross-Media Management

Content-Strategien erfolgreich umsetzen

Mit 66 Abbildungen
und 21 Tabellen

 Springer

ISBN 3-540-43692-8   Springer-Verlag Berlin Heidelberg New York

Die Deutsche Bibliothek – CIP-Einheitsaufnahme
Cross-Media-Management: Content-Strategien erfolgreich umsetzen /
Hrsg.: Björn Müller-Kalthoff. – Berlin; Heidelberg; New York; Barcelona;
Hongkong; London; Mailand; Paris; Tokio: Springer, 2002
   ISBN 3-540-43692-8

Springer-Verlag Berlin Heidelberg New York
ein Unternehmen der BertelsmannSpringer Science + Business Media GmbH

http://www.springer.de

© Springer-Verlag Berlin Heidelberg 2002
Printed in Germany

Umschlaggestaltung: Erich Kirchner, Heidelberg
SPIN 10880101   42/2202-5 4 3 2 1 0 – Gedruckt auf säurefreiem Papier

Geleitwort

Die Medienbranche befindet sich derzeit in einer Phase grundlegender Veränderung. Im Mittelpunkt steht dabei die fortschreitende Konvergenz der bislang getrennten Sektoren Medien, Informationstechnologie und Telekommunikation. Mit der sukzessiven Erosion der Marktgrenzen entstehen für die Unternehmen der Konvergenzbranchen neue strategische Chancen, aber auch Risiken. Akteure aus einem Konvergenzmarkt werden zunehmend auch in den jeweils anderen Märkten aktiv; multimediale Produkte lösen monofunktionale Angebote ab. Im Umgang mit diesen Entwicklungen sind neue strategische Handlungsmuster gefragt. Welches die möglichen Erfolgsstrategien sind, ist allerdings bisher unklar. Wettbewerbsvorteile werden sowohl dort vermutet, wo es den Unternehmen gelingt, ihre vorhandenen Kernkompetenzen nun auch crossmedial zum Einsatz zu bringen als auch dort, wo die Akteure mit ganz neuen crossmedialen Angebotsvarianten aufwarten.

An dieser Stelle setzt der Band von Müller-Kalthoff an. Ziel des Werkes ist es, das bislang vorhandene, überwiegend fragmentarische und verstreute Wissen zum Cross-Media Management zusammenzuführen und in systematischer Form dem Leser zur Verfügung zu stellen. Dabei fokussiert der Sammelband nicht nur Erfahrungsberichte aus der Unternehmenspraxis, sondern beinhaltet auch eine Auswahl an grundsätzlichen begrifflichen und konzeptionellen Überlegungen zum Cross-Media Management. Mit dieser Kombination aus wissenschaftlicher Annäherung einerseits und unternehmenspraktischen Hinweisen andererseits ist die Lektüre sowohl für Leser mit wissenschaftlichem Hintergrund von Interesse als auch für den Praktiker, der Anregungen aus Best Practices gewinnen möchte. *Cross-Media Management* schließt damit eine Lücke in der aktuellen Medienliteratur. Im noch jungen Themenfeld Cross-Media wird der Sammelband fraglos rasch seinen eigenen Platz finden und einnehmen.

Flensburg, im April 2002   Prof. Dr. Insa Sjurts

Vorwort

Die Idee zu diesem Buch ist durch zahlreiche Diskussionen mit Führungskräften verschiedenster Medienunternehmen entstanden, die sich unter verschiedenen Vorzeichen immer um ähnliche Fragen ranken: Wie kann auf Basis etablierter Marken mit vorhandenen und neuen Inhalten bzw. Formaten im digitalen Wettbewerb Geld verdient werden? Wie können neue Distributionspunkte zur Stärkung und Ergänzung des Kerngeschäfts eingesetzt werden? Welche Strategien werden im Aufmerksamkeitswettbewerb um Leser, Zuschauer und User erfolgreich sein?

Die Erfahrungen mit dem Internet haben vor allem eines gezeigt: jeder neue Distributionskanal erhöht zunächst die kaufmännische, konzeptionelle und technische Komplexität der Wertschöpfung in Medienhäusern. Diese Komplexität geht in der Regel zunächst mit zusätzlichen Kosten einher, während Zusat*erlöse* nur mit den innovativsten Konzepten und ausgewählten Inhalten bzw. Formaten realisierbar sind. Auf die Nutzung unterschiedlicher neuer Kanäle bei der Content-Distribution zu verzichten, ist jedoch keine Option: Denn die Konsumenten verhalten sich crossmedial und verwenden neue und immer leistungsfähigere Endgeräte für ihre Mediennutzung. Dadurch wird das Thema Cross-Media aus kundenstrategischer Sicht unausweichlich. Zudem entsteht mit dem *Cross-Media Kunden* ein neuartiger crossmedialer Werberaum, der neue Chancen für die Werbe-Vermarktung bietet.

Vor diesem Hintergrund überrascht es nicht, dass *Cross-Media* nach Ansicht vieler Top-Manager eines der zentralen Erfolgskonzepte der kommenden Jahre sein wird. Im digitalen Wettbewerb werden diejenigen Unternehmen besonders erfolgreich sein, die die Herausforderung Cross-Media durch neue integrierte Management-Ansätze am besten bewältigen. Erfolgreiches *Cross-Media Management* ist daher Voraussetzung für die Steigerung von Gewinn und Unternehmenswert.

Das vorliegende Buch ist das erste deutschsprachige Buch, das die unterschiedlichen Aspekte crossmedialer Vermarktungskonzepte systematisch darstellt. Die Beiträge beleuchten konzeptionelle und praktische Herausforderungen von Cross-Media Management gleichermaßen. Der Sammelband richtet sich vor allem an Fach- und Führungskräfte in Medien- und Telekommunikationsunternehmen sowie Studenten der Medien- sowie Kommunikationswissenschaften. Ziel des Buches ist es, die konzeptionellen Grundlagen, die inhaltliche Ausgestaltung, technischen Rahmenbedingungen und mögliche Fallstricke bei der Entwicklung, Implementierung und Steuerung crossmedialer Vermarktungskonzepte umfassend darzustellen. Dabei werden u.a. die folgenden Fragen geklärt:

- Welches sind die wesentlichen Aufgaben und Herausforderungen für Medienunternehmen im Rahmen von Cross-Media?
- Welchen Einfluß hat das Nutzungsverhalten von Zuschauern und –hörern, Lesern und Usern auf die Ausgestaltung von Cross-Media Strategien?
- Welche technischen Rahmenbedingungen sind heute und künftig zu beachten, um crossmediale Vermarktungskonzepte erfolgreich umzusetzen?
- Wie lässt sich die Komplexität von Cross-Media Konzepten durch systematische und handhabbare Managementansätze reduzieren?
- Welche Erfahrungen mit dem Thema Cross-Media gibt es in der Praxis in verschiedenen Medienbereichen und welches sind die Empfehlungen für die Entwicklung von Cross-Media Konzepten im eigenen Haus?

Das Buch gliedert sich in zwei Teile. In Teil 1 werden die konzeptionellen Herausforderungen und Rahmenbedingungen von Cross-Media Management systematisch dargestellt; in Teil 2 präsentieren renommierte und erfahrene Manager Praxisbeispiele für erfolgreiches Cross-Media Management aus verschiedenen Medienbereichen und leiten Erfolgsfaktoren für die erfolgreiche Umsetzung von Cross-Media Konzepten ab.

Der erste Teil beginnt mit einem interessanten konzeptionellen und begrifflichen Überblick von **Insa Sjurts** zum Themenfeld Cross-Media. In ihrem Beitrag analysiert sie die verschiedenen Varianten von Cross-Media Strategien und gibt einen fundierten historischen Überblick über die unterschiedlichen Ansätze crossmedialer Erlöskonzepte in der deutschen Medienbranche. Auf dieser Basis wird sodann die Frage analysiert, unter welchen Voraussetzungen nachhaltige Wettbewerbsvorteile durch die Entwicklung und Umsetzung von Cross-Media Strategien erzielt werden können.

Björn Müller-Kalthoff stellt in seinem Beitrag Cross-Media als integrierten Management-Ansatz vor und diskutiert Cross-Media Management als Konzept zur Steigerung von Gewinn und Unternehmenswert. Dabei analysiert er zunächst die verschiedenen Gestaltungsfelder für erfolgreiche Cross-Media Strategien und zeigt, wie die Komplexität crossmedialer Vermarktungskonzepte durch Cross-Media Management reduziert werden kann. Auf Basis neuer Konzepte wie der *Content-Wertanalyse*, der *Cross-Media Scorecard* u.a. führt er in das Thema wertorientierte Führung in Medienunternehmen ein und stellt Lösungen zum Performance Measurement im Rahmen integrierter Cross-Media Strategien vor.

Die Beiträge von Hardy Dreier sowie Christa-Maria Ridder und Birgit van Eimeren untersuchen, welche Rolle der Zuschauer, Nutzer und Kunde bei der erfolgreichen Entwicklung von Cross-Media Konzepten spielt. **Hardy Dreier** analysiert dabei auf *konzeptioneller Ebene* vor allem Orte und Kontext der Mediennutzung durch die Konsumenten. Auf Basis seiner ausführlichen Analyse der Determinanten der Mediennutzung im digitalen Zeitalter betont er die Bedeutung von Funktion und Nutzungskontext bei der erfolgreichen Entwicklung und Vermarktung von Cross-Media Angeboten. **Christa-Maria Ridder** und **Birgit van Eimeren** nehmen in ihrem Beitrag eine stärker empirische Perspektive ein. Auf Basis der Ergebnisse der ARD/ZDF-Langzeitstudie Massenkommunikation untersuchen sie die Langzeittrends der Mediennutzung in Deutschland und ziehen Schlussfolgerungen für die Entwicklungen im neuen Jahrtausend. Dabei wird u.a. deutlich, wie sich die deutliche Zunahme der Mediennutzung in den letzten 20 Jahren auf die einzelnen Mediengattungen verteilt und welche Implikationen sich für das Thema Cross-Media ergeben.

Im letzten Beitrag des ersten Teils erläutert **Sören Stamer** die technischen Rahmenbedingungen für erfolgreiche Cross-Media Strategien. Dabei gibt er zunächst einen Überblick über zentrale technische Herausforderungen im Zusammenhang mit Cross-Media Publishing. Stamer diskutiert relevante technische Formate und erläutert praxisnah, welche Bedeutung diese für erfolgreiches Cross-Media Publishing haben. Nach einer Diskussion zentraler technischer Konzepte wie *Objektorientierung, Vererbung* und *Metainformation* stellt er anhand eines Praxisbeispiels vor, wie aus technischer Sicht Cross-Media Kunden zu „Multi-Touchpoint" Kunden werden.

Im zweiten Teil stellen Medienmanager aus verschiedenen Mediengattungen Beispiele für Cross-Media Management in der Praxis vor. **Christoph Dernbach** gibt in seinem Beitrag Einblick in die praktische Arbeit der dpa bei der Umsetzung von Cross-Media Konzepten. Zunächst erläutert er die Erfolgsfaktoren für die Mehrfachverwertung redaktioneller Inhalte am Beispiel der dpa-Produkte und stellt das Konzept „gemanagter Onlinedienste" als erfolgreiche Lösung für Cross-Media Publishing vor. Abschließend gibt er einen Ausblick auf neue Entwicklungen und Produkte, mit denen die dpa – z.T. gemeinsam mit Kooperationspartnern – künftig stärker auch Intranets und geschlossene Benutzergruppen adressiert.

Hergen Riedel und **Andreas Schoo** diskutieren in ihrem Beitrag Cross-Media Management im Medienverbund von Print und Online am Beispiel der Marke *TV Movie*. Dafür geben beide Autoren zunächst einen spannenden Überblick über entsprechende Cross-Media Konzepte der deutschen Medienlandschaft der letzten Jahre im Bereich Redaktion. Anschließend werden relevante Aspekte von Cross-Media Marketing diskutiert und Vergleiche zu Media-Mix Modellen der Vergangenheit gezogen. Abschließend wird die erfolgreiche Verzahnung von Cross-

Media Publishing und Cross-Media Marketing für die Marke *TV Movie* beschrieben. In diesem Zusammenhang stellen die Autoren neueste Ergebnisse empirischer Untersuchungen zu Multiplying-Effekten crossmedialer Marken-Kampagnen vor und analysieren die Bedeutung einer integrierten Sicht auf das Thema Cross-Media.

Reinhold Gokl, Wolfgang Scheuren, Yüksel Sirmasac und **Timo Wasmer** stellen in ihrem anschaulichen Beitrag dar, wie es GENIOS seit der Gründung 1985 gelungen ist, mit der Mehrfachverwertung von Inhalten geschäftlich erfolgreich zu sein. Dabei präsentieren sie zunächst die wesentlichen Grundlagen für das Geschäftsmodell Syndication und geben interessante Ein- und Überblicke in den Markt für digitale Geschäftsinformationen in Deutschland einschließlich der relevanten Akteure. Anhand konkreter Beispiele werden die Produkte und Services einer *Content-Sales Plattform* praxisnah beschrieben und das Thema Cross-Media Management im Zusammenhang mit der Integration unternehmensübergreifender Content-Datenbanken in verschiedenen Facetten erörtert.

TV-Spezialist **Hubert Eisner** geht in seinem Beitrag den Aufgaben des Cross-Media Managements in digitalen Fernsehmärkten der Zukunft nach. Zunächst diskutiert Eisner die Frage, wie die Zuschauer mit der Plattform Digitalfernsehen umgehen werden. Anschließend erläutert er die neuesten Konzepte und technischen Rahmenbedingungen für die Content-Vermarktung in digitalen TV-Märkten und stellt Beispiele für eigenständige und programmbegleitende iTV-Formate aus dem europäischen Ausland vor.

Marcus Englert beschreibt das Thema Cross-Media Management für die Fernsehfamilie der KirchGruppe. Dabei zeigt er an konkreten Beispielen, welche Synergien in der Wertschöpfungsstruktur einer Senderfamilie bei Produktion, Aggregation und Distribution möglich sind und erläutert die zentrale Bedeutung von Cross-Media Branding für die Cross-Media Strategie der ProSieben Sat1 Media AG. Vor dem Hintergrund der sich verstärkenden „multi-optionalen Nutzung" von Medien entwirft Englert am Beispiel der Marke *ProSieben* eine Vision von Medienmarken als Begleiter des Konsumenten über den gesamten Tag. Die crossmedial präsente Marke wird so als notwendige Voraussetzung für erfolgreiches, d.h. erlössteigerndes Cross-Media Management interpretiert.

Mein Dank gilt den Autoren, die sich trotz ihrer anspruchsvollen Aufgaben in ihren Unternehmen bereit gefunden haben, in griffigen Erfahrungsberichten die verschiedenen Aspekte von erfolgreichem Cross-Media Management in der Praxis zu beleuchten. Ebenso möchte ich mich bei den Autoren aus dem wissenschaftlichen Umfeld bedanken, die in ihren konzeptionell, begrifflich und empirisch spannenden Beiträgen Kernthemen für erfolgreiches Cross-Media Management diskutieren und Lösungsansätze vorstellen – auch dies neben dem anstrengenden Tagesgeschäft. Insa Sjurts danke ich für ihre spontane Bereitschaft, neben ihrem Beitrag noch ein Geleitwort zu verfassen. Mein besonderer Dank gilt Sabine Böhmer, deren umfassende Unterstützung bei der Entwicklung und Umsetzung der Idee diesen Band möglich gemacht hat. Dem Springer Verlag danke ich für die unkomplizierte und gute Art der Zusammenarbeit.

Hamburg, im April 2002   Björn Müller-Kalthoff

Inhalt

Teil 1
Cross-Media Management: Konzeptionelle Grundlagen

Teil 1
Cross-Media Management: Konzeptionelle Grundlagen

Cross-Media Strategien in der deutschen Medienbranche
Eine ökonomische Analyse zu Varianten und Erfolgsaussichten

Univ.-Prof. Dr. Insa Sjurts

Lehrstuhl für Allgemeine Betriebswirtschaftslehre, insbesondere Medienmanagement, Universität Flensburg

1. Die Medienbranche zu Beginn des 21. Jahrhunderts

Die deutsche Medienbranche befindet sich Anfang des neuen Jahrtausends in einer Umbruchphase. Nach Jahren kontinuierlichen Wachstums sehen sich die Medienunternehmen in nahezu allen Teilmärkten Erlösstagnationen oder gar Erlösrückgängen gegenüber. Grund für die angespannte ökonomische Situation im Mediensektor sind neben Kostensteigerungen vor allem die massiven Einbrüche bei den Werbeeinnahmen in den Jahren 2001 und 2002 und ein kontinuierlich ansteigendes Medienangebot. Immer mehr und neue Medienprodukte konkurrieren um die knappe Ressource der Rezipientenaufmerksamkeit. Ein besonderer Konkurrenzdruck auf die etablierten Wettbewerber geht dabei von den neuen Medien Internet und Mobilfunk aus, die mit ihrem individualisierten Angebot Wettbewerbsvorteile gegenüber der Massenkommunikation zu erringen versuchen.

In dieser Situation steigender Wettbewerbsintensität sind die Medienunternehmen gezwungen, bestehende Marktpositionen zu sichern und gleichzeitig neue Erlösquellen zu erschließen. Als mögliche Handlungsoption werden dabei seit einiger Zeit sogenannte Cross-Media Strategien postuliert. Dahinter verbirgt sich die Idee, durch Präsenz in verschiedenen Medienteilmärkten - also durch Diversifikation - ein Portfolio von Geschäftsfeldern aufzubauen und die Erlösabhängigkeit von einzelnen Medienmärkten zu verringern. Ferner sollen Synergieeffekte genutzt und Kostendegressionsvorteile realisiert werden. Die Aktivitätsfelder reichen dabei von der Präsenz in verwandten Medienteilmärkten - zum Beispiel von Zeitungsverlagen im Zeitschriftenbereich - über den Einstieg in andere klassische, aber nicht unmittelbar technologisch verwandte Medienteilbranchen - so zum Beispiel von Verlagen in den Rundfunkbereich - bis hin zur Tätigkeit von klassischen Medienunternehmen bei den neuen elektronischen Medien Internet und Mobilkommunikation. Einen Höhepunkt des Interesses erlangten Cross-Media Strategien Ende der 90er Jahre als im Zuge der rasanten Verbreitung des Internets sowohl Verlage als auch Rundfunkunternehmen massenhaft mit eigenen Angeboten im Online-Bereich aktiv wurden. Zwischenzeitlich ist diese Euphorie allerdings abgeklungen, nachdem deutlich wurde, dass die kurzfristigen Erlöschancen im Online-Bereich weit überschätzt worden waren (Karle 2001). Einzelne Wettbewerber, wie zum Beispiel das Verlagshaus Gruner + Jahr oder der Axel Springer Verlag, postulieren mittlerweile wieder die Rückbesinnung auf die alten Kernkompetenzen und ziehen sich aus Geschäftsfeldern zurück, die nicht in nahem Zusammenhang zu ihrem (traditionellen) Kerngeschäft stehen (o. V. 2001; Axel Springer Verlag 2001; Sjurts 2002). Andere Akteure, wie die Burda Gruppe, dagegen forcieren weiterhin ihre crossmedialen Aktivitäten und verstehen diese als zentralen Baustein für den zukünftigen Unternehmenserfolg (Vogel 2001; Sjurts 2002). Ob und gegebenenfalls auch welche Art der crossmedialen Präsenz nachhaltige Wettbewerbsvorteile zu generieren vermag, scheint bislang nicht ausgemacht.

Vor dem Hintergrund dieser Entwicklungen und in Anbetracht der divergierenden Erfolgseinschätzungen von Cross-Media Strategien soll im Folgenden eine systematische ökonomische Analyse dieser Strategievariante versucht werden. Von Interesse ist dabei zunächst, Cross-Media Strategien im Kanon der einschlägigen strategischen Handlungsoptionen zu verorten und in ihren Varianten zu systematisieren. Damit wird die notwendige Voraussetzung geschaffen für die Analyse von Cross-Media Strategien in der Unternehmenspraxis. Hierbei wird die Entwicklung von Cross-Media Strategien in der deutschen Medienbranche kurz skizziert und sodann die Entscheidung für eine crossmediale Strategie auf der Basis von markt- und ressourcenorientierter Strategielehre ökonomisch zu begründen versucht. Abschließend gilt es, die Erfolgspotenziale von Cross-Media Strategien allgemein und alternativer Cross-Media Strategievarianten im einzelnen kurz zu diskutieren. Dabei ist dann auch der sukzessive fortschreitenden Konvergenz von Medien-, Informationstechnologie- und Telekommunikationsbranche Beachtung zu schenken.

2. Begriffliche Vorbemerkungen

2.1 Zum Begriff der Cross-Media Strategie

Der Begriff der Cross-Media Strategie gehört zu jenen schillernden Modebegriffen, die plötzlich auftauchen, inflationär gebraucht, aber nicht einheitlich verstanden werden. Entsprechend ist eine Klärung des hier verwendeten Begriffsverständnisses vonnöten. Geht man vom klassischen Strategiebegriff der betriebswirtschaftlichen Strategielehre aus, ist Strategie der Oberbegriff für langfristig orientierte Entscheidungen über die Geschäftsfelder eines Unternehmens und die Art und Weise, wie der Wettbewerb in diesen Geschäftsfeldern bestritten werden soll (Andrews 1971; Hofer u. Schendel 1978). Entsprechend können

Cross-Media Strategien definiert werden als *Diversifikationsentscheidungen* von Medienunternehmen, die als Zielbranchen *andere Medienteilmärkte* fokussieren, also cross-mediär sind.[1] Als Medienteilmärkte sind dabei zunächst die klassischen Medienmärkte Zeitungen, Zeitschriften, Hörfunk und Fernsehen zu unterscheiden (Sjurts 1996). Im Zuge der technologischen Entwicklung sind als neue Medienmärkte Internet und Mobile Kommunikation hinzugekommen und hier entsprechend zu berücksichtigen.

2.2 Varianten von Cross-Media Strategien

Sind Cross-Media Strategien damit als Form der Diversifikation bestimmt, kann für eine weitere inhaltliche Konkretisierung und Klassifikation auf die einschlägigen Kriterien zur Kennzeichnung von Diversifikationsstrategien in der Strategielehre zurückgegriffen werden (Rumelt 1974; Reed/Luffmann 1986). Zwei Kriterien stehen hier bei der Beschreibung von Diversifikationen im Vordergrund. Zum Ersten handelt es sich um den *Verwandtschaftsgrad* von Ressourcen, Technologie und Risiko von Ausgangs- und Zielbranche. Eine Diversifikation, die auf ein Geschäftsfeld innerhalb der eigenen Wertschöpfungskette zielt, wird als *related* diversification bezeichnet. Eine Diversifikationen in eine unverwandte Branche ist *unrelated*.

Das zweite Kriterium zur Kennzeichnung von Diversifikationen ist das *Verhältnis* von *Ausgangs-* und *Zielbranche* im Hinblick auf ihre Position in der Wertschöpfungskette. Eine Diversifikation, die die gleiche Wertschöpfungsstufe fokussiert, wird als *horizontal*, eine Diversifikation, die auf eine vor- oder nachgelagerte Wertschöpfungsstufe gerichtet ist, wird als *vertikal* bezeichnet. Je nach Richtung der vertikalen Diversifikation im Vergleich zum Kerngeschäftsfeld kann hier weiter unterschieden werden in eine *vertikal rückwärts* gerichtete Maßnahme, wenn die Handlung auf die vorausgehende Stufe im Wertschöpfungsprozess zielt, und in eine *vertikal vorwärtsgerichtete* Diversifikation, wenn eine nachfolgende Wertschöpfungsstufe das Ziel der Aktivitäten ist.

Auf Basis dieser beiden Kriterien lässt sich eine Typologie von Diversifikationsstrategien entwickeln. Für die Systematisierung von Cross-Media Strategien ist dabei - wie schon der Name vermuten lässt - der Verwandtschaftsgrad von Ressourcen, Technologie und Risiko das zentrale Klassifikationsmerkmal. Hinsichtlich des Verwandtschaftsgrades der Medienteilbranchen ist dabei genau zu differenzieren. So sind einige Medienteilbranchen, nämlich die beiden Printbranchen

---

[1] Einer Sichtweise, die unter Cross-Media Strategien das Angebot von Werbekombinatinen durch Medienunternehmen versteht (Häuser 2002; o. V. 2002), kann dagegen nichtgefolgt werden. Hier wird der Strategiebegriff zur Bezeichnung eines Sachverhalts gebraucht, der ein strategisches Programm, aber keine Strategie darstellt. Zur Abgrenzung von Strategien und strategischen Programmen vgl. Steinmann u. Schreyögg (2000), S. 156f.

Zeitungen und Zeitschriften und die beiden Rundfunkmärkte Hörfunk und Fernsehen, jeweils technologisch verwandt. Bei anderen Medienteilbranchen dagegen ist keine technologische Verwandtschaft festzustellen, so zum Beispiel bei Zeitungen und Online-Angeboten oder bei Fernsehen und Mobilkommunikation.

Ausgehend vom Kriterium der Branchenverwandtschaft lassen sich für Medienunternehmen drei grundlegende Diversifikationsvarianten unterscheiden, nämlich die intramediäre, die intermediäre und die extramediäre Diversifikation (Abb. 1). Die Diversifikationsvarianten können jeweils noch genauer gekennzeichnet und differenziert werden nach dem Verhältnis von Ausgangs- und Zielbranche.

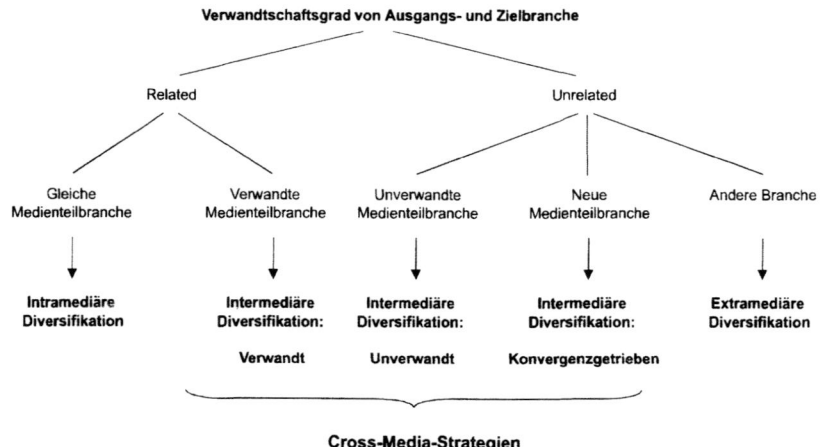

Abb. 1. Systematisierung von Diversifikationsstrategien von Medienunternehmen

Die drei grundlegenden Diversifikationsvarianten lassen sich wie folgt charakterisieren:

1. *Intramediäre Diversifikation*: Im Falle einer intramediären Diversifikation wird ein Medienunternehmen aktiv in einer vor- oder nachgelagerten Branche der brancheneigenen Wertschöpfungskette.

2. *Intermediäre Diversifikation*: Bei der intermediären Diversifikation tritt ein Medienunternehmen in eine andere Medienteilbranche ein. Folglich handelt es sich um eine Cross-Media Strategie. Nach dem Verwandtschaftsgrad der Ausgangs- und Zielbranche kann hier weiter in eine verwandte, eine unverwandte und eine konvergenzgetriebene intermediäre Diversifikation unterschieden werden.

- Eine *verwandte* intermediäre Diversifikation liegt vor, wenn ein Medienunternehmen in eine technologisch verwandte Medienteilbranche eintritt. Beispiele sind der Markteintritt eines Zeitungsverlags in die Zeitschriftenbranche oder die Präsenz eine Hörfunksenders auch im Fernsehbereich.

- Bei einer *unverwandten* intermediären Diversifikation werden Medienunternehmen in einer klassischen Medienteilbranche tätig, die zu ihrer eigenen Branche in keiner technologischen Verwandtschaft steht. Dies ist der Fall, wenn Verlage im Rundfunk aktiv werden oder wenn sich Rundfunkunternehmen im Printbereich engagieren.

- Die *konvergenzgetriebene* intermediäre Diversifikation bezeichnet schließlich den Eintritt von Medienunternehmen in die neuen Medienmärkte Internet und Mobile Kommunikation. Diese Diversifikationsoption ist konvergenzgetrieben, da sie erst im Zuge der technologischen Konvergenz für die Medienunternehmen verfügbar wurde. Beispiele bilden die Websites von Verlagen oder Chat-Foren von Fernsehsendern.

3. *Extramediäre Diversifikation*: Eine extramediäre Diversifikation liegt schließlich vor, wenn ein Medienunternehmen außerhalb von Medien- und Konvergenzbranchen aktiv wird, beispielsweise durch die Beteiligung an Gastronomiebetrieben wie im Fall der Verlagsgruppe Milchstraße ("Fit for Fun Restaurant").

Auf der Basis dieser Systematisierung von Diversifikationsvarianten können nun die Diversifikationsstrategien, und hier vor allem Cross-Media Strategien, in der deutschen Medienbranche erfasst, eingeordnet und sodann analysiert werden.

3. Stand und Entwicklung von Cross-Media Strategien in der deutschen Medienbranche

3.1 Cross-Media Strategien vor 1984

Bis 1984 waren Cross-Media Strategien in der deutschen Medienbranche insgesamt von nur eingeschränkter Bedeutung. Die Unternehmen der Zeitungs- und Zeitschriftenmärkte fokussierten überwiegend ihre Stammgeschäftsfelder. So war zum Beispiel Gruner + Jahr im Zeitschriftenbereich aktiv und der Süddeutsche Verlag konzentrierte sich auf den Zeitungsmarkt. Eintritte in neue Märkte beschränkten sich auf den Zukauf oder die Gründung von Druckereien oder Vertriebsunternehmen in den jeweiligen Medienteilmärkten. Nur einige wenige Verlage wie das Verlagshaus Axel Springer traten auch in den jeweils anderen

Printmarkt ein und waren sowohl mit Zeitungen als auch mit Zeitschriften am Markt. Zusammengenommen war somit *intramediäre vertikal vorwärts gerichtete Diversifikation* kennzeichnend für diese Zeit. Cross-Media Strategien spielten nur sporadisch und zwar in der Form der *verwandten intermediären Diversifikation* mit *horizontaler* Richtung eine Rolle. Im regulierten Rundfunkmarkt war für die beiden öffentlich-rechtlichen Anbieter aus systematischen Gründen Diversifikation nicht möglich.

3.2 Cross-Media Strategien von Mitte bis Ende der 80er Jahre

Mit der Zulassung privater Radio- und Fernsehsender im Jahr 1984 verstärkte sich die Bedeutung von Cross-Media Strategien in der deutschen Medienbranche ganz erheblich. Die Werbemärkte der Printmedien waren nun durch die Substitutionskonkurrenz der privaten Rundfunkanbieter bedroht. Die Printunternehmen begegneten der Herausforderung durch *unverwandte intermediäre Diversifikation horizontaler* Richtung (Sjurts 1996).[2] Auf regionaler Ebene beteiligten sich Zeitungsverlage wie etwa der Axel Springer Verlag in Hamburg oder der Süddeutsche Verlag in München an lokalen Radiosendern oder gründeten solche gemeinsam mit anderen Verlagen (Dahlmeier 1996; Sjurts 1996). Ziel der Verleger war es, in den neuen konkurrierenden Werbemärkten selbst präsent zu sein, um die Wettbewerbsstrategien der Hörfunkanbieter dort beeinflussen und an den Werbeeinnahmen der neuen Konkurrenten partizipieren zu können.

Auf überregionaler Ebene beteiligten sich Zeitungs- und Zeitschriftenverlage mit dem gleichen Ziel an deutschlandweiten Fernsehsendern oder gründeten solche durch den Zusammenschluss von Anbietergemeinschaften. So wurde SAT. 1 als "Verlegerfernsehen" ins Leben gerufen und an RTL beteiligten sich der Verlag der Frankfurter Allgemeinen Zeitung (FAZ), die Westdeutsche Allgemeine Zeitung (WAZ) und der Burda Verlag (Sjurts 1996). Auch hier handelte es sich um eine *unverwandte intermediäre Diversifikation horizontaler* Richtung.

3.3 Cross-Media Strategien in den 90er Jahren

Anfang der 90er Jahre kam es zu einem neuerlichen Diversifikationsschub in der deutschen Medienbranche. Aktiv wurden dabei wiederum die Verlage. Ihre Aktivitäten konzentrierten sich zunächst auf den Printbereich. Nach der Wende erwarben hier diverse Verlagshäuser Beteiligungen an ostdeutschen Zeitungen oder gründeten Titel für diesen Markt. So wurde der Burda Verlag 1991 mit der "Super Zeitung" im ostdeutschen Markt aktiv. Gruner + Jahr kaufte Beteiligungen am Berliner Verlag und am Dresdner Druck- und Verlagshaus und gründete darüber hinaus auch Zeitungen wie die "Leipziger Morgenpost" (Sjurts 1996). Soweit es

---

[2] Die Verbindung zwischen Rundfunk und Presse wird gelegentlich auch als „Urform" des Cross-Media-Ownership bezeichnet. Vgl. Bender (1999), S. 58.

sich bei den westdeutschen Verlagen um Zeitschriftenunternehmen handelte, intensivierte sich also die *verwandte intermediäre Diversifikation horizontaler* Richtung.

Zweites Aktivitätsfeld der Verlage war der Fernsehbereich. Hier wollten die Printunternehmen am wachsenden Erfolg des Privat-TV infolge steigender technischer Reichweite stärker partizipieren. Neben dem Ausbau von Senderbeteiligungen entwickelten die Verlagshäuser im Wege einer brand extension Ablegerprodukte erfolgreicher Printtitel in Form von TV-Sendungen.[3] So startete Gruner + Jahr bei RTL "stern tv" und die Spiegel-Gruppe platzierte das "Spiegel TV Magazin". Die Verleger wurden damit zu Contentproduzenten und -lieferanten für die Fernsehsender. Nach der unverwandten intermediären Diversifikation mit horizontaler Richtung Mitte der 80er bis Mitte der 90er Jahre folgte nun als crossmediale Verlegerstrategie die *vertikal rückwärts gerichtete unverwandte intermediäre Diversifikation*.

Eine weitere Phase der Diversifikationsentwicklung in der deutschen Medienbranche lässt sich Mitte der 90er Jahre feststellen. Aktiv wurden nun die Fernsehsender. Auslöser war die Angebotsausweitung im Fernsehmarkt durch den Markteintritt neuer Anbieter. Da sowohl die Tagesreichweite als auch die durchschnittliche tägliche Sehdauer stagnierten, verschärfte sich der Wettbewerb auf der Ebene der Programmangebote, was wiederum die Preise auf den Programmbeschaffungsmärkten in die Höhe trieb (Sjurts 1996). Zur Begrenzung der Verhandlungsmacht der Programmlieferanten setzten die TV-Sender auf eine Strategie der *intramediären vertikal rückwärts gerichteten Diversifikation*. Die Fernsehsender traten durch die Gründung von Tochtergesellschaften oder über Kooperationen selbst in den Bereich der Content-Produktion ein. Neben der Reduktion der Programmbeschaffungskosten sicherten sich die TV-Sender auf diesem Wege einen exklusiven Ressourcenzugriff und damit eine Differenzierung am Rezipientenmarkt, was wiederum der Verbesserung der Wettbewerbsposition am Werbemarkt dienen sollte.

3.4 Cross-Media Strategien seit Ende der 90er Jahre

Seit Ende der 90er Jahre konzentrieren sich die Diversifikationsstrategien der klassischen Medienunternehmen aus Print und Rundfunk auf die neuen elektronischen Medienmärkte. Mit der Entstehung und Verbreitung von Internet und mobilen Kommunikationsangeboten erwächst den klassischen Medienunternehmen hier eine neue Substitutionskonkurrenz. Das besondere Augenmerk der Medienunternehmen liegt dabei aktuell auf dem Internet. Dieses Medium hat innerhalb kürzester Zeit, bedingt durch technologischen Fortschritt, rasante Verbreitung gefunden. Schon heute nutzt annähernd die Hälfte der Bundesbürger das Internet (SevenOne Interactive 2001). Nahezu alle großen Medienunternehmen sind hier mittlerweile

---

[3] Zur Strategie des Markentransfers vgl. im einzelnen Siegert (2001), S. 144ff.

mit eigenen Angeboten vertreten. Der Eintritt in den Internetbereich durch Verlage und Rundfunkanbieter erfolgte dabei im Wege einer *konvergenzgetriebenen intermediären Diversifikation horizontaler* Richtung. Angeboten werden von den Medienunternehmen in erster Linie die klassischen Medienprodukte. Anfangs handelte es sich dabei zumeist um 1:1-Übertragungen des Basisproduktes. Heute dagegen bieten nahezu alle Medienunternehmen internetspezifische Produktvarianten sowie Produkterweiterungen. Einige Medienunternehmen haben über die Zeit umfangreiche und aufwändige Sites geschaffen, die mit vielfältigen Informations- und Unterhaltungsangeboten aufwarten, wie "RTL.de", "Focus Online" oder "Spiegel Online". Eine Vielzahl der Beteiligungen und Joint Ventures, die Medienunternehmen Ende der 90er Jahre im E-Business-Bereich erworben haben, wurden mittlerweile wegen der begrenzten Erfolgsaussichten wieder aufgegeben oder zumindest reduziert (Müller 2001).

Neben der Präsenz im Bereich des Content-Packaging versuchen sich die Medienunternehmen mittlerweile auch als Contentlieferanten für Online-Anbieter zu positionieren. Zu den Pionieren der Syndication gehört fraglos die Verlagsgruppe Milchstraße. Das Verlagshaus bietet ein umfangreiches Repertoire an Text- und Bildmaterial für die Weiterverwertung in den neuen Medien (Brechtel 2001). Auch die Hamburger Verlagsgruppe Ganske offeriert diverse Inhalte aus seinem Printbereich zur Verwertung im Internet. So werden die regionalen Lifestyle-Informationen aus der Prinz-Redaktion von AOL genutzt; der Internetshop der Deutschen Post ("eVita") und "GesundheitsScout24" beziehen ebenfalls Inhalte von der Verlagsgruppe (Ganske Verlagsgruppe 2000; Sjurts 2002). Die Diversifikation von Medienunternehmen im Internet-Bereich bewegt sich also zunehmend hin zu einer Strategie *konvergenzgetriebener intermediärer Diversifikation* mit *vertikal rückwärtiger* Richtung.

Das Feld der Mobilkommunikation ist wegen der noch begrenzten technischen Möglichkeiten bei der Datenübertragung für die Medienunternehmen derzeit von nur begrenztem Interesse. Allerdings ist hier mit einer steigenden Substitutionskonkurrenz zu rechnen, wenn im Zuge des Übergangs zum Mobilfunkstandard der dritten Generation (UMTS) ganz neue Nutzungsmöglichkeiten für mobile Endgeräte entstehen. Einige wenige Verlagshäuser bereiten sich auf diese Entwicklung vor, indem sie schon heute den vorhandenen Content Mobilfunk-tauglich aufbereiten und in Datenbanken zusammenführen. So betreibt die Verlagsgruppe Ganske schon seit 10 Jahren die "Merian Contentbase". Diese enthält geocodierte Informationen aus den Redaktionen der "Merian"-Reiseführer, des Stadtmagazins "Prinz" und des Gourmet-Titels "Der Feinschmecker" und wird laufend mit neuen Informationen aufgefüllt. Die Erfahrungen mit der Vermarktung des umfangreichen Datenbestands sind schon recht weit fortgeschritten. So wurde kürzlich mit T-Mobil ein Restaurant-Guide als WAP-Service realisiert, mit Compaq besteht eine Kooperation zu Handheld-Reiseführer-Applikationen und mit Mannesmann Passo eine Zusammenarbeit bei Telematik-Diensten (Wegner 2000; Sjurts 2002). Die Diversifikationsstrategie im Bereich der Mobilkommunikation ist somit von

Anfang an *konvergenzgetrieben intermediär* und dabei *vertikal rückwärts* gerichtet.

3.5 Zwischenergebnis: Diversifikationsmuster in der deutschen Medienbranche

In der deutschen Medienbranche haben Cross-Media Strategien seit Jahren - wie gezeigt - einen festen Platz. Dabei ist ein zunehmender Variantenreichtum festzustellen. Eine Zusammenfassung der Cross-Media Strategien im Zeitablauf zeigt Abb. 2.

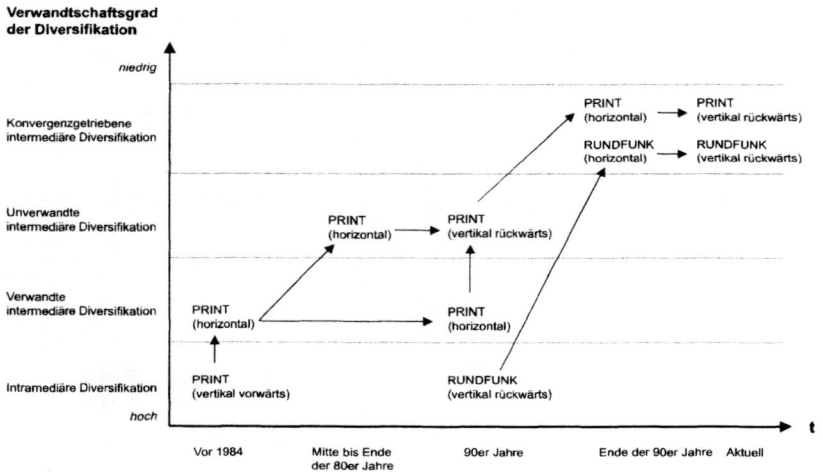

Abb. 2. Medienunternehmen und Cross-Media Strategien im Zeitablauf

Fragt man nach spezifischen Trends oder Handlungsmustern in den Cross-Media Strategien der Medienunternehmen, so sind drei Befunde festzuhalten.

1. Zum Ersten ist zu konstatieren, dass im Zeitablauf *immer mehr Medienunternehmen* Cross-Media Strategien verfolgen. Waren dies am Anfang aus Gründen der Marktregulierung nur die Verlagshäuser sind mittlerweile sowohl Verlage als auch Rundfunkunternehmen in großer Zahl in anderen Medienteilmärkten aktiv.

2. Zum Zweiten ist festzustellen, dass der *Verwandtschaftsgrad* von *Ausgangs- und Zielbranche* bei den Cross-Media Strategien kontinuierlich *abnimmt*. Ausgehend von intramediären und verwandten intermediären Diversifikationen gewinnen unverwandte und konvergenzgetriebene intermediäre Diversifikatio-

nen kontinuierlich an Bedeutung. Damit begeben sich die Medienunternehmen bei ihren intermediären Aktivitäten zunehmend in Märkte, die sich nicht nur hinsichtlich von Ressourcen, Technologie und Risiko deutlich voneinander unterscheiden, sondern auch andere Branchen- und Unternehmenskulturen aufweisen.

3. Als Drittes lassen sich deutliche *Parallelen* in den *Diversifikationsstrategien* erkennen, die die Medienunternehmen bei der Entstehung des privaten *Rundfunkmarktes* einerseits und bei der Entstehung und Verbreitung des *Internet* andererseits verfolgten. In beiden Phasen reagierten die Medienunternehmen auf die neue Substitutionskonkurrenz zunächst mit dem Eintritt in die Konkurrenzmärkte, also mit einer Strategie *horizontaler intermediärer Diversifikation*. Nach einer Phase der Konsolidierung versuchten die Medienunternehmen sodann auch in den jeweils vorgelagerten Wertschöpfungsstufen aktiv zu werden. Verlage traten als TV-Contentproduzenten auf oder lieferten Inhalte an Portalbetreiber im Internet. Die Präsenz in den Konkurrenzmärkten wurde um eine *vertikal rückwärts gerichtete intermediäre Diversifikation* ergänzt. Nur im Bereich der Mobilkommunikation führte der Diversifikationspfad direkt zu einer Präsenz im Bereich der Contentlieferung. Systematisch wurden Medienunternehmen nicht zunächst als Netzbetreiber oder Diensteanbieter aktiv.

Vor dem Hintergrund dieser Befunde stellt sich die Frage nach ihrer ökonomischen Erklärung. Hinweise hierzu können sich aus einer Analyse der Entscheidungsgründe für Cross-Media Strategien ergeben, die im Folgenden versucht werden soll.

4. Ökonomische Erklärung von Cross-Media Strategien

Für die ökonomische Erklärung von Cross-Media Strategien in der deutschen Medienbranche können die beiden grundlegenden Denkrichtungen in der betriebswirtschaftlichen Strategielehre, nämlich der marktorientierte Ansatz einerseits und der ressourcenbasierte Ansatz andererseits, fruchtbar zu machen versucht werden. Da die Diversifikationsentscheidungen der Medienunternehmen zunächst vor allem getrieben waren von Veränderungen im Wettbewerbsumfeld, ist es zweckmäßig, mit der marktorientierten Erklärung zu beginnen.

4.1 Eine marktorientierte Erklärung

Der marktorientierte Ansatz in der Strategielehre führt Wettbewerbsvorteile zurück auf die Positionierung eines Unternehmens in einer Branche (Porter 1980). Da der Branchenwettbewerb die Gewinne tendenziell auf das Niveau bei vollkommener Konkurrenz herunterkonkurriert und damit den Unternehmenserfolg begrenzt, besteht die Kunst von Unternehmensstrategie darin, diejenige Strategie zu wählen, durch die das Unternehmen am besten vor dem Druck der Triebkräfte des Wettbewerbs geschützt ist. Das strategische Handeln muss also darauf gerichtet sein, die Bedrohung durch neue Konkurrenten, die Rivalität in der Branche, die Lieferanten- und die Abnehmermacht sowie die Bedrohung durch Substitutionsprodukte zu begrenzen.

Analysiert man diesbezüglich die Entscheidung der Medienunternehmen für Cross-Media Strategien, so zielen die *intramediären vertikal vorwärts gerichteten Diversifikationsstrategien* der Printunternehmen vor 1984 sowie die *intramediären vertikal rückwärts gerichteten Diversifikationsstrategien* der TV-Sender zu Beginn der 90er Jahre auf eine Verringerung der Abhängigkeit von der nach- bzw. vorgelagerten Wertschöpfungsstufe. Zu beiden Zeitpunkten waren die Medienunternehmen mit *Machtpositionen* auf der *Abnehmer-* bzw. auf der *Lieferantenseite* konfrontiert. Für die Printunternehmen war Abnehmermacht gegeben, da die Druck- und Vertriebsleistung nicht nur einen erheblichen Kostenanteil bildet, sondern zugleich auch einen kritischen Erfolgsfaktor darstellt. Um hier die notwendige Qualität sicherstellen zu können und Druck- und Lieferunsicherheiten bei Einsatz von Fremdfirmen zu reduzieren, war ein eigener Besitz an Druckerei- und Vertriebskapazität unabdingbar. Nahezu alle großen Verlage sind heute vertikal integriert. Die TV-Sender waren umgekehrt mit Lieferantenmacht konfrontiert, da Anfang der 90er Jahre geeignete Programminhalte zunehmend knapp wurden und die Preise am Programmbeschaffungsmarkt deutlich anstiegen. Zur Reduktion der Lieferantenmacht wurden die Fernsehsender selbst als Programmproduzenten aktiv.

Die *horizontale verwandte intermediäre Diversifikation* der Verlage vor 1984 und sodann wieder zu Beginn der 90er Jahre hat aus marktorientierter Perspektive ihren Grund zum einen im Versuch der Reduktion von Substitutionskonkurrenz und zum anderen im Bemühen um eine Begrenzung der Rivalität in der Branche. So können die frühen Aktivitäten einzelner Verleger sowohl im Zeitungs- als auch im Zeitschriftenmarkt vor allem erklärt werden mit dem Ziel, durch ein breites Produktportfolio über alle Medienteilbranchen die *Bedrohung durch Substitutionskonkurrenz* zu begrenzen. Das spätere Engagement der Verlage im Zeitungsmarkt der neuen Bundesländer hatte seinen Grund vor allem in der Begrenzung der *Rivalität in der Branche*. Durch Erwerb von Beteiligungen an ostdeutschen Verlagen partizipierten die westdeutschen Verleger nicht nur an möglichen Erfolgen der neuen Konkurrenz, sondern konnten diese auch kontrollieren. Die neuen Anbieter, die die Ertragssituation in der überwiegend oligopolistisch befriedeten und mittlerweile stagnierenden Zeitungsbranche hätten destabilisieren können, wurden so in ihrer wettbewerblichen Wirkung neutralisiert. Blattgründungen westdeutscher Verleger in ostdeutschen Regionalmärkten wirkten als Markt-Eintrittsbarriere gegen Newcomer.

Auch die Entscheidung für *horizontale unverwandte intermediäre Diversifikation*, wie sie zum einen mit der Öffnung der Rundfunkmärkte für private Anbieter und zum anderen mit der Entstehung und Verbreitung des Internet von den Medienunternehmen zunehmend präferiert wurde, kann aus marktorientierter Sicht mit dem Ziel der *Reduktion von Substitutionskonkurrenz* erklärt werden. Da sowohl der private Rundfunk als auch das Internet mittlerweile reichweitenstarke Medien sind, die mit ihren Produkten überwiegend auf ein Massenpublikum zielen, ist systematisch Substitutionskonkurrenz zu den klassischen Medien gegeben. Alte wie auch neue Medien konkurrieren um die begrenzte Ressource der Rezipientenaufmerksamkeit. Um hier nicht tatenlos einer Erosion der eigenen Vertriebs- und insbesondere der Werbeerlöse zusehen zu müssen, haben die Medienunternehmen frühzeitig eine reaktiv geprägte Strategie der horizontalen intermediären Diversifikation verfolgt. Ziel der Präsenz in den neuen Substitutionsmedien ist es, an den Erfolgen der neuen Anbieter zu partizipieren und die Ertragssituation in der Zukunft durch ein breiteres Portfolio an alten wie auch neuen Geschäftsfeldern zu stabilisieren. Von besonderer Bedeutung ist die horizontale intermediäre Diversifikation für jene Medienunternehmen, die sich (auch) aus Werberlösen finanzieren. Der Mechanismus der Anzeigen-Auflagen- bzw. Werbespot-Reichweiten-Spirale potenziert hier die negative Erlöswirkung von Marktanteilsrückgängen im Rezipientenmarkt. Reichweiten- bzw. Quotenverluste führen nicht nur zu reduzierten Vertriebserlösen, sondern auch zu einem Rückgang der Werbeumsätze. Der Zwang zur Erschließung neuer Erlösquellen durch Diversifikation ist also für Medienunternehmen die logische Konsequenz neuer Medienformen. Die horizontale intermediäre Diversifikation ist entsprechend zu einem Massenphänomen in der Medienbranche geworden.

Für eine Erklärung der *vertikal rückwärts gerichteten intermediären Diversifikation*, wie sie in den 90er Jahren im TV-Markt von den Printunternehmen verfolgt wurde und aktuell von den Medienunternehmen im Internet präferiert wird, lässt sich der marktorientierte Ansatz nicht fruchtbar machen. Grund hierfür ist die Branchenperspektive dieses Denkmodells, das als Triebfeder strategischen Handelns auf die fünf Wettbewerbskräfte der jeweiligen Branche verweist. Intra- und intermediäre Strategien sind mit diesem Denkansatz immer dann zu erklären, wenn die Diversifikation gerichtet ist auf eine Branche, die in den Triebkräften des Porter-Modells berücksichtigt wird. Erklärbar sind also Diversifikationsstrategien, die auf die Branche der Lieferanten, der Abnehmer oder der Substitutionsprodukte zielen. Eine Strategie dagegen, die als Zielbranche eine vorgelagerte Wertschöpfungsstufe eines anderen Marktes fokussiert, wird vom marktorientierten Erklärungsmodell nicht erfasst. Als weitaus erklärungskräftiger erweist sich hier der ressourcenbasierte Ansatz der Strategielehre.

4.2 Eine ressourcenbasierte Erklärung

Der ressourcenbasierte Ansatz versucht, Wettbewerbsvorteile durch die Verfügung über einzigartige Ressourcen zu erklären (Wernerfelt 1984; Barney 1991; Grant 1991). Nachhaltige Wettbewerbsvorteile stiften danach jene Ressourcen, die einen Kundennutzen generieren, knapp sind und nur schwer imitiert und substituiert werden können. Solche Ressourcen erwirtschaften überdurchschnittliche Renditen.

Mit dieser Perspektive kann der ressourcenbasierte Ansatz herangezogen werden zur Schließung der noch bestehenden Erklärungslücke bei den *vertikal rückwärts gerichteten intermediären Strategien.* Sowohl die Verlage, die in den 90er Jahren als TV-Contentlieferanten auftraten, als auch die Medienunternehmen, die heute im Wege der Syndication Inhalte zur Verwertung im Internet anbieten, bauen nämlich bei dieser Diversifikationsstrategie auf ihre spezifischen Ressourcen. Verlage und Rundfunksender besitzen ein umfangreiches Repertoire an *Content,* das schon allein in Anbetracht der Inflation an neuen Übertragungsmedien überaus knapp und begehrt ist (Jordanova-Duda 2001; Lang 2001). Darüber hinaus wird attraktiver Content schon deshalb nachgefragt, weil er den Rundfunk- und Online-Anbietern in einem ansonsten weitgehend standardisierten Rundfunk- und Internetmarkt eine der wenigen Möglichkeiten zur Profilierung bei Rezipienten und Werbetreibenden bietet.

Wegen der Content-Knappheit und -attraktivität liegt es für die klassischen Medienunternehmen nahe, ihre Inhalte ertragbringend weiterzuverwerten. Durch Versioning, also die Nutzung vorhandenen Contents in anderen Übertragungsmedien, können nicht nur neue Erlösquellen erschlossen, sondern zugleich Größendegressionsvorteile realisiert und Synergievorteile genutzt werden (Shapiro u. Varian 1998; Zerdick et al. 2001). Entsprechend werden die Unternehmen im Wege einer vertikal rückwärts gerichteten intermediären Diversifikation aktiv im Bereich der TV-Contentproduktion und bei der Zulieferung von Internetinhalten. Nachhaltige Wettbewerbsvorteile zu stiften vermag dabei aber nur Content, der nicht nur knapp, sondern auch nicht imitierbar und nicht substituierbar ist. Dies gilt in erster Linie für Inhalte, die einem Medienprodukt mit *bekannten Markennamen* entstammen und für *informative Inhalte.* Beide Contentarten sind nur schwer imitier- und substituierbar und stellen somit eine *wettbewerbskritische Ressource* dar. Im Gegensatz zur horizontalen intermediären Diversifikation mit Präsenz im Konkurrenzmedium, vermag die rückwärts gerichtete intermediäre Diversifikation dann nicht nur eine schnell wirksame Konkurrenzentschärfung zu bewirken. Die Präsenz im Markt der Vorprodukte kann - bei einzigartigem Content - vielmehr längerfristig haltbare, technologisch weitgehend unabhängige Wettbewerbsvorteile generieren.

5. Resümee: Zu den Erfolgspotenzialen von Cross-Media Strategien

Unsere Analyse von Cross-Media Strategien hat gezeigt, dass Diversifikationsstrategien in der Medienbranche heute ein Massenphänomen darstellen. Die Diversifikationspfade weisen dabei im Zeitablauf deutliche Parallelen auf und führen die Unternehmen zunehmend in Branchen, die sich von den klassischen Medienmärkten in technologischer und kultureller Hinsicht deutlich unterscheiden. Für eine Beurteilung der Zukunftsaussichten von Cross-Media Strategien helfen diese empirischen Befunde allerdings kaum weiter. Hierfür ist es vielmehr erforderlich, die Art der crossmedialen Präsenz genauer zu bestimmen und nach ihrer jeweiligen Begründung zu fragen. Unsere entsprechende strategietheoretische Analyse zeigte, dass horizontale Cross-Media Strategien, die als reaktive Maßnahmen auf das politisch-rechtlich oder technologisch induzierte Entstehen neuer Medienteilmärkte konzipiert sind, kurzfristig den Wettbewerbsdruck durch Substitutionskonkurrenz oder neue Konkurrenten verringern und die Ertragssituation stabilisieren können.

Nachhaltige Wettbewerbsvorteile lassen sich auf diesem Wege jedoch nur bedingt erzielen. Mit jedem technologischem Fortschritt und dem Entstehen neuer Übertragungsmedien sind die Medienunternehmen neuerlich zu horizontaler intermediärer Diversifikation aufgefordert. Erworbene Wettbewerbsvorteile in alten Medienmärkten erodieren im Zuge der technologischen Weiterentwicklung. Gerade in Zeiten technologischen Wandels können nachhaltige Wettbewerbsvorteile nur da generiert werden, wo im Mittelpunkt der Diversifikation einzigartige, d. h. knappe, nicht imitierbare und nicht substituierbare Ressourcen stehen. In der Medienbranche stellt der Content die zentrale Ressource dar. Ist dieser, wie im Fall von bekannten Marken oder bei kostenintensivem informativen Content, nicht nur knapp, sondern auch noch schwer imitier- und substituierbar, lassen sich auf seiner Basis nachhaltige Wettbewerbsvorteile generieren. Diversifikationsmaßnahmen, die auf die Präsenz in Contentmärkten zielen, bieten somit klare strategische Vorteile. Mit der Diversifikation in Contentmärkte verbunden ist zudem der Vorteil der Verwandtschaft von Märkten und Produkten. Content-Märkte können mit dem vorhandenen journalistischen und ökonomischen Know-How bearbeitet und entsprechend Synergie- und Größendegressionsvorteile genutzt werden. Zudem dürften auch die branchen- und unternehmenskulturellen Unterschiede mit ihren immanenten Konfliktpotenzialen bei dieser Art der Diversifikation tendenziell geringer sein als bei horizontaler intermediärer Diversifikation. Die neuerdings für Medienunternehmen postulierte Konzentration auf die Kernkompetenzen hat auch hierin ihren ökonomischen Grund (Zimmer 1999, S. 23).

Insgesamt ist somit festzuhalten, dass Medienunternehmen, die eine Strategie der *rückwärts gerichteten intermediären Diversifikation* verfolgen, *systematisch besser aufgestellt* sind als Medienunternehmen, die nur auf eine horizontale intermediäre Diversifikation setzen. Diese Unterschiede in der Nachhaltigkeit von Wettbewerbsvorteilen scheinen die Akteure sowohl im Bereich des Rundfunks als auch beim Internet erkannt zu haben: In beiden Fällen wurden die Medienunternehmen nach einiger Zeit auch im jeweiligen Contentsegment aktiv. Im Bereich der Mobilkommunikation wurde die Stufe der horizontalen Diversifikation sogar übersprungen. Ob dies allerdings Resultat strategischen Lernens ist oder sich den Eintrittsschranken im Markt der Netzbetreiber und Diensteanbieter verdankt, darüber kann hier nur spekuliert werden. Die Fokussierung der Contentmärkte von

Beginn an hat den Medienunternehmen im Bereich Mobilfunk jedenfalls sunk costs in erheblichem Umfang gespart.

Literatur

Andrews K (1971) The concept of corporate strategy. Dow-Jones-Irwin, Homewood/Ill.

Axel Springer Verlag (2001) Zwischenbericht 2001. Hamburg

Barney J B (1991) Firm resources and sustained competitive advantage. Journal of Management 17: 99-120

Bender G (1999) Cross-Media-Ownership. Recht und Wirtschaft, Heidelberg

Brechtel D (2001) Aktuell kostet Geld. Horizont H. 41 vom 11. Oktober 2001:109

Dahlmeier R (1996) Monopole und Doppelmonopole im medialen Wettbewerb, insbesondere auf der örtlichen Ebene. Shaker, Aachen

Ganske Verlagsgruppe (2000): Ganske Verlagsgruppe bündelt Electronic Publishing-Aktivitäten. Pressemitteilung vom 10.3.2000 (www.jalag.de/newssystem/337.html vom 2.1.2001)

Grant R M (1991) The resource-based theory of competitive advantage: Implications for strategy formulation. California Management Review 33: 114-135

Häuser D (2002) Annahme verweigert. Werben & Verkaufen H. 7 vom 15. Februar 2002: 66-68

Hofer C W, Schendel D (1978) Strategy formulation: Analytical concepts. West Publishers, St. Paul u. a.

Jordanova-Duda M (2001) Also doch: Content is King. Der Tagesspiegel vom 2. Februar 2001

Karle R (2001) Dotcom-Land ist abgebrannt. Horizont Magazin H. 3 vom 27. Juli 2001: 16-22

Lang J (2001) Geschäft mit News. IW-Medienspiegel 25 H. 28: 6

Müller N (2001) Auf der Suche nach dem E-Dorado. kressinternet vom 16. März 2001

o V (2001) G + J zieht die Notbremse im Netz. Horizont H. 48 vom 29. November 2001: 10

o V (2002) Verlage vermarkten Familiensinn. Horizont H. 3 vom 17. Januar 2002:41

Porter M E (1980) Competitive strategy. The Free Press , New York et al.

Porter M E (1985) Competitive advantage. The Free Press, New York et al.

Reed R, Luffmann G A (1986) Diversification. The growing confusion. Strategic Management Journal 7: 29-36

Rumelt R P (1974) Strategy, structure and economic performance. Harvard Business School Press, Boston/Mass.

SevenOne Interactive (2001) @facts IV. Quartal 2001. Unterföhring

Shapiro C, Varian H R (1998) Information rules. Harvard Business School Press, Boston/Mass.

Siegert G (2001) Medien, Marken, Management. Relevanz, Spezifika und Implikationen einer medienökonomischen Profilierungsstrategie. Fischer, München

Sjurts I (1996) Die deutsche Medienbranche. Gabler, Wiesbaden

Sjurts I (2002) Strategien in der Medienbranche. Gabler, Wiesbaden

Steinmann H, Schreyögg G (2000) Management, 5. Aufl. Gabler, Wiesbaden

Vogel A (2001) Onlinestrategien der Presseverlage. Media Perspektiven H. 12: 590-601

Wegner R (2000) Site für jeden Titel. Horizont H. 44 vom 2.November 2000: 140

Wernerfelt B (1984) A resource-based view of strategy. Strategic Management Journal 5: 171-180

Zerdick A et al. (2001) Die Internet-Ökonomie. Strategien für die digitale Wirtschaft, 3. Aufl. Springer, Berlin u. a.

Zimmer J (1999) Strukturwandel der Medienwirtschaft durch Onlinemedien. In: Knoche M, Siegert G (Hrsg.) Strukturwandel der Medienwirtschaft im Zeitalter digitaler Kommunikation. Fischer, München, S 9-25

Cross-Media als integrierte Management-Aufgabe

Björn Müller-Kalthoff

ModularMedia GmbH, Hamburg

"A wealth of information creates poverty in attention."
(Herbert Simon)

1. Einleitung

Medienunternehmen sehen sich einem zunehmend schärfer werdenden Wettbewerb um die Aufmerksamkeit ihrer Kunden ausgesetzt. Der Druck kommt dabei von zwei Seiten: auf der Kundenseite führt die Entwicklung neuer und immer komfortablerer Endgeräte zu einer Fragmentierung von Reichweite und zur Lockerung etablierter Marken-Kundenbindungen. Gleichzeitig hat die Digitalisierung auf der Angebotsseite eine Vervielfältigung von Content-Produkten zur Folge, die im Zuge moderner Distributions-Technologien den Kunden über verschiedenen Kanäle multimedial adressieren. Dadurch werden monomedial angelegte Strategien zur reinen Reichweitenoptimierung fragwürdig. Ausdruck dieser Entwicklung sind zwei Phänomene, die Medienhäuser derzeit vor schwierige Aufgaben stellen: zum einen der Angebotsüberhang an Werberaum in fast allen Mediengattungen mit dem damit einhergehenden Preisverfall von Werbeleistung; zum anderen der zahlungsresistente Endkunde, der sich zwar crossmedial verhält, zumeist aber nur monomedial zahlungsbereit ist.

Medienunternehmen stellen sich dieser Herausforderung verstärkt durch die Entwicklung und Implementierung von *Cross-Media Strategien*. Sie erhoffen sich dadurch eine Integration auf Produkt- und Prozessebene, die strategische Wettbewerbsvorteile im digitalen Medienwettbewerb um Content- und Werbekunden sichern soll. Vier von fünf deutschen Top-Managern in den größten deutschen Medienunternehmen erachten Cross-Media als entscheidend für den zukünftigen Unternehmenserfolg.

Trotz dieser zentralen Bedeutung ist *Cross-Media* heute noch immer ein ebenso schillernder wie vielfältiger Begriff. Der Bundesverband Druck etwa definiert Cross-Media als Sammelbegriff für „ausgabeneutrales Datenhandling für die Aufbereitung von Texten und Bildern für unterschiedliche Medienformen wie Printprodukte, CD-ROMs, Internet oder Online-Systeme einerseits und medienspezifische Transformation und Umsetzung andererseits". Aus dem Marketing ist ein Begriffsverständnis üblich, das in Cross-Media einen „Dialog über alle Medien" sieht. Gemeint ist damit die „inhaltliche Vernetzung einzelner Kommunikationsinstrumente wie Sponsoring, Telepromotion, Internet, Teletext oder Event-Marketing, um mit einem einheitlichen Markenauftritt einen Kommunikationsmehrwert für die Marke zu schaffen".[1] Cross-Media betrifft also Publishing und Kommunikation gleichermaßen. Dabei fällt vor allem eines auf: Cross-Media wird in der Praxis bisher kaum als *integriertes Thema* gesehen. Dies liegt auch daran, dass redaktionelle Leistung und Vermarktung von Werbefläche traditionell in Wissenschaft und Praxis getrennt als eigenständige Themenbereiche behandelt wurden und werden. Es ist in diesem Zusammenhang auffallend, wie lange in Deutschland die kommunikationswissenschaftliche Perspektive auf medienwirtschaftliche Themen vorgeherrscht hat, während in der betrieblichen Praxis die „Ökonomisierung der Medien" seit dem Beginn der digitalen Medienwirtschaft eine alltägliche und drängende Handlungsprämisse ist.

Cross-Media ist im Kern ein Konzept zur Steigerung von Gewinn und Unternehmenswert. Cross-Media Publishing und crossmediale Marketing-Konzepte erlangen nur Bedeutung, insofern sie dazu beitragen, mit vorhandenen Inhalten und Marken Kundenanforderungen besser zu adressieren, und zwar Anforderungen von Lesern und Abonnenten, Zuschauern und Zuhörern, Usern sowie Werbekunden gleichermaßen. Die Vermarktungsabsicht – sei es Content oder Werberaum – ist daher das entscheidende Element, das die verschiedenen Aspekte von Cross-Media verbindet:

Definition Cross-Media

Cross-Media umfasst alle *Vermarktungskonzepte* eines Unternehmens, die sich auf *mindestens zwei Medienformen* beziehen.

Die Vorteile dieser einfachen und sehr weiten Definition sind vielfältig. Erstens handelt es sich zum einen um *umfassenden Begriff*, der eine prozessorientierte Sicht auf ein komplexes Thema ermöglicht: Herstellungs-, Veredelungs- und Vertriebsaktivitäten sowie geeignete Cross-Media Systeme sind nur aufgrund erfolgversprechender Cross-Media Vermarktungskonzepte von Bedeutung. Dies entspricht den Handlungsanforderungen von Medienunternehmen, die sich einem stetig schärfer werdenden Wettbewerb um Content- und Werbekunden im digitalen Wettbewerb gegenüber sehen. Zweitens wird Cross-Media so zu einem *branchenübergreifenden Begriff*, der Medienunternehmen ebenso betrifft wie Werbeagenturen und Marketing-Units in Unternehmen aller Branchen. Konvergente Tendenzen sind somit mit einem zentralen Leitbegriff erfassbar. Drittens ist Cross-Media in dieser Lesart ein sehr *praktikabler Begriff*. Denn die gewählte Definition erlaubt es, durch die bloße Spezifikation des konkreten Diskussionszusammenhanges Perspektiven zu wechseln, ohne das Thema zu verlassen. So hat es sich in Diskussionen mit Kunden bewährt, im Zusammenhang mit Werbevermarktungsstrategien von *Cross-Media Marketing* zu sprechen; auf der Content-Seite von *Cross-Media*

---

[1] Media ABC (2001).

Publishing oder *Cross-Media Systemen* im technischen Kontext. Übergreifende Controlling-Ansätze lassen sich als *Cross-Media Controlling* oder *Cross-Media Measurement* diskutieren. In allen Fällen ist die Vermarktungs-Absicht als strategische Gesamtaufgabe im Dachbegriff Cross-Media mit ausgedrückt. Gerade dieser dritte Aspekt der Praktikabilität ist nicht zu unterschätzen: Denn das Management sieht sich heute mit der Aufgabe konfrontiert, das integrierte und komplexe Strategiethema Cross-Media dezentral in unterschiedlichen Abteilungen zu vermitteln und zu kommunizieren und zwar so, dass die Umsetzung der strategischen Ziele messbar wird. Hierfür sind klare Begriffe unerlässlich.

2. Cross-Media: Strategiethema No. 1

Neue Technologien eröffnen neue Distributionspunkte für Inhalte. So stellte Vodafone auf der CeBIT 2002 das erste UMTS-Demonstrationsnetz in Deutschland vor und kündigte eine Vielzahl inhalteorientierter mobiler Dienste für diesen neuen Standard an. Der Mobilfunkanbieter E-Plus stellte mobile Content-Dienste auf Basis des iMode Standards vor, für die das Unternehmen zuvor Partner-Verträge mit ca. 70 Partnern – vor allem Top-Medienhäusern – geschlossen hatte. Ähnliche Entwicklungen stehen mit dem interaktiven Fernsehen ins Haus, die für Medienunternehmen neue Erlöschancen und Geschäftsfelder darstellen.

Der Hoffnung auf neue Erlösquellen steht bei vielen Medienunternehmen in der Praxis heute noch eine gewisse Skepsis gegenüber. Die Bedenken lauten in vielen Fällen ähnlich und lassen sich wie folgt zusammenfassen:

- „Cross-Media ist wieder nur ein Hype-Thema, das uns nichts bringt!"
- „Unsere Abteilung selbst würde gerne mehr machen, aber..."
- „Mit Cross-Media verdienen wir noch nicht genug, es ist besser, erst einmal abzuwarten."

Sicher rührt ein Teil der Unsicherheit im Markt von dem psychologischen Schock her, den das Scheitern vieler aufwändiger Vorhaben im Internet in den Unternehmen bis in die Führungsetage hervorgerufen hat. Daher sind die vorgebrachten Bedenken zwar psychologisch nachvollziehbar, aber nicht stichhaltig. Cross-Media ist vielmehr *die* strategische Herausforderung für Medienunternehmen in den nächsten 3 Jahren, und zwar aus drei Gründen:

1. Der *Content-Kunde* verhält sich crossmedial.
2. Der *Werbemarkt* erfordert eine Cross-Media Strategie.
3. Cross-Media Konzepte sind zur *Nutzung von Synergien unumgänglich.*

Wenn sich Kundenanforderungen ändern, müssen Unternehmen reagieren. Mit der Digitalisierung der Medienwelt ändern sich die Nutzungsgewohnheiten der Konsumenten in vielfacher Hinsicht.[2] Kunden nutzen immer mehr Endgeräte zur Befriedigung ihrer Informations- und Entertainment-Bedürfnisse und wählen Ort und Zeitpunkt nach dem jeweiligen Bedarf aus. Der Abonnent, Zuschauer und Zuhörer wird so zum anspruchsvollen Cross-Media Kunden (vgl. Abbildung 1).

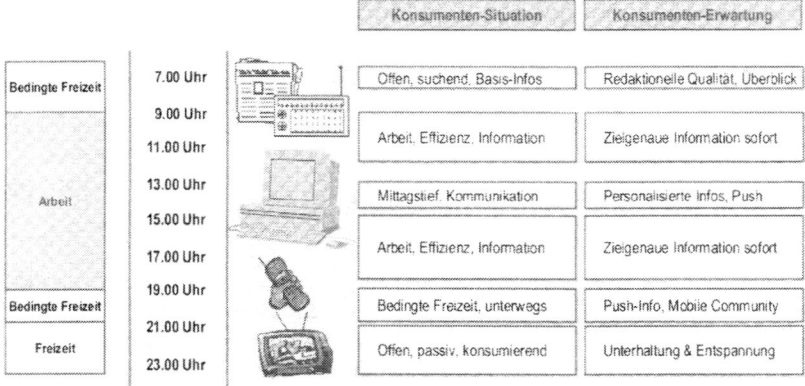

© ModularMedia GmbH 2002

Abb. 1. Der Cross-Media Kunde im Tagesverlauf

Auf der Kundenseite bedeutet Digitalisierung im Zuge zunehmender Endgeräte eine Verschärfung der Substitutionsgefahr im Aufmerksamkeitswettbewerb. Die Frage kann daher nicht sein, *ob* Cross-Media als Publishing-Thema von Bedeutung ist, sondern vielmehr *wie* mit geeigneten Cross-Media Strategien auf geänderte Nutzungsgewohnheiten reagiert werden kann. Dafür gibt es kein Standardkonzept. Fest steht aber, dass es mit Konzepten der medienneutralen Datenhaltung im Sinne von XML ganz sicher nicht getan ist. Dies erhellt schon aus der Tatsache, dass sich der Content-Kunde zwar crossmedial, nicht jedoch zwingend medienneutral verhält. Ein Beispiel: Die redaktionellen Beiträge einer TV-Programmzeitschrift haben eine wichtige Funktion für die Aufmerksamkeitslenkung im Werberaum Print. Dieselben Inhalte, auch wenn Sie redaktionell aufbereitet sind, erzielen wenig Page Impressions bei einem Online-Auftritt, der gute Such-Funktionalitäten bietet. Der Kunde will hier nämlich gar keine Texte lesen, sondern will beispielsweise schnell wissen, welche Actionfilme zwischen 21.00 und 22.00 Uhr im Free-TV beginnen.

Gute crossmediale Content-Konzepte sind jedoch aufwändig, wenn aufgrund von Planungsdefiziten Doppelstrukturen aufgebaut und ineffiziente Prozesse aufgesetzt werden. Eine Untersuchung von Forrester Research in Großbritannien unter 32 Online-Angeboten großer Verlage und Medienhäuser ergab, dass im Durchschnitt 60 Prozent der online angebotenen Inhalte lediglich 17% der Bereitstellungskosten ausmachen. Dabei handelt es sich um eigene aufbereitete sowie

---

[2] Vgl. die Beiträge von Birgit von Eimeren und Christa-Maria Ridder bzw. Hardy Dreier in diesem Band.

zugekaufte Inhalte. Dagegen schlagen die eigens für die Website erstellten Inhalte, die 40% des Web-Angebotes ausmachen, mit 46% der Bereitstellungskosten zu Buche. Cross-Media ist daher auch immer ein sehr prozessorientiertes Thema: Integrierte Planung und Steuerung crossmedialer Publishing-Prozesse werden zum kritischen Erfolgsfaktor.

Aber nicht nur der Cross-Media Content-Kunde erfordert geeignete Cross-Media Strategien. Ein weiterer wichtiger Handlungsbedarf resultiert aus Veränderungen im Werbemarkt, deren Wirkungen die Erlösmodelle der Medienhäuser besonders spürbar herausfordern. Große Werbekunden verlangen immer öfter crossmediale Gesamtpakete, die eine integrierte Marketing-Strategie über multiple Plattformen erlauben. Dabei sehen die Marketing-Verantwortlichen neuen Spielraum für kreative Marketing-Lösungen und erhoffen sich durch One-Stop Shopping geringere Durchschnittskosten beim Einkauf von Medialeistung.

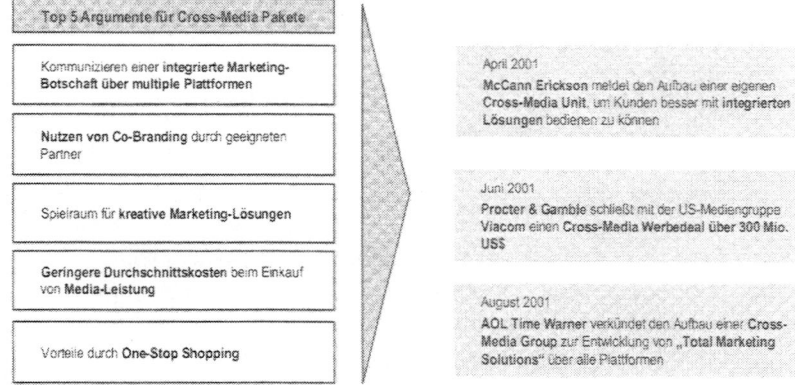

Abb. 2. Cross-Media Anforderungen von Werbekunden und Markttrends

Viele Medienhäuser und Agenturen haben in den letzten Monaten diese Entwicklungen aufgegriffen und entwickeln entsprechende Cross-Media Produkte. In den USA reagierten Medienkonglomerate wie Viacom Inc. sehr früh auf diesen Trend und verkündeten im Juni 2001 einen Cross-Media Werbedeal mit Procter & Gamble über 300 Mio. US$.[3] Das Kabelnetz-Unternehmen ESPN gibt an, dass 2001 bereits 30 Prozent der ESPN.com Werbeerlöse Teil von Cross-Media Kampagnen waren, gegenüber 18 Prozent im Jahr zuvor. AOL Time Warner kündigte im August 2001 die Bildung einer „Cross-Media Group" mit dem Ziel an, „total marketing solutions" zu entwickeln und so mit integrierten Cross-Media Angeboten den neuen Anforderungen im Werbemarkt Rechnung zu tragen. Zum Jahresbeginn verkündete AOL Time Warner einen mehrjährigen Vertrag mit der Fastfood-Kette Wendy's. Der Deal umfasst neben Plattformen im Warner Bros.-Netzwerk, dem Kabelkanal TNT und Time Inc. Sports Illustrated auch Online-Distributionspunkte aus dem AOL Zweig des Medien-Konglomerats. Darüber

---

[3] Downey K (2001).

hinaus wurden Sponsoring-Elemente in Sendungen der Warner Bros. Gruppe wie „The Rosie O'Donnell Show" und anderen Programmen vereinbart. Die Logik aus Kundensicht: „Kunden werden die Marke Wendy's an Plätzen und in einer Art sehen, wie sie diese noch nie gesehen haben", so Don Calhoon, Chief Marketing Officer bei Wendy's.

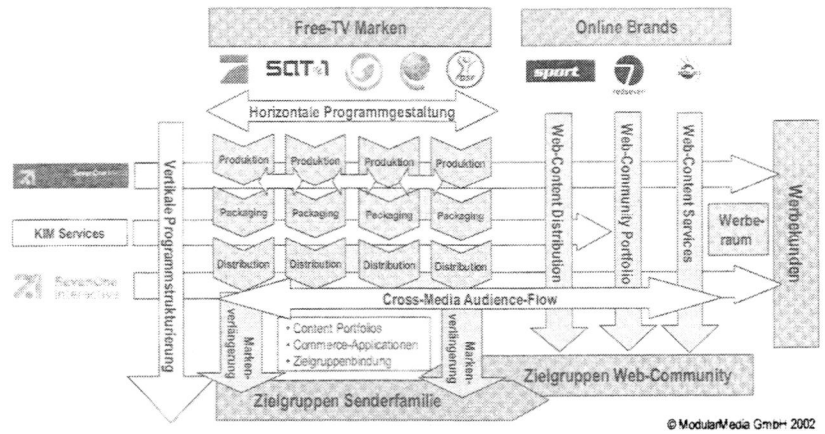

Abb. 3. Cross-Media Audience-Flow im Markenverbund

Auch in Deutschland scheint der Trend in Richtung *Cross-Media Marketing* zu gehen. Top-Medienunternehmen wie z.B. Bauer, G+J oder Tomorrow-Focus versuchen verstärkt, sich crossmedial aufzustellen, vor allem, um mit neuen Produkten dem Preisverfall im Werbemarkt Paroli zu bieten und interne Synergien zu realisieren. Dazu passen die Ergebnisse der Studie Cross-Media Management, bei der Top-Manager der 150 größten deutschen Medienunternehmen nach der Bedeutung von Cross-Media für das Gesamtunternehmen befragt wurden.[4] Danach setzten Führungskräfte der deutschen Medienwirtschaft trotz enttäuschter Umsatzerwartungen und rückläufiger Werbeerlöse weiter auf die Potenziale durch Neue Medien. Die Studie ergab, dass 79% der Befragten erfolgreiche crossmediale Vermarktungsstrategien unter Einbeziehung neuer Endgeräte für „entscheidend für den zukünftigen Erfolg unseres Unternehmens" halten. Interessanterweise gaben zwei Drittel der Manager an, dass der Wertbeitrag bzw. der Nutzen ihrer Online-Aktivitäten im Grunde „nicht wirklich nachvollziehbar" sei. Gleichzeitig können sich 71% der Befragten vorstellen, bestimmte Aktivitäten im Rahmen der Neuen Medien weiterzubetreiben, „selbst wenn sie dauerhaft keine Gewinne bringen". Offenbar entwickeln deutsche Medienunternehmen bereits eine integrierte Sichtweise auf innovative Aktivitäten.

Da die genannten Entwicklungen bei Content- und Werbekunden die gesamten Wertschöpfungsprozesse berühren, bedeutet Cross-Media für das Management die

---

[4] Vgl. ModularMedia (2001).

anspruchsvolle Aufgabe, die zunehmende Komplexität steuerbar zu halten und crossmediale Teilstrategien sinnvoll aufeinander abzustimmen. Ein Beispiel aus dem TV-Bereich macht das deutlich (vgl. Abbildung 3): Für die etablierten Marken des Kerngeschäftes besteht neben der traditionellen horizontalen Programmgestaltung der Senderfamilie mit dem Aufkommen neuer Distributionskanäle zusätzlich die Aufgabe der vertikalen Programmgestaltung, also der sinnvollen Planung, Produktion und Distribution erfolgreicher Formate über unterschiedliche Plattformen hinweg.[5] Zudem haben viele Medienhäuser im Verlauf der letzten Jahre online-only Marken aufgebaut, die mit Content-, Community- und Commerce-Ansätzen ähnliche oder identische Zielgruppen adressieren – in diesem Fall etwa *sport1.de*, die online-Community *redseven.de* bzw. *wetter.com*. Die Kunden wählen Angebote aus der gesamten Gruppe je nach individuellen und zeitlich bedingten Nutzungsgewohnheiten und -interessen. Das Medienunternehmen sieht sich damit vor der Aufgabe, einen crossmedialen „Audience-Flow" wertsteigernd für die gesamte Markenfamilie zu steuern. Die optimale horizontale Bündelung crossmedialen Werberaums stellt dabei einen besonders erfolgssensitiven Prozeß dar, zumal damit Serviceleistungen von verschiedenen Querschnitts-Units einhergehen – in diesem Fall etwa der Kirch Intermedia („KIM") bzw. der Vermarktungs-Einheiten SevenOne Media bzw. SevenOne Interactive.

Dieses Beispiel aus dem TV-Bereich gilt analog für alle größeren Medienhäuser, die um die Kerne etablierter Marken herum crossmediale Kundenerwartungen erfolgreich erfüllen wollen. Dabei gibt es einen engen Zusammenhang zwischen Cross-Media Publishing und Cross-Media Marketing, der über die bloße Reichweitengenerierung hinausgeht: Denn intelligente Cross-Media Strategien integrieren beide Teilaspekte zu einer wertsteigernden Gesamtkonzeption.[6] Dabei kann auch die unternehmensübergreifende Kooperation bei der Werbevermarktung, das sog. *Cross-Corporate Marketing*, von Bedeutung sein, wie beispielsweise die Zusammenarbeit von G+J und der RTL-Tochter IP New Media zeigen. Die konsistente Steuerung aller relevanten crossmedialen Kernprozesse bezeichne ich als *Cross-Media Management* (vgl. Abbildung 4).

Definition Cross-Media Management

Cross-Media Management ist die *integrierte* Planung, Implementierung und Steuerung *medienübergreifender Vermarktungskonzepte* mit dem Ziel, vorhandene Marken, Inhalte und Kundenbeziehungen *wertsteigernd* crossmedial zu nutzen.

---

[5] Ein gutes Beispiel hierfür war auch das Format „Big Brother", vgl. hierzu Hack (2001).

[6] Die Online-Unit des Wall Street Journal, wsj.com, investierte bis zum Launch von „WSJ 2.0" im Januar 2002 28 Mio. US$ in die Personalisierung der Content-Services, um die Content-Erlöse zu steigern und gleichzeitig durch die so generierten Targeting-Daten Premium-Preise am Werbemarkt zu realisieren.

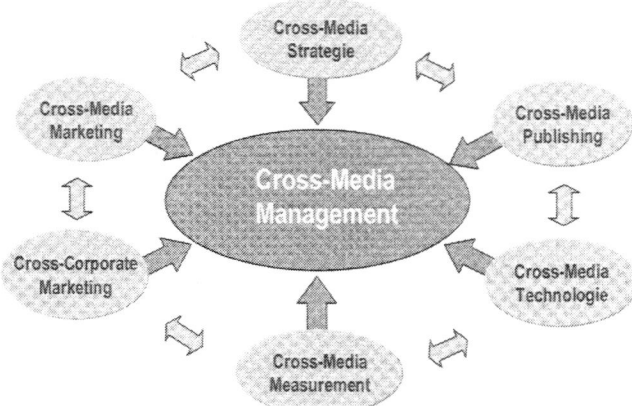

Abb. 4. Steuerungsbereiche von Cross-Media Management

Cross-Media Management ist damit in dreifacher Hinsicht ein neuer Ansatz zur Steuerung von komplexen Vermarktungsprozessen im Medienumfeld:

1. *Ausgeprägte Kundenorientierung*: Durch den Bezug auf die Vermarktungsab-sicht hat Cross-Media Management immer einen starken Kundenbezug, und zwar im Hinblick auf Content- als auch Werbekunden.

2. *Integration*: Die Besonderheit liegt in der integrierten Steuerung aller Prozesse, die wert-relevant sind. Dies betrifft neben der Integration der kaufmännischen, redaktionellen und technischen Perspektive insbesondere auch die übergreifen-de Steuerung auf Basis entsprechender Kennzahlen (*Cross-Media Measure-ment*).

3. *Wertsteigerung*: Cross-Media Management hat zum Ziel, vorhandene Kern-kompetenzen und Marken wertsteigernd crossmedial zu nutzen. Damit ist Cross-Media Management Performance-Measurement Konzepten zuzurechnen, d.h. integrierten horizontalen Steuerungsansätzen, die auch nicht-finanzielle Kennzahlen explizit einbeziehen.

3. Cross-Media als integrierte Management-Aufgabe

3.1 Grundlagen der wertorientierten Führung

Der Gedanke der wertorientierten Führung von Unternehmen ist nicht neu. Schon zu Beginn des 20. Jahrhunderts sahen sich große Kapitalgesellschaften der Her-ausforderung gegenüber, die Interessen des Managements mit denen der Eigentümer zu harmonisieren.[7] Ein paar Jahre später warf Ronald Coase in seinem berühmten Aufsatz die Frage auf, warum es überhaupt Firmen gebe und legte damit den Grundstein für die Transaktionskostentheorie. Damit war der theoretische Rahmen gefunden, um Probleme zu analysieren, die durch unterschiedliche Interessenlagen von Firmeneigentümern und -Management in großen und verzweigten Unternehmen zwangsweise entstehen. Unter dem Begriff Principal-Agent Theorie entstand in den 70er Jahren des letzten Jahrhunderts eine umfangreiche formale Forschungsrichtung, die sich dem Problem der anreizkompatiblen Führung von Unternehmen und Mitarbeitern widmete.[8] Besonders sichtbaren Ausdruck fand die begonnene Diskussion in der Shareholder Value Thematik, die Mitte der achtziger Jahre seit dem Erscheinen des gleichnamigen Buches besondere Aufmerksamkeit erlangte.[9] Kern der Diskussion war die Frage, mit welchen Steuerungsgrößen die Unternehmensführung auf eine nachhaltige und zukunftsorientierte Steigerung des Unternehmenswertes verpflichtet werden könnte. Rappaport hatte vor allem die Vergangenheitsorientierung bilanziell orientierter Steuerungsgrößen moniert und eine Bewertung auf Basis des Discounted Cash Flow (DCF) vorgeschlagen. In den letzten 15 Jahren haben Unternehmen der meisten Branchen Shareholder-Value Konzepte in ihre Führungssysteme integriert, wenngleich dabei in der Praxis meist eine pragmatische Anlehnung an bestehende Rechnungswesensysteme festzustellen ist. Heute kann der Anspruch auf ein kapitalmarktorientiertes Entscheidungsverhalten in vielen Bereichen als etabliert angesehen werden.

Traditionelle Kennzahlensysteme	Performance Measurement
• Vergangenheitsorientiert	• Zukunftsorientiert
• Monetäre Ausrichtung	• Kundenorientierte Ausrichtung
• Steuerung finanzieller Ziele	• Steuerung der Strategieumsetzung
• Kosteneffizienz	• Leistungsverbesserung
• Fragmentierte vertikale Berichtsstruktur	• Integrierte horizontale Berichtsstruktur
• Individuelles Lernen	• Lernen der gesamten Organisation

Abb. 5. Traditionelle Kennzahlensysteme im Vergleich zu Performance Measurement[10]

In den letzten Jahren wurde die Diskussion der wertorientierten Führung stärker unter dem Leitbegriff *Performance Measurement* geführt. Darunter ist die konsequente Ausrichtung des Unternehmens auf den Anspruch einer angestrebten Leistungstransparenz und -steigerung im Sinne eines integrierten Wert-Managements

---

[7] Vgl. Berle A, Means G (1932).
[8] Vgl. Foss J, Lando H, Thomsen S (1999).
[9] Vgl. Rappaport A (1986).
[10] In Anlehnung an Lynch R, Cross KC (1995).

zu verstehen. Wesentliche Unterschiede zu traditionellen Kennzahlen- und Steuerungssystemen bestehen vor allem in der starken Kundenorientierung, verbunden mit einer Leistungsverbesserung sowie dem Anspruch, das Unternehmen insgesamt zu einer lernenden Organisation zu entwickeln (vgl. Abbildung 5). Die Zukunftsorientierung von Performance Measurement Systemen führt dabei in der Regel dazu, dass zu den traditionellen Finanz-Kennzahlen weitere, meist nichtmonetäre Performance-Kennzahlen zur Erfolgsbewertung unternehmerischer Aktivitäten herangezogen werden. In diesem Zusammenhang wird in jüngerer Zeit zunehmend von „Performance-Scorecards" gesprochen.[11]

3.2 Performance Measurement in Medienunternehmen

Ansätze zur wertorientierten Führung sind in deutschen Medienunternehmen heute wenig verbreitet.[12] Mehrdimensionale Kennzahlensysteme, die neben rein finanziellen Kennzahlen auch nicht-monetäre Zielgrößen beinhalten, werden nur in ausgewählten großen Medienhäusern eingesetzt: so setzen lediglich 29% der 150 umsatzstärksten deutschen Medienunternehmen derzeit die Balanced Scorecard ein, während der Branchendurchschnitt bei anderen Top-Unternehmen bei 46% liegt. Die Gründe hierfür sind sicher vielfältig. Ein ganz wesentlicher Grund dürfte aber darin liegen, dass die meisten Medienunternehmen nicht börsennotiert und nach wie vor eher mittelständisch geführt werden. Dadurch war bislang der Druck auf die Häuser vergleichsweise gering, integrierte Performance Measurement Systeme einzuführen, um gegenüber Analysten und Investoren die Verpflichtung auf Wertsteigerung im ganzen Unternehmen sichtbar zu machen. Dazu passt, dass heute eine Vielzahl von Medienunternehmen über die Spitzenkennzahl Umsatzrentabilität gesteuert werden, während die Analyse von Kapitalkosten weitgehend vernachlässigt wird.

Dies wird sich in den kommenden Jahren nachhaltig ändern. Zum einen steigt durch die Konsolidierung an den Kapitalmärkten die Notwendigkeit, Investoren die Kompetenz eines wertorientierten Managements stärker sichtbar zu machen. Dies betrifft neben börsennotierten Unternehmen (z.B. Tomorrow-Focus oder ProSieben Sat1 Media AG, ab 2005 Bertelsmann) auch Ausgründungen und JointVentures von Medienhäusern, die gegenüber den Gesellschaftern, d.h. den Muttergesellschaften rechenschaftspflichtig sind (z.B. Bild.de/T-Online, Holtzbrinck NetworXs AG, Burda Digital GmbH u.a.). Aber auch die Eigentümer mittelständisch strukturierter Verlage und Medienunternehmen werden nicht umhin kommen, die eingeschränkte Fokussierung auf die Umsatzrendite als Spitzenkennzahl zur Unternehmenssteuerung zu überdenken: Denn für die Bewertung von Investitionen in die zukünftige Leistungsfähigkeit im crossmedialen Wettbewerb um Content- und Werbekunden greift eine eindimensionale Steuerung über Vergan-

---

[11] Vgl. Chang RY/Morgan MW (2000).
[12] Ein Beispiel für wertorientierte Führung ist die Nutzung des sog. *BVA* ("Bertelsmann Value Added") bei der Bertelsmann AG, Gütersloh.

genheitswerte sicherlich zu kurz. Denn Medienunternehmen sind im digitalen Wettbewerb wie kaum eine andere Branche dem „Wettbewerb um die Zukunft" ausgesetzt.[13] Neue Steuerungskennzahlen könnten sich dabei auch im Rahmen der Kooperation mit Mobilfunkbetreibern ergeben, die ihre Vertriebsaktivitäten u.a. über die Kennzahl ARPU[14] steuern. Medienhäuser könnten sich beispielsweise darauf konzentrieren, den Content-bezogenen ARPU zu steigern.

3.3 Wertorientierte Steuerung integrierter Cross-Media Strategien

Die Kernkompetenzen von Medienunternehmen beschreiben ihre Fähigkeit, aus vorhandenen Contents und etablierten Marken Wert zu generieren, d.h. das materielle und immaterielle Vermögen des Unternehmens zu steigern. Die Wertermittlung kann sich dabei auf den Substanzwert oder Zukunftserfolgswerte beziehen. In den letzten Jahren haben sich Zukunftswerte, vor allem auf Basis Cash Flow orientierter Ansätze mehr und mehr durchgesetzt, da bei vielen Unternehmen vor allem im Dienstleistungsbereich „der Substanzwert des materiellen Vermögens deutlich geringer ist als der Wert des intellektuellen Kapitals bzw. immateriellen Vermögens."[15] Gerade das immaterielle Vermögen von Unternehmen hängt aber primär von der Qualität und Nachhaltigkeit von Kundenbeziehungen sowie einem erfolgreichen Markenmanagement ab – Bereiche, deren Erfolg sehr stark von der Qualität und Motivation der Mitarbeiter beeinflusst wird. Wertsteigerung wurde folgerichtig in den letzten Jahren mehr und mehr als Einbeziehung aller wesentlich an der Wertschöpfung beteiligten Stakeholdern verstanden – vor allem von Kunden und Mitarbeitern. Wertorientierung bedeutet daher heute, „über den klassischen Wert des Shareholder Values hinaus auch die Ursachen diesen Wertes zu erforschen, um sie gezielt beeinflussen und gestalten zu können."[16] Die vielfältigen und nachhaltigen Wettbewerbsvorteile für Unternehmen, die ein derart integriertes Wert-Management für ihre Belange entwickeln und implementieren, wurden vielfach empirisch untersucht. Besonders relevant sind dabei u.a. die folgenden Vorteile:

- *Portfolio Balancing*:
  Optimale Kapitalallokation durch Abgleich von Wachstum und Risiko
- *Shared Customers*:
  Wettbewerbsvorteile durch die Entwicklung einer integrierten Kundensicht
- *Shared Processes*:
  Realisierung von Synergien im Unternehmen durch integrierte Prozesse
- *Shared Knowledge*:
  Entwicklung des Innovationspotenzials durch Kompetenzentwicklung und Best-Practice Sharing

---

[13] Vgl. Hamel G/Prahalad CK (1994).
[14] ARPU=Average Revenue per User.
[15] Vgl. Töpfer (2000), S. 11.
[16] Vgl. Töpfer (2000), S. 12.

Für Medienunternehmen stellt sich die Aufgabe einer wertorientierten Führung noch dringlicher als Unternehmen anderer Branchen, da die Innovationszyklen von Content- und Werbeformaten sich beständig verkürzen und die permanente Anpassung von Produkten und Prozessen im crossmedialen Wettbewerbsumfeld Voraussetzung zur Verteidigung bzw. Steigerung von Erlösen und Unternehmenswert ist. Die wert- und kundenorientierte Steuerung crossmedialer Vermarktungsprozesse ist *Cross-Media Management* (vgl. Abbildung 6).

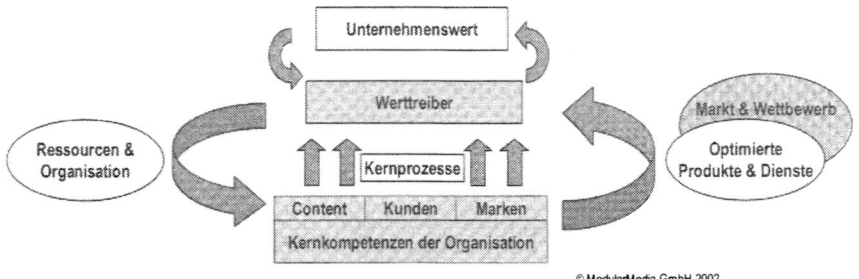

© ModularMedia GmbH 2002

Abb. 6. Cross-Media Management als wertorientierte Führung in Medienunternehmen

Medienunternehmen bündeln die Aufmerksamkeit von Lesern, Zuschauern und -hörern, Usern und mobilen Content-Kunden um bestehende Marken herum. Dadurch wird ein crossmedialer Werberaum im Markenverbund aufgespannt, der durch horizontale und vertikale Vermarktungs-Units integriert vermarktet wird. Cross-Media Publishing und Cross-Media Marketing sind daher Kernprozesse der wertorientierten Führung. Für Medienunternehmen im digitalen Wettbewerb ergeben sich in diesem Zusammenhang daher u.a. die folgenden Management-Aufgaben:

• Wertorientiertes Management crossmedialer Content-Portfolios
• Wertorientiertes Management crossmedialer Marketingaktivitäten

Für beide Teilbereiche wird nachfolgend erläutert, was wertorientierte Führung von Medienunternehmen im Cross-Media Umfeld heißt. Anschließend wird dargestellt, wie sich komplexe Cross-Media Strategien mithilfe eines Balanced Scorecard Ansatzes operationalisieren lassen (*Cross-Media Scorecard*).

3.4 Wertorientiertes Management crossmedialer Content-Portfolios

Traditionell wurde und wird der Wertbeitrag von redaktionellen Leistungen relativ pauschal über aggregierte Erfolgsgrößen wie Umsatz, Gewinn, Auflage, Quote und Reichweite erfasst. Eine direkte ökonomische Zurechnung des Erfolgsbeitrags einzelner redaktioneller Leistungen erfolgte zumeist nicht, da dies weder möglich noch sinnvoll war. In der Praxis bedeutet diese Pauschalsteuerung schlicht, dass Formate und Objekte eingestellt werden, wenn bestimmte kritische Planwerte innerhalb der angestrebten Frist nicht erreicht oder unterschritten werden. Dies ändert sich zunehmend mit dem Entstehen einer crossmedialen Produktionsumgebung, in der unterschiedliche redaktionelle Prozesse auf der Ebene einzelner Content-Produkte bzw. Formate ansetzen. So erfordern alle Syndication-Strategien in Medienhäusern ebenso eine produktbezogene Sichtweise wie die stark zunehmenden Paid-Content Modelle, bei denen Kunden für die Bereitstellung einzelner redaktioneller Leistungen bezahlen. In beiden Fällen stellt sich die Frage, wie wertvoll einzelne Contents im Rahmen einer erweiterten crossmedialen Nutzung tatsächlich sind: Denn der Content-Wert legt nicht nur die Preisoptionen im digitalen Wettbewerb um den B2B oder B2C Content-Kunden fest; indirekt ist er auch der Maßstab für die Entscheidung über weitere medienspezifische Aufbereitungsaufwendungen. Internet und Intranets als neue Distributionspunkte haben in diesem Zusammenhang die Medienunternehmen bis heute bereits vor schwierige Aufgaben im Rahmen der Preis- und Portfoliostrategien gestellt. Dies wird sich mit der Verbreitung weiterer leistungsfähiger Distributionspunkte im Rahmen von UMTS oder iTV noch verschärfen.

Geschäftspotenziale hängen von Zahlungsbereitschaften, diese wiederum vom Nutzwert ab. Der Wert von Content ist daher danach zu beurteilen, welchen Nutzen er im Rahmen der jeweiligen Verwendungsform für den Kunden stiften kann.

Content-Werttreiber	Definition	Indikator
Qualität	Journalistische Reife	Aktualität, Richtigkeit, Vollständigkeit, Usability
Exklusivität	Grad der Alleinstellung	Anzahl vergleichbarer Angebote, Substituierbarkeit
Service-Wert	Individueller praktischer Nutzen	Zeitersparnis, Grad der Problemlösung
Komplexität	Multimedialität	Darstellungsvielfalt, Informationsdichte, Menge
Brand	Markenwert	Recall, Recognition, Reputation
Commerce-Wert	Kaufmännisches Potenzial	Akzeptanz bei Werbekunden und Sponsoren, Kundenbindungspotenzial
Market-Matching	Marktakzeptanz	Nachfrage-Intensität, Marktwerte für Konkurrenzprodukte, Referenzmärkte

© ModularMedia GmbH 2002

Abb. 7. Content-Werttreiber

Für den Kunden eines Routenplaners kann dies z.B. der Servicewert der Applikation sein, für ein Portal die Komplementarität der Inhalte zu den eigenen E-Commerce Produkten oder für ein Unternehmen mit einem Intranet die Qualität und Exklusivität relevanter Geschäftsinformationen, die von außen zugekauft werden. Bei der Analyse der Werthaltigkeit von Content-Portfolios hat sich die Verwendung eines Rasters von sieben unterschiedlichen Werttreibern bewährt, die die unterschiedlichen Bewertungsdimensionen Endgeräte-unabhängig erfassen, und zwar für das B2C- und B2B-Contentgeschäft (vgl. Abbildung 7). Plant beispielsweise ein Medienunternehmen, bislang frei zugängliche Inhalte seines Web-

Angebotes kostenpflichtig zu machen, so kann mithilfe einer systematischen Content Wert-Analyse ein abgestuftes Leistungsspektrum entwickelt werden. Dabei sind zurechenbare Einzelkosten wertsteigernder redaktioneller Leistungen in die strategische Portfolio-Planung einzubeziehen (vgl. Abbildung 8).

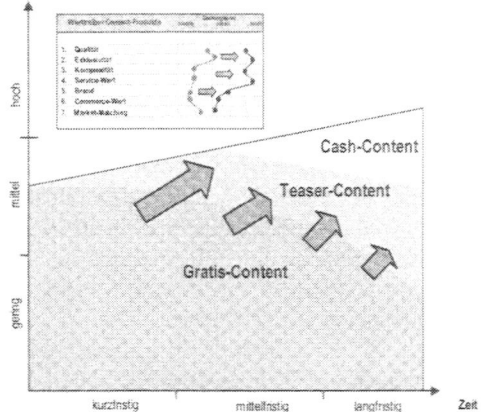

Abb. 8. Wertorientiertes Content-Management und Paid Content für neue Kanäle

Wertorientiertes Portfoliomanagement bedeutet im Hinblick auf crossmediale Vermarktungsstrategien aber noch einiges mehr. Exklusivität und Servicewert im Sinne der genannten Content-Werttreiber sind ja nicht nur im Wettbewerbsumfeld zu sehen; ebenso wichtig ist die Frage, inwieweit bestehende Kunden in dem einen Medium (z.B. Print) einen Zusatznutzen bei einer ergänzenden Nutzung in einem anderen Medium (PC und PDA) erfahren. Eine integrierte crossmediale Portfolio-Planung ist daher auch Voraussetzung zur Vermeidung von Kannibalisierung. Wie so etwas funktionieren kann, zeigt das Beispiel Wall Street Journal: Von den mittlerweile über 600.000 zahlenden Abonnenten der Online-Ausgabe ist ein Großteil zusätzlich Abonnent der Print-Ausgabe.[17]

3.5 Wertorientiertes Management crossmedialer Marketingaktivitäten

Der Wert von Cross-Media Marketing ist eine Frage der Perspektive und des jeweiligen Messverfahrens. Für die werbetreibenden Unternehmen besteht der Wert crossmedialer Werbe- und Marketingkampagnen in der integrierten Kommunikation verbunden mit einer verbesserten Markenwahrnehmung, stärkerer Werbewirkung sowie geringeren Akquisitionskosten je Kunde. Dabei spielen auch erwartete Effekte durch Co-Branding mit der Werbeträger-Marke eine wichtige Rolle. Für Cross-Media Marketing von Medienunternehmen Aktivitäten sind dabei drei Themen besonders erfolgskritisch:

---

[17] Vgl. www.wsj.com.

- *Customer Relationship Management*: Starke Kundenorientierung und Fokussierung auf die Bedürfnisse der Key-Accounts
- *Cross-Media Measurement*: Wertgenerierung durch systematische Reichweitenqualifizierung
- *Cross-Media Organisation*: Aufbau und Entwicklung einer Cross-Media Sales Force

In der Wissenschaft wurde bereits Anfang der neunziger Jahre die These aufgestellt, dass die transaktionsorientierte Steuerung über das klassische Marketing-Mix zu kurz greife und statt dessen die gesamte Geschäftsbeziehung zum Kunden mit allen Facetten in die Bewertung einzubeziehen sei. Dieser „Paradigmenwechsel des Marketing" prägte in der Folge den Begriff des *Relationship Marketing*, der heute in Wissenschaft und Praxis weit verbreitet ist. Auf Basis investitionstheoretischer Ansätze wurde zudem versucht, den Wert von Kundenbeziehungen zu quantifizieren und deren Wertbeitrag für den Unternehmenserfolg messbar zu machen.

Ein kundenzentriertes Beziehungs-Marketing bedeutet dabei auch, den Nutzungsgewohnheiten des Kunden zu folgen und Werbemedien für integrierte Kampagnen abgestimmt einzusetzen. Ausdruck dieser Orientierung ist unter anderem, dass die Marktanteile elektronischer Medien am Gesamtwerbemarkt zwischen 1991 und 2000 um 34 Prozent auf knapp 25 Prozent des Gesamtvolumens gestiegen sind, vor allem auf Kosten von Printprodukten (Tageszeitungen, Fachzeitschriften, Publikumszeitschriften), die im selben Zeitraum 10 Prozentpunkte einbüßten. Die Nutzungsgewohnheit der Zielgruppe entscheidet.[18]

Die Werbekunden von Medienunternehmen sind selbst Relationship Marketer im Hinblick auf ihre eigenen Kunden. Eine erfolgreiche, d.h. wertsteigernde Positionierung am Werbemarkt kann daher nur insoweit funktionieren, wie es Medienunternehmen gelingt, entlang der Werbe- und Marketinglogik ihrer Werbekunden einen Mehrwert auf Basis von integrierten Relationship-Marketing Ansätzen sichtbar zu machen. Die Cross-Media Bundles müssen daher über die bloße Reichweitenbündelung hinaus weisen und solche Dimensionen zur Grundlage modularer Produktgestaltung machen, die der jeweiligen strategischen Ausrichtung des Kunden entsprechen.

Dabei könnte ein strategischer Wettbewerbsvorteil darin bestehen, auf Basis geeigneter Datamining und Reporting-Systeme positive Multiplying-Effekte von Cross-Media Paketen kampagnen- bzw. kundenindividuell sichtbar zu machen (vgl. Abbildung 9).[19]

---

[18] Vgl. Prognos/SevenOne Media (2001).
[19] Exemplarisch für G+J dargestellt.

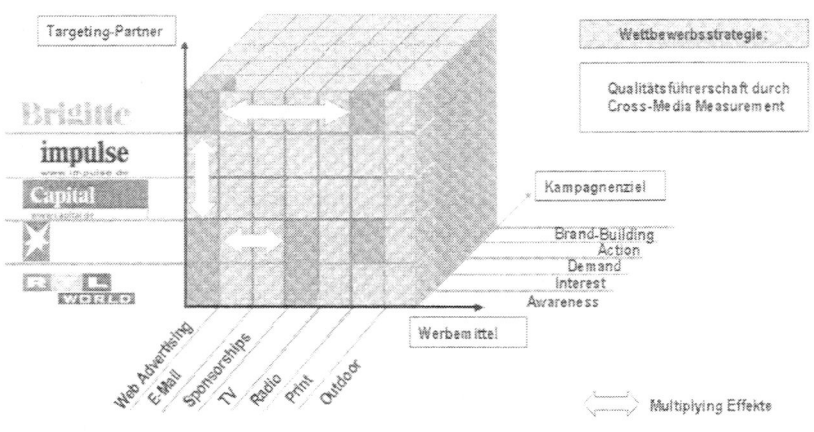

© ModularMedia GmbH 2002

Abb. 9. Wertorientiertes Cross-Media Marketing: Kundenorientierung

Medienunternehmen haben sich bislang im wesentlichen darauf beschränkt, crossmediale Spillover-Effekte mit Studien exemplarisch nachzuweisen.[20] Voraussetzung für derartige Ansätze ist allerdings die Erarbeitung einer adäquaten *Qualifizierungsstrategie*, die der Klärung der folgenden Fragen dient:

- Welches sind die konkreten *Qualifizierungsanforderungen* der eigenen Key-Accounts heute und in den kommenden Jahren?
- Wie sind *Privacy-Politik und Daten-Generierung* sinnvoll aufeinander abzustimmen?
- Wie sieht eine geeignete *Registrierungsstrategie* aus?
- Wie sind dezentrale *Daten* crossmedial agierender Kunden integriert abbildbar?
- Welche *Implikationen für Technik* (z.B. Datamining) und Prozesse (z.B. CRM) gibt es?

Erst die Beantwortung dieser Fragen ermöglicht den Aufbau einer kunden- und zielgruppenspezifischen Profillandschaft über verschiedene Prozesse, Geschäftsvorgänge und Systeme hinweg. Ein solcher Aufbau erfolgt typischerweise phasenweise (vgl. Abbildung 10). Die Wertorientierung derartiger Konzepte liegt darin begründet, dass auf Basis qualifizierter Targeting-Daten Premium-Preise für entsprechende Werbe-Pakete realisierbar sind. Ein Beispiel hierfür liefert das Wall Street Journal, das für Premium-Produkte auf Basis von Targeting-Daten TKP-Aufschläge von knapp 200% verlangt. Dadurch steigt zum einen der Customer-Value der relevanten Key-Accounts, zum anderen sind mithilfe dieser neuen datensegmentierten Produkte oftmals neue Kunden adressierbar.

---

[20] Vgl. den „Kinnie-Report" (G+J) oder den „TV Movie Future Package Test" (Verlagsgruppe Bauer).

Abb. 10. Wertorientiertes Cross-Media Marketing: integrierte Kunden-Database

Deutsche Medienunternehmen haben 2001 begonnen, das Thema Cross-Media verstärkt zu adressieren. Neu entwickelte Portfolios sind dabei sehr stark an der Logik quantitativer Reichweiten orientiert und treffen daher nur bedingt die Erwartungen der werbetreibenden Unternehmen. Eine weitere Herausforderung ergibt sich mit Hinblick auf Aufbau- und Ablauforganisation von crossmedialen Vertriebsprozessen. Für die Adressierung crossmedialer Kundensegmente im Werbemarkt scheint der Aufbau einer „Cross-Media Sales Force" unumgänglich. Denn der Verkauf komplexer medienübergreifender Pakete, für die zudem die Logik unterschiedlicher Contentformate eine Rolle spielt, stellt neue Anforderungen an Verkäufer, die in den meisten Häusern noch medienspezifische Vertriebsfunktionen haben.[21] Die meisten Unternehmen umgehen derzeit das brisante Thema der abteilungsübergreifenden Neugestaltung von Anreizsystemen. Daher herrschen zumeist noch separierte Abteilungsegoismen in den einzelnen Vermarktungseinheiten vor, die eine erfolgreiche Cross-Media Vermarktung erschweren, wenn nicht unmöglich machen und zudem zu ineffektiven Doppelstrukturen führen. Aggregiert betrachtet erscheint der Reifegrad von Cross-Media in vielen Medienhäusern heute daher eher gering.

4. Cross-Media Management in der praktischen Umsetzung

Aus der bisherigen Analyse wird deutlich, dass Cross-Media ein komplexes und abteilungsübergreifendes Thema ist. Cross-Media wird in vielen Fällen ein leerer Begriff bleiben, wenn es nicht gelingt, die konkreten Ursachen für crossmediale Gesamterfolge im Sinne einer Steigerung des Unternehmenswertes zu identifizieren und in der täglichen Vermarktungsarbeit steuerbar zu gestalten. Aus den bishe-

---

[21] Vgl. Jupiter Communications (1999).

rigen Ausführungen wurde deutlich, dass bei dieser Steuerung unterschiedliche Dimensionen von Bedeutung sind. Zunächst ist der finanzielle Erfolg die naheliegende und relevante Betrachtungsebene (Ebene der *Profite*). Dieser hängt jedoch ganz wesentlich von einer erfolgreichen Gestaltung und permanenten Weiterentwicklung kundennaher crossmedialer Content- und Marketingprodukte ab, betrifft also die Produktgestaltung (*Produkt*ebene). Produktion, Vermarktung und Auslieferung crossmedialer Portfolios stellen komplizierte Prozesse dar, deren Effizienz den wirtschaftlichen Gesamterfolg maßgeblich mitbestimmt (*Prozess*ebene).

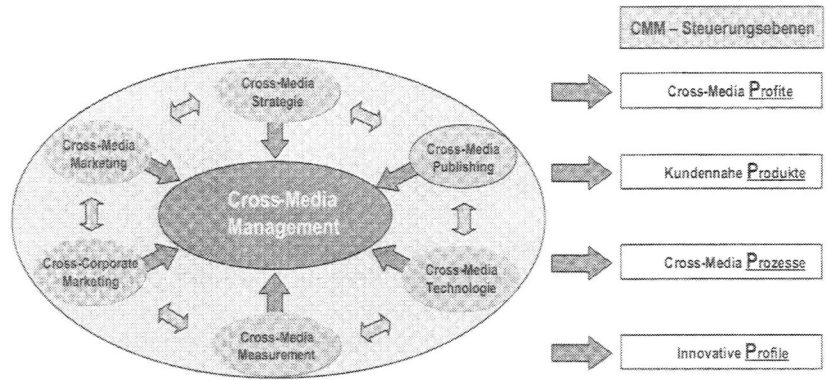

Abb. 11. Cross-Media Management als ganzheitliche Unternehmensführung

Basis für eine erfolgreiche Umsetzung der gesamten crossmedialen Geschäfte ist die Organisation: Dazu zählen neben der Gesamtheit eines lernenden und crossmedial handelnden Produktions- und Vermarktungsteams vor allem die technischen Systeme als relevante „Enabler" (*Profil*ebene). Wertorientiertes Cross-Media Management ist daher die Kunst, das Unternehmen bzw. die relevanten Vermarktungsstrategien ganzheitlich zu führen und die genannten Betrachtungsebenen integriert zu managen (vgl. Abbildung 11).

Eine ganzheitliche wertorientierte Unternehmensführung funktioniert nur, wenn die strategischen Gesamtziele entsprechend operationalisiert und in strategische Teilziele heruntergebrochen werden. Das erfolgreichste Managementinstrument der letzten Jahre für eine derartige Steuerung ist die Balanced Scorecard.[22] Wesentliches Ziel dieses Führungsinstrumentes ist es, aus Unternehmensvision und abstrakten strategischen Zielen konkrete, operationale Ziele und Kennzahlen abzuleiten, um dadurch ein ausgewogenes Gleichgewicht zwischen finanziellen und nicht-finanziellen Steuerungsgrößen sicherzustellen. Zudem wird der Organisation durch ein derartiges mehrdimensionales Performance Measurement-System Raum für strategisches Lernen gegeben. Dies bedeutet, dass eine regelmäßige Überprüfung und Anpassung der strategischen Ziele auf Basis der Performance in den einzelnen Steuerungsdimensionen erfolgt. Wie schnell sich Markt- und Wettbe-

---

[22] Vgl. Bruhn et al. (1998), S. 145 ff.

werbsbedingungen im crossmedialen Wettbewerbsumfeld ändern, haben viele Medienunternehmen in den letzten zwei Jahren teilweise schmerzhaft erfahren müssen. Dabei hat sich auch gezeigt, dass eine rein finanziell und budgetmäßig auf einen 3-Jahres Break-Even hin konzipierte Steuerung innovativer Vorhaben den Unternehmenswert durchaus gefährden kann. Es lag daher nahe, auf Basis der Balanced Scorecard für crossmediale Vermarktungsstrategien ein neues Steuerungsinstrument zu entwickeln, das den Besonderheiten von Medienunternehmen im digitalen Wettbewerb besonders Rechnung trägt: die *Cross-Media Scorecard*. Diese, auf die besonderen Belange von Medienunternehmen zugeschnittene Scorecard verfolgt im wesentlichen die folgenden Ziele:

- Klärung, Abgleich und Priorisierung vorhandener Cross-Media Ansätze
- Konkretisierung und Operationalisierung crossmedialer Vermarktungs-Strategien
- Wertsteigerung durch permanente Verbesserung crossmedialer Portfolios
- Verbesserung der Verhandlungsposition gegenüber Werbekunden
- Erhöhung des Customer Lifetime Values
- Steigerung der Effizienz in Produktions- und Publishing-Prozessen
- Grundlage für Perfomance-basierte Steuerung über Abteilungsgrenzen hinweg
- Mehr Leistungs-Transparenz für alle Beteiligten durch Cross-Media Management Reporting
- Bessere Kommunikation der Cross-Media Strategie in der Organisation
- Nachvollziehbare Kommunikation einer wertorientierten Steuerung gegenüber Investoren und Anteilseignern

Diese Ziele lassen sich integriert verfolgen und erreichen, indem strategische Vermarktungsziele in verschiedene Teilziele heruntergebrochen werden (vgl. Abbildung 12).

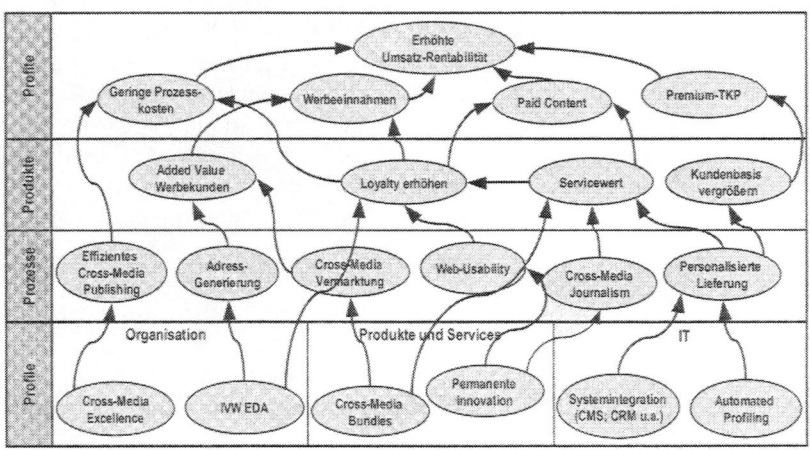

Abb. 12. Cross-Media Management als Management der Werttreiber

Dabei wird die finanzielle Perspektive um die o.g. Dimensionen erweitert und Wirkungszusammenhänge zwischen den verschiedenen Ebenen werden analysiert. Dadurch wird eine Steuerung crossmedialer Vermarktungsprozesse über entsprechende Kennzahlen möglich, die übergreifende Wertbeiträge sichtbar machen. Cross-Media Management ist daher auch immer ein Management der Werttreiber. Die Grafik verdeutlicht, welche Wirkungszusammenhänge im Bereich Cross-Media Publishing bestehen können: auf der Ebene der Enabler kann eine geeignete Technologie eine automatisierte Profilierung ermöglichen. Auf der Prozess-Ebene wird damit eine personalisierte Lieferung – etwa eines kostenpflichtigen Newsletters – möglich. Die Erhöhung des Servicewertes auf der Produktebene durch Personalisierung beeinflusst unmittelbar die Erlöse und damit die Spitzenkennzahl.

5. Ausblick

Top-Manager in deutschen Medienunternehmen wissen, dass Cross-Media entscheidend für den zukünftigen Erfolg ihrer Unternehmen sein wird. Die spannende Frage in den kommenden Jahren wird aber sein, wie diese Herausforderung in der Praxis gemeistert werden kann. Die Leitfrage lautet dabei: Wie können vorhandene Contents, Marken und Kundenbeziehungen durch exzellente Cross-Media Produkte und Prozesse zur Steigerung des Unternehmenswertes eingesetzt werden?

Die Entwicklung einer entsprechenden Cross-Media Strategie ist Voraussetzung für das Bestehen im digitalen Wettbewerb. Ausgangspunkt muß dabei die Tatsache sein, dass sich Nutzungsverhalten und Kundenwünsche stark verändern. Denn unsere moderne Industriegesellschaft befindet sich im Aufbruch in die „mobile Information Society". Content-Kunden verhalten sich crossmedial und werden von der Werbewirtschaft ebenso crossmedial adressiert. Für Medienunternehmen liegen hier große Chancen, sofern sie ihre Kernkompetenzen in strategischer Weise einsetzen und auf die geänderten Rahmenbedingungen reagieren. Die wertorientierte, integrierte Steuerung crossmedialer Vermarktungskonzepte erfordert allerdings neue Managementkonzepte, die kaufmännische Optionen, redaktionelle Prozesse und Cross-Media Technologien systematisch wertsteigernd verknüpfen. Ein derartiges *Cross-Media Management* beinhaltet dabei die Beherrschung der folgenden Aufgaben:

- Einbindung relevanter Kernprozesse in eine wertorientierte Unternehmensführung
- Integrierte Planung und Steuerung crossmedialer Vermarktungsstrategien
- Systematische Bewertung und Fortentwicklung von crossmedial angelegten Content-Portfolios
- Entwicklung kundenorientierte Cross-Media Produkte für Werbekunden
- Identifikation und Optimierung crossmedialer Kernprozesse

- Stärkere Einbeziehung der Kundenzufriedenheit und –bindung in die Performance Messung
- Überwindung von Abteilungsegoismen und Aufbau einer lernenden Organisation unter dem Leitbild der *Cross-Media Company*

Medienunternehmen, die diese Aufgaben erfolgreich bewältigen, werden im Werbe- und Content-Markt strategische Wettbewerbsvorteile realisieren, ihren Marken- und Unternehmenswert nachhaltig steigern und das erfolgreich tun, worauf Medienunternehmen im digitalen Wettbewerb besonders angewiesen sind: „Competing for the Future."

Literatur

Backhaus K (1997) Relationship Marketing – ein neues Paradigma im Marketing? in Bruhn M/Steffenhagen H (Hrsg.) Marktorientierte Unternehmensführung, Reflexionen – Denkanstösse – Perspektiven, Wiesbaden

Ballwieser W (2000), Wertorientierte Unternehmensführung, zfbf 52 (März 2000), S. 160-166

Berle A, Means G (1932) The modern Corporation and Private Property, New York

Bruhn M (1998) Balanced Scorecard: Ein ganzheitliches Konzept der Wertorientierten Unternehmensführung?, in Bruhn M/Steffenhagen H (Hrsg.) Marktorientierte Unternehmensführung, Reflexionen – Denkanstösse – Perspektiven, Wiesbaden

Bruhn M (2000) Wertorientiertes Relationship Marketing: vom Kundenwert zum Customer Lifetime Value, Die Unternehmung Jahrg. 2000, H. 3, S. 167-187

Chang RY/Morgan MW (2000) Performance Scorecards. Measuring the Right Things in the Real World, San Francisco

Coase R (1937) The Nature of the Firm, 4 Economica, p. 386-405

Downey K (2001) P&G-Viacom a boost for cross-media buys, Media Life, June 5, 2001

Forrester Research (2001) Making Content pay, London

Foss J, Lando H, Thomsen S (1999) The Theory of the Firm, Copenhagen

Hamel G/Prahalad CK (1994) Competing for the Future, Boston

Hoffmann O/Klingebiel N (Hrsg.) (2001) Performance Measurement & Balanced Scorecard, München

Jarren O/ Meier WA (Hrsg.) (2001) Ökonomisierung der Medienindustrie: Ursachen, Formen und Folgen, Medien & Kommunikationswissenschaft, Heft 2, 2001, Hamburg

Jupiter Communications (1999) Ad Sales Strategies, New York

Jupiter Media Metrix (2002) Industry Essentials Entertainment & Media, New York

Kaplan RS/Norton DP (1996a) Strategic Learning & the Balanced Scorecard, Strategy & Leadership, Sep-Oct 1996, p. 18-25

Kaplan RS/Norton DP (1996b) Using the Balanced Scorecard as a Strategic Management System, Harvard Business Review, Jan-Feb 1996, p. 75-85

Kaplan RS/Norton DP (1997) Balanced Scorecard – Strategien erfolgreich umsetzen, Stuttgart

Kappler F/Norton DP (2000) Balanced Scorecard – Trends and Research Implications, Controlling, Heft 1, Januar 2000, S. 15ff

Kestel C (2002) Auf der Suche nach dem Ausweg, FTD vom 27.12.2001

Kracke B (2001) Crossmedia-Strategien, Wiesbaden

Lynch R, Cross KC (1995) Measure Up! Yardsticks for Continous Improvement, Cambridge

ModularMedia (2001) Cross-Media Management – Wie managen deutsche Top-Medienhäuser Cross-Media heute und morgen?, Hamburg

Müller-Kalthoff (2001) Intelligente Konsolidierung tut not, kressreport 4/2001, S. 40

Prognos/SevenOne Media (2001) Werbemarkt 2011 – Deutsche Werbewirtschaft – Konvergenz und Werbung, München

PwC Deutsche Revision (2001) Die Balanced Scorecard im Praxistest – wie zufrieden sind die Anwender?, Frankfurt

Rappaport A (1986) Creating Shareholder Value: The New Standard for Business Performance, New York

Shapiro C, Varian H R (1998) Information Rules, Boston/Mass.

SevenOne Media (2001) Media ABC, 7. Auflage, München

Töpfer A (2000) Das Management der Werttreiber, Frankfurt

Vielfalt oder Vervielfältigung? – Medienangebote und ihre Nutzung im digitalen Zeitalter

Hardy Dreier

Hans-Bredow-Institut für Medienforschung, Hamburg

1. Alles überall – die Verheißung des digitalen Zeitalters

Die Diskussion über die Auswirkungen der Digitalisierung von Medien und Kommunikation drehte sich in der Boom-Phase des neuen Marktes in erster Linie um die neuen technischen Möglichkeiten, die sich aus dieser Entwicklung ergeben.[1] Die Interessen der Konsumenten wurden in der Diskussion häufig vernachlässigt, jedes neue Angebot schien seinen eigenen Markt zu erzeugen. Da jedoch die Nutzer letztlich durch ihre Zahlungsbereitschaft darüber entscheiden, welche der neuen technischen Möglichkeiten nicht nur eine reizvolle Option ist sondern auch ein marktfähiges Produkt wird, ist dies der entscheidende Faktor in der Entwicklung. Die meisten Nutzer werden dabei nach rationalen Kriterien entscheiden und sich nicht allein durch die Begeisterung für das Neue leiten lassen, ein Faktor, der vor allem in den ersten Jahren des Internet-Booms zu unrealistischen Erwartungen führte. Das Verhalten der Gruppe der Early-Adopters unterscheidet sich offenbar deutlich von den durchschnittlichen Konsumenten: während sich die ersten Nutzer noch technik-masochistisch an mehr oder weniger erfreulichen Erlebnissen begeisterten, erwarten die neuen Nutzer – wenn sie in neue Technik investieren – vor allem Ergebnisse.

Die Auswirkungen der Digitalisierung auf die Mediennutzung sind bislang schwer einzuschätzen. Viele Entwicklungen, die sich abzeichnen, verlaufen in einer Zeit, in der technische Revolutionen an der Tagesordnung zu sein scheinen, nicht mehr ganz so evolutionär und allmählich, wie dies in der Vergangenheit der Fall war. Internet, mobile Telekommunikation und digitales Fernsehen sind für sich genommen revolutionäre Entwicklungen, die ihre eigenen technischen „Minirevolutionen" erzeugen. Dabei können diese nicht immer die nötige Marktreife

---

[1] Vgl. z.B. Booz, Allen & Hamilton (1997). Als Ergebnis des Kapitels „Anwendungen Nutzersegmente, Marktpotentiale" stellen die Autoren fest, „dass der Multimedia-Markt ein immenses Potential besitzt", das von der Nachfrageentwicklung abhängt.

beweisen, so dass im Wettbewerb der technischen Revolutionen einige auf der Strecke bleiben. Derzeit wird diskutiert, ob UMTS tatsächlich die Investitionen rechtfertigt, oder andere Technologien wie Funknetze bei geringeren Kosten nicht technisch gleichwertig oder überlegen sind, auch die Entwicklung des digitalen Kabelfernsehens entspricht vielen Erwartungen nicht. Betrachtet man die Ebene der „Makrorevolutionen", so zeigen sich zwei Trends, die die Rahmenbedingungen von Mediennutzung stark beeinflussen:

- Die Bindung an bestimmte Distributionsnetze und Endgeräte verliert an Bedeutung. Fernsehbilder können ebenso auf dem PC wie auf dem Fernseher oder dem Handy betrachtet werden.
- Mit der steigenden Vielfalt der Distributionsmöglichkeiten für digitale Signale und der Veränderung der Endgeräte sinkt gleichzeitig die Bedeutung der Orte, an denen bestimmte Formen von Mediennutzung traditionell stattfinden, Mediennutzung und Kommunikation werden mobiler.

Die Akzeptanz der neuen Möglichkeiten setzt Zeit zu ihrer Überprüfung voraus, eine Ressource, die aufgrund der Geschwindigkeit der Entwicklung sehr knapp ist. Dabei trägt die Unsicherheit darüber, was sich tatsächlich durchsetzen wird, in einigen Fällen zum Zögern der Konsumenten bei. Die Entwicklungsdynamik traditioneller Endgeräte ist gemessen an der von digitalen Endgeräten zeitlupenhaft, ein Faktor, der die Konsumenten verunsichert. Bei einer Investition in ein neues Gerät spielen Zuverlässigkeit und Dauerhaftigkeit eine wichtige Rolle, schließlich soll das Gerät für einen möglichst langen Zeitraum dem gängigen Standard entsprechen, und man will den Lernvorgang für den Umgang mit dem Neuen nicht ständig wiederholen müssen.

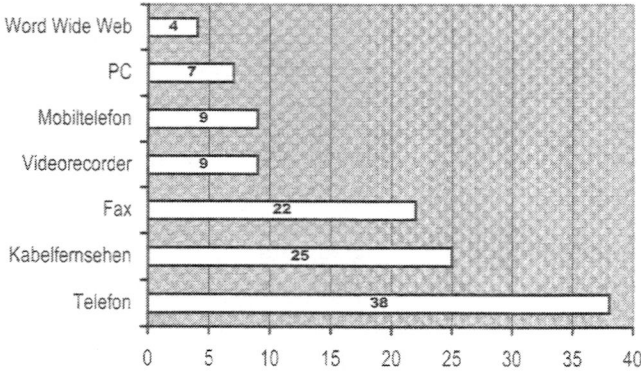

Abb. 1. Verbreitungsgeschwindigkeit von Medienangeboten und Endgeräten in Jahren[2]

---

[2] Nach: Booz, Allen & Hamilton (1997), S. 46.

Die Möglichkeiten, die sich aus dem Einsatz digitaler Technik für Medien und Kommunikation ergeben, werden oft als Bedrohung traditioneller Medien gesehen. Natürlich bleibt die Entwicklung z.b. für die Printmedien nicht ohne Folgen, die Vergangenheit hat jedoch gezeigt, dass neue Medienangebote mit den bestehenden lediglich in den Wettbewerb um die Erfüllung von Funktionen treten und damit zu einer dynamischen Weiterentwicklung des Medienangebotes beitragen.[3] Ebenso wenig wie in der Vergangenheit der Hörfunk die Printmedien verdrängt hat, hat Video den „Radiostar" gekillt. Die Konsumenten werden die neuen Medienangebote immer auch an existierenden Angeboten messen, für die sich zwei parallele Entwicklungsmöglichkeiten ergeben: Zum einen müssen sie überprüfen, welches Publikum welchen Distributionsweg für welchen Bestandteil ihres klassischen Angebotes bevorzugt: Ein Serviceteil mit Veranstaltungskalender im Internet kann für Teile des Publikums attraktiver sein, als ein Blättern in der Zeitung. Wenn ein solches Produkt auch wirtschaftlich tragbar ist, sollte das Angebot entsprechend erweitert werden. Dabei darf jedoch die Pflege des eigenen Markenimages nicht zu kurz kommen: Zeitungen haben z.b. meist eine regionale Verankerung und Kompetenz, die einen Schwerpunkt bei der Nutzung neuer Distributionsmöglichkeiten spielen muß. Die Übertragung traditioneller Bestandteile der Tageszeitung muß sich immer nach dem Leistungsprofil und den Nutzungskontexten des jeweiligen Kanals richten. Eine bloße Kopie von Zeitungstexten ins Internet ist nur dann möglich, wenn es keine Konkurrenz zu diesem Angebot gibt, im Zweifel ist aber das Angebot der eigenen Printausgabe überlegen, da die Zielgruppe für diese Inhalte nur dann auf diese Angebote zurückgreift, wenn die gedruckte Zeitung nicht verfügbar ist. Zum anderen bieten die veränderten Bedingungen auch die Chance für echte Innovation: Neben der Übertragung traditioneller Bestandteile ins Internet hat die Tageszeitung neue Möglichkeiten zur Entwicklung von Angeboten. Dabei können die Zeitungsverlage auf eine Ressource zurückgreifen, die für eine erfolgreiche Positionierung im neuen Markt sehr wertvoll ist: Das Vertrauen der Konsumenten. Auch die Nicht- oder Gelegenheitsleser einer Zeitung haben bestimmte Erwartungen an Tageszeitungen: Tageszeitungen werden genutzt, um mitreden zu können und sich zu informieren.[4] Bei der Entwicklung neuer Angebote müssen sich die Verlage darum bemühen, diesem Image zu entsprechen um diesen Vorteil zu nutzen und auszubauen.

2. Orte der Mediennutzung

Ein großer Teil der Mediennutzung findet in der Freizeit statt und ist deshalb meist an die Wohnung gebunden. Zwischen fünf Uhr morgens und Mitternacht verbringen wir im Durchschnitt 557 Minuten u Hause, 365 Minuten sind wir außerhalb der Wohnung unterwegs. Dabei entfallen auf Freizeit und andere Tätigkei-

---

[3] Vgl. Riepl (1913), S. 5.
[4] Vgl. Ridder u. Engel (2001), S. 112.

ten rund sechs Stunden unseres Zeitbudgets.[5] Ein Teil der Mediennutzung findet außerhalb der eigenen Wohnung als Zusatztätigkeit statt, entweder in Verkehrsmitteln oder an öffentlichen Plätzen. Dabei haben sich Musikangebote vom Radio über den Walkman bis zum MP3-Player als Unterwegs-Medium fest etabliert.[6] Zusätzlich werden immer wieder Versuche unternommen, Verkehrsmittel mit audiovisuellen Medien auszustatten, in öffentlichen Verkehrsmitteln gibt es entsprechende Angebote mittlerweile in der Fernbahn und einigen Nahverkehrsmitteln in Großstädten wie Hamburg und Berlin. Aber auch in privaten Verkehrsmitteln stehen in der Zukunft audiovisuelle Angebote zur Verfügung, mobile DVD-Player sollen für Unterhaltung während der Fahrt sorgen.[7] Die Mediennutzung an öffentlichen Plätzen hingegen ist wesentlich weniger erforscht, die neuen technischen Möglichkeiten tragen dazu bei, dass auch in öffentlichen Räumen zunehmend Medienangebote bereit stehen.[8]

In der Zukunft werden noch stärker als bisher die Kontexte, in denen Mediennutzung stattfindet, darüber entscheiden wie und wozu Medien verwendet werden. Ein bisher zentrales Element für die Mediennutzung, die Bindung an ein für eine Nutzungsform spezifisches Gerät wird an Bedeutung verlieren. Einen entscheidenden Beitrag hierzu leistet die digitale Technik, die sowohl in den Geräten als auch bei der Übertragung von Inhalten dazu beiträgt, eine Vielzahl von Nutzungsoptionen zu eröffnen. Dabei ist ein wichtiges Element der Veränderung, dass mit der sinkenden Bedeutung der traditionellen Geräte für die Mediennutzung und zur Kommunikation sowie der Erosion von Grenze zwischen verschiedenen Angeboten Mediennutzung im Alltag z.T. neu organisiert wird. Dabei trägt zum Charakter der Mediennutzung auch der Ort bei, an dem diese stattfindet, Briefe werden eben nicht im Fernsehsessel geschrieben, die „Couchpotato" sieht (hoffentlich) nicht am Steuer des Autos fern, auch wenn sie dort mittlerweile telefoniert.

2.1 Die Hardware der Haushalte

Ein wichtiger Ort für Mediennutzung bleibt die eigene Wohnung. Die Ausstattung der Haushalte mit Geräten zur Nutzung unterschiedlicher elektronischer Medienangebote und für die Telekommunikation wird sich in der Zukunft unter dem Einfluß der Entwicklung digitaler Technik weiter verändern. Der Besitz von Geräten für den Empfang und die Bearbeitung digitaler Information vom PC über den Decoder für digitales Pay-TV, die Satellitenempfangsanlage und das Modem für den Online-Zugang wird weiter zunehmen. Mit dem wachsenden Besitz digitaler Endgeräte hält auch eine Generation von Multioptionsgeräten Einzug in die Haushalte: Internet und Fernsehen lassen sich auf dem gleichen Gerät empfangen, mit

---

[5] So hören z.B. 37 Prozent der Bevölkerung beim Autofahren Radio. Vgl. MA 2001, nach Klingler u. Müller (2001), S. 439f.

[6] Vgl. ebd., S. 444f.

[7] Vgl. z.B. o.V. 2002e.

[8] Vgl. Hasebrink (2001), S. 84f.

DVD-Playern und PCs lassen sich eine Vielzahl digitaler Datenträger nutzen, Radiohören funktioniert mit dem PC, Spielkonsolen entwickeln sich zur Entertainment-Zentrale im Wohnzimmer. Gerade in Bezug auf diese Entwicklung ist ein Merkmal der Mediennutzung der Konsumenten interessant: Der Kauf von Geräten und Inhalten schließt nicht automatisch die Nutzung ein. Ein großer Teil der Bücher wird mit der Option angeschafft, sie lesen zu können, Zeitungen und Zeitschriften werden ohnehin nur teilweise gelesen. Videoaufzeichnungen von Programmen werden seltener als Kaufprogramme gesehen, in vielen Fällen werden von den empfangbaren Rundfunkprogrammen nur einige wenige intensiv genutzt.[9] Mit der Erweiterung der Ausstattung und der sich daraus ergebenden größeren Wahlmöglichkeiten wird nicht automatisch eine Veränderung des Nutzungsverhaltens der Konsumenten erfolgen, bei der Anschaffung neuer Endgeräte mag in einigen Fällen schon die Option als Anreiz zum Kauf genügen.

Ein wichtiger Faktor, der die Erweiterung des heimischen „Medien- und Kommunikationsgeräteparks" begünstigt, ist die Preisentwicklung in diesem Bereich. Während sich die Preisindizes für Ausgaben im Bereich „Freizeit, Unterhaltung, Kultur" zwischen 1995 und 2001 um 6,4 Prozent erhöhten, sanken die Preise für audiovisuelle Geräte um 15,3 Prozent, Geräte für die Informationsverarbeitung wie z.B. Computer verbilligten sich in diesem Zeitraum sogar um 43,3 Prozent.[10] Die Preise für Bild- und Tonträger blieben nahezu unverändert. Überdurchschnittliche Preissteigerungen von 15,9 bis 21,7 Prozent waren hingegen bei Printmedien und Kulturdienstleistungen zu verzeichnen. Auch die Kosten für die Nachrichtenübermittlung mit Hilfe von „Telefon-/-fax-/grafiedienstleistungen" sanken um 22 Prozent.

Wichtige Räume für die Mediennutzung im Haushalt sind vor allem das Arbeitszimmer und das Wohnzimmer, außerdem ist auch in den meisten Kinderzimmern eine üppige Ausstattung mit Unterhaltungselektronik zu finden. Auch in anderen Räumen im Haushalt sind Medien präsent, z.B. der Radiowecker im Schlafzimmer, die Zeitung auf dem Küchentisch und das Radio im Bad. Der Hörfunk als Tagesbegleitmedium hat dabei im wesentlichen die Funktion, eine angenehmen Hintergrund für die aktive Beschäftigung, die an den jeweiligen Orten im Vordergrund stehen zu liefern, allein der Zeitung gelingt es, als morgendliches Informations-Update einen größeren Teil der Aufmerksamkeit des Betrachters auf sich zu ziehen. Bevor der Screen-Fridge mit Online-Anschluss unverzichtbarer Bestandteil der Kücheneinrichtung wird, muß er seinen Mehrwert im Vergleich mit den traditionellen Angeboten erst beweisen: kostengünstige und disponible Information im Tageszeitungsformat, die zwischen Familienangehörigen aufgeteilt werden kann, wird durch den Bildschirm des Kühlschranks jedenfalls nicht bedroht.[11]

---

[9] Zur Videonutzung vgl. Turecek et al. (2001), S. 269f., zu Repertoirebildung vgl. Hasebrink (2001), S. 36.

[10] Quelle: Statistisches Bundesamt, nach Media Perspektiven Basisdaten (2001), S. 91.

[11] Zum Screen-Fridge vgl. Electrolux (2001).

Der Einzug des Personal Computers

Der Einsatz digitaler Technik in Medienunternehmen begann schon vor mehr als zwanzig Jahren. Mit den Redaktionssystemen in den Zeitungs- und Zeitschriftenverlagen wurden schon in den achtziger Jahren die ersten vernetzten Computer zur Herstellung von Inhalten eingesetzt. Die Entwicklung des Mediensystems hat durch den vermehrten Einsatz von Computertechnik dazu geführt, dass viele Medienangebote im Herstellungsprozeß in digitaler Form vorliegen. Diese digitalen Formate waren in der Organisation sehr häufig Vor- oder Zwischenprodukte, die in dieser Form in der Regel nicht für das Publikum vorgesehen waren. Werden solche Produkte in Datenbanken eingespeist, sind sie häufig die Grundlage für eine Nutzung als Inhalte in digitalen Verbreitungsnetzen, sie lassen sich je nach Bedarf modifizieren um für die Verbreitung geeignet zu sein.[12] Der Einsatz digitaler Technik führte in vielen Fällen zu einer Optimierung von Arbeitsabläufen, zu Zeitersparnis und einer Reduktion von Kosten aufgrund von Rationalisierung. Die Vorteile der digitalen Technik werden in den klassischen Medienunternehmen vor allem in einer Steigerung der Wettbewerbsfähigkeit durch die Möglichkeit der Optimierung von Arbeitsabläufen durch Vernetzung gesehen.[13]

Digitale Technik am Arbeitsplatz ist nicht nur in Medienunternehmen selbstverständlich geworden. In Gestalt des Personal Computers haben viele Mediennutzer beruflich seit Jahren Erfahrungen im Umgang mit digitaler Hard- und Software gesammelt. Häufig bewirkte der Zugang zum PC am Arbeitsplatz großes Interesse und trug dazu bei, auch zu Hause ein Gerät anzuschaffen. Damit löste der PC die ersten Rechner, die zu Hause genutzt wurden, wie den C64 und den Amiga ab. Der berufliche Einsatz des Computers spielt aber auch in Bildungs- und Ausbildungskonzepten eine wichtige Rolle. Das Programm „Schulen ans Netz" und die intensive Debatte über die Bedeutung der Medienkompetenz in der Informationsgesellschaft tragen dazu bei, die Verbreitung von Computern vor allem in Familien zu fördern, da Eltern ihren Kindern mit der Anschaffung eines PCs Perspektiven eröffnen wollen.

Mit der steigenden Verbreitung von PCs in Unternehmen und privaten Haushalten wurde die Basis der Hardwareausstattung für das digitale Zeitalter erreicht. Die Dominanz weniger Akteure wie Microsoft auf der Ebene der Betriebssysteme trug außerdem dazu bei, ein hohes Maß an Kompatibilität zwischen den einzelnen Anwendern sicherzustellen. Mit dem PC und der dazu gehörenden Software wurden im Arbeitskontext Standards etabliert, die auch von Anwendungen für den privaten Gebrauch erwartet werden. Dies gilt sowohl auf der Ebene der Zugänglichkeit als auch auf der der Zuverlässigkeit. Die Erben der Workstations, die heute als Multimediacomputer auf den heimischen Schreibtischen stehen, werden nur in wenigen Fällen tatsächlich bis zur Grenze ihrer Leistungsfähigkeit genutzt.

---

[12] Vgl. Loosen u. Weischenberg (2002).
[13] Vgl. z.B. Hacker (1999), S. 162f.

Der Platz des Computers auf dem Schreibtisch oder im Arbeitszimmer zeigt den traditionellen Kontext eines Gerätes an, das zwar das Potenzial zur Multimedia-Maschine hat, sich noch stärker vom Image des Arbeitsgerätes lösen muß, um als solche erkannt zu werden. Bei der Wahl des CD-Players zum Musikhören am Schreibtisch wird in vielen Fällen die Stereoanlage im Arbeitszimmer den Vorzug vor dem PC erhalten. Das Image des PC als Workstation führte auch dazu, dass die Schöpfer der ersten Spielkonsole aus dem Hause Sony in Abgrenzung zu diesem Gerät die Bezeichnung *PlayStation* wählten.[14] In diesem Zusammenhang ist der iMac der Firma Apple mit seinem ungewöhnlichen Design ein interessantes Beispiel, welche Weg die Entwicklung weg vom Einheits-PC hin zum edlen Multimediagerät nehmen könnte. Das mit dem Spitznamen „Schreibtischlampe" versehene Gerät entwickelt sich zum Verkaufsschlager.[15]

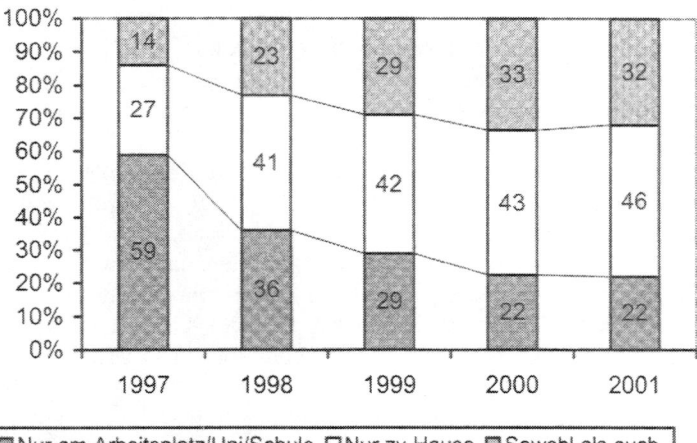

Abb. 2. Ort der Onlinenutzung (in %)[16]

Betrachtet man die Entwicklung der räumlichen Nutzung von Online-Angeboten, so zeigt sich, dass die Nutzung im beruflichen Kontext allmählich an Bedeutung verliert: Internet wird immer mehr zum Freizeitmedium, eine Entwicklung, die für die Nutzungsweise nicht ohne Folgen bleiben wir. Dieser Trend wird sich bei der Verfügbarkeit von preiswerten und leistungsfähigen Online-Zugängen weiter verstärken.

---

[14] Vgl. Asakura (2000), S. 30.
[15] Vgl. o. V. (2002°), S. 55.
[16] Quelle: ARD-Online-Studie 1997, ARD/ZDF-Online-Studie 1998 - 2001. Nach: Media Perspektiven Basisdaten (2001), S. 88.

Der Fernseher – „Herr des Wohnzimmers"

In der Diskussion über Konvergenz und Cross-Media spielt neben dem Computer ein weiterer Bildschirm im Haus eine zentrale Rolle: Der Fernseher. Der traditionelle Standort des Fernsehgerätes ist das Wohnzimmer, existieren mehrere Geräte im Haushalt, so steht meist das am besten ausgestattete Hauptgerät auf diesem prominenten Platz. Mittlerweile verfügen rund 98 Prozent der Haushalte über einen Farbfernseher, fast immer mit Fernbedienung. Mehr als ein Drittel der Haushalte verfügen zusätzlich noch über weitere Fernsehgeräte, die an anderen Orten des Hauses ihren Platz haben. Über 80 Prozent der Geräte können Videotext empfangen, zwei Drittel der Haushalte verfügen über einen Videorecorder.[17] Neben dem Videorecorder etablieren sich weitere Geräte in unmittelbarer Verbindung zum Fernseher, so verfügen 23,5 Prozent der Haushalte mittlerweile über eine Videokamera oder einen Camcorder, 7,6 Prozent über einen Pay-TV-Decoder.

Eine weitere Neuheit im Wohnzimmer ist der DVD-Player, ein Gerät, dass im Weihnachtsgeschäft 2001 einen Boom erlebte. Mittlerweile verfügen rund drei Millionen Haushalte in Deutschland über ein solches Gerät.[18] Hinzu kommen die DVD-Laufwerke in Computern und Spielkonsolen, die dazu beitragen, dass DVDs möglicherweise in naher Zukunft die Videokassette ablösen werden. 1998 wurden 750.000 DVDs ausgeliefert, im Jahr 2001 waren es 18,9 Mio. Stück. Eine weitere Neuheit, die den traditionellen Videorecorder ablösen könnte, ist der Personal Videorecorder (PVR). Dieses Gerät nutzt zur Aufzeichnung der Programme eine Festplatte. Mit dieser Technik ist es möglich, Programme zeitversetzt zu sehen, eine noch laufende Sendung kann bereits während der Aufzeichnung von Anfang an genutzt werden. Damit werden die beiden Funktionen des Videorecorders – eigenes Aufzeichnen von Programmen und Abspielen von Programmen von Dritten – von zwei verschiedenen Endgeräten übernommen. Der DVD-Player ist die qualitativ hochwertige Alternative zum Abspielen von Leih- und Kaufvideos, der PVR ist die Optimierung der Aufzeichnungsfunktion. Allerdings zeichnen sich bereits neue Gerätekombinationen ab, die sowohl über eine Festplatte als auch über ein Laufwerk für die Nutzung digitaler Datenträger verfügen.[19]

Das multimediale Kinderzimmer

Ein Raum, in dem in vielen Haushalten Medien- und Funktionsvielfalt herrscht, ist das Kinderzimmer. Häufig sind dort Fernseher, Computer und Spielkonsole zu finden. 46,2 Prozent der Kinder und Jugendlichen besitzen einen eigenen Fernseher, knapp ein Viertel verfügen über einen eigenen Videorecorder, eine Spielkonsole und einen eigenen PC. Mehr als die Hälfte der PCs ist mit einem Modem und einem CD-ROM Laufwerk ausgestattet, etwa 30 Prozent der Kinder und Jugendli-

---

[17] Quelle: MA 2001 nach: Media Perspektiven Basisdaten (2001), S. 67.
[18] Vgl. o. V. (2002b), S. 10.
[19] Vgl. o.V. (2002c).

chen besitzen ein Handy.[20] Entsprechend wird dieses kleine Reich auch multifunktional genutzt: Von der Beschäftigung mit den Hausaufgaben über das aktive Spielen mit dem PC oder der Spielkonsole bis zum passiven in die Röhre schauen werden Geräte in unterschiedlichsten Formen genutzt. Die aktuelle Diskussion über die Bedeutung des Internetzugangs für die junge Generation trägt außerdem dazu bei, dass die Zahl der Online-Anschlüsse in Kinderzimmern weiter wachsen wird.

Ein Ergebnis dieses technischen Standards im Kinderzimmer ist, dass die jungen Familienmitglieder Experten für die Nutzung ihrer Medien sind und den Umgang mit digitalen Medien selbstverständlicher erleben, als dies bei älteren Generationen der Fall ist. Der Wechsel zwischen interaktivem Spiel, aktiver Informationssuche im WWW und Arbeit am Computer oder Spiel und passiver Mediennutzung am Fernseher mit und ohne Spielkonsole ist eine Übung, die optimal auf die neue Medienausstattung vorbereitet. Als Ergebnis dieser neuen Medienvielfalt der Haushalte zeichnet sich ab, dass die Bindung an die traditionellen Massenmedien zurückgeht. In Haushalten, die über einen PC verfügen, ziehen ihn bei der Frage, auf welches Medium (Fernseher, Computer, Zeitschriften/Heftchen, Radio) sie am wenigsten verzichten können 18 Prozent der Kinder den anderen Medien vor, sogar in Haushalten ohne PC ist er für 4 Prozent der Kinder wichtiger als die anderen Angebote.[21]

Die Begeisterung für die neuen Angebote und die Kompetenz im Umgang mit den neuen Nutzungsoptionen enthält auch ein Potenzial, das für die Gesellschaft nicht ohne Folgen bleiben wird: Die unter dem Titel „Digital Divide" geführte Diskussion über die Desintegration unserer Gesellschaft durch den gewollten oder ungewollten Ausschluß von den neuen Informations-, Kommunikations- und Unterhaltungsmöglichkeiten muß auch diese Entwicklung einschließen. Schon heute zeigt sich, dass vor allem Alter und Bildung darüber entscheiden, ob jemand Mitglied der Online-Gemeinde wird.[22]

Der Wettlauf ins Wohnzimmer?

Der prominenteste Platz für die Nutzung von Bildschirmmedien ist im Haushalt traditionell das Wohnzimmer. So ist es kein Wunder, dass die Anbieter von Unterhaltungselektronik zuerst an diesen Raum denken, wenn sie neue „Unterhaltungsmöbel" entwickeln. Dabei zeichnet sich ein deutlicher Trend ab: der ehemals eigenständige Fernseher wird zum Ausgabebildschirm für eine Vielzahl unterschiedlicher Peripheriegeräte: traditioneller Videorecorder, Personal Videorecorder, Digital-TV-Anschluss, Internetzugang, Spielkonsole und DVD-Player stehen heute schon als Optionen in unterschiedlichen Konstellationen zur Verfügung. Welches der Geräte unter welchen Bedingungen tatsächlich genutzt wird und da-

---

[20] Vgl. KidsVerbraucherAnalyse (2001), S. 13-1f.
[21] vgl. Feierabend u. Klingler (2001), S. 349.
[22] Vgl. Kubicek u. Welling (2000), S. 502f.

mit für die Entwicklung von Cross-Media Angeboten tatsächlich entscheidend ist, wird stark von der Nutzungsmotivation abhängen, die im Wohnzimmer erwartungsgemäß eine andere ist, als im Arbeitszimmer. Bei einer crossmedialen Vermarktung von Unterhaltungsangeboten scheint das Wohnzimmer die erste Wahl zu sein, der zentrale Unterhaltungs-Bildschirm des Haushalts hat seinen festen Platz an diesem Ort. Welche der zur Verfügung stehenden technischen Optionen des Haushalts für die Nutzung von Angeboten tatsächlich genutzt wird, wird immer schwerer vorhersehbar. Eine Ausstattung des Haushalts mit zahlreichen Endgeräten eröffnet den Nutzern Wahlmöglichkeiten zwischen unterschiedlichen Formaten des gleichen Angebots. Dabei mögen Faktoren wie die leichte Bedienung von Endgeräten oder der Preis und die Verfügbarkeit von Datenträgern eine Rolle spielen. Auf der Anbieterseite ergibt sich die Möglichkeit, durch Bundling-Strategien Nutzer für neue Angebote zu interessieren, indem sie der DVD als Bonusmaterial ein Level des Computerspiels beifügen oder auf thematisch verwandte Inhalte hinweisen.

Die multifunktionale Wohnung

Nachdem nun die verschiedenen Räume und ihre Bedeutung für verschiedene Nutzungssituationen untersucht wurden, bleibt an dieser Stelle die verlockende Aussicht, dass die Mehrzimmerwohnung, in der jeder Raum eine bestimmte Funktion hat, möglicherweise als Wohnform an Bedeutung verliert. Die Durchschnittsgröße der Haushalte geht kontinuierlich zurück, 2001 lebten 45 Prozent der Personen zwischen 14 und 64 Jahren in Haushalten, in denen es maximal zwei Personen gab.[23] Daraus ergeben sich mehrere mögliche Folgen: Singles nutzen kleinere Wohnungen, d.h. die Bedeutung der räumlichen Trennung in der Wohnung geht zurück. Die zweite mögliche Folge ist, dass nicht alle von den Architekten geplanten Kinderzimmer in dieser Funktion genutzt werden, die Zahl der heimischen Arbeitszimmer nimmt möglicherweise zu. Zu einem solchen Szenario passt die Diskussion Ausweitung der Tele- und Heimarbeit, für die ein solcher Raum benötigt wird. Wie viele andere Grenzen verliert die traditionelle Trennung wischen Arbeitsplatz und Wohnung für einige Gruppen der Bevölkerung an Bedeutung, vor allem die Angehörigen von Berufen, die mit dem Computer arbeiten, sind von dieser Entwicklung betroffen. In Haushalten, in denen ein Computer verfügbar war, waren 2001 die am häufigsten genutzten Programme Textverarbeitung und Tabellenkalkulation, dann folgen erst Spiele und Internet-Software.[24] Im Gegenzug wird in Verbindung mit der privaten Online-Nutzung am Arbeitsplatz ebenfalls ein Beitrag dazu geleistet, diese Grenze aufzuheben.[25]

---

[23] Vgl. STERN (2001), S. 572.
[24] Vgl. STERN (2001), S. 448.
[25] Vgl. o.V. (2002d).

2.2 Kommunikationsnetze als Motoren der Konvergenzentwicklung

Neben der stetigen Verbesserung der Leistungsfähigkeit der Hardware ist es auch die Entwicklung neuer Übertragungsmöglichkeiten, die den Multimedia-Boom ermöglichte. Mittlerweile lassen sich mit Hilfe vieler unterschiedlicher Netze digitale Inhalte übertragen. Zu diesen Netzen zählen Kabelnetze, Funk- und Satellitennetze und Möglichkeiten der digitalen terrestrischen Übertragung. Der wichtigste Unterschied zwischen diesen Netzen liegt in ihrer Leistungsfähigkeit, bewegte Bilder lassen sich bisher in akzeptabler Qualität nicht in jedem Netz übertragen. Die Steigerung der Leistungsfähigkeit von Übertragungsnetzen hängt dabei nur zum Teil mit der genutzten Hardware zusammen, ein wichtiger Faktor ist auch die Software, deren kontinuierliche Weiterentwicklung ebenfalls dazu beiträgt, die Leistungsfähigkeit der Netze bei der Übertragung digitaler Daten zu verbessern.

Dabei zeigt sich, dass die traditionelle Bindung von bestimmten Endgeräten an bestimmte Kommunikationsnetze an Bedeutung verliert: wenn für das Internet die erforderlichen Bandbreiten bzw. die notwendigen Kompressionstechniken zur Verfügung stehen, um bewegte Bilder in adäquater Qualität zu übertragen, ergeben sich neue Optionen zur Verbreitung von Fernsehinhalten jenseits der traditionellen Programme, die schon heute über Kabel und Satellit sowie terrestrischen Empfang sowohl analog als auch digital verbreitet werden.[26] Auch die Empfangsmöglichkeiten für Multimediadienste mit dem mobilen Telefon werden sich in absehbarer Zeit vergrößern, GPRS, UMTS oder I-Mode werden dies ermöglichen.

2.3 Mediennutzung unterwegs – mobile Endgeräte

Beweglichkeit spielte schon immer eine zentrale Rolle in der Geschichte der Medien: Buch, Zeitschrift und Zeitung sind nach wie vor sehr populäre bewegliche Medien. Ergänzt wurden diese Angebote zunächst durch den Hörfunk, der in seiner Geschichte nach dem Siegeszug des Fernsehens einen Funktionswandel vom Informations- zum Unterhaltungs- und schließlich zum Tagesbegleitmedium erlebt hat. Ein wesentlicher Teil unserer heutigen mobilen Mediennutzung entfällt auf die Mediennutzung in Verkehrsmitteln, dabei lassen sich die Varianten der Mediennutzung anhand des Grades der Einflußnahme der Nutzer unterscheiden. Ein hohes Maß an Eigenbestimmung des Angebotes besteht etwa, wenn bekannte Musik, Spiele, Printmedien und Filme für die mobile Nutzung ausgewählt werden. Dies ist z.B. der Fall, wenn mobile CD-Player, Walkman, MP3-Player oder der *GameBoy* genutzt werden. Im Mittelfeld rangiert das Autoradio, bei dem lediglich eine Auswahl zwischen einem begrenzten Angebot besteht, das aber auch die Möglichkeit eröffnet, neues kennenzulernen oder zu erfahren. Die geringste Möglichkeit der Mitbestimmung besteht, wenn nur ein Angebot zur Verfügung steht und die Wahlmöglichkeit nur in der Vermeidung des Angebotes insgesamt be-

---

[26] Vgl. Zimmer (2000), S. 439.

steht, etwa bei der Filmauswahl im Flugzeug. Aufgrund der Leistungsfähigkeit der Technik steht uns mittlerweile eine Vielzahl von Angeboten in unterschiedlichen Kombinationen zur Verfügung, neben eigenen transportablen Endgeräten sind mittlerweile in vielen Verkehrsmitteln Medien präsent, von der Bordzeitung im Flugzeug bis zum Fernsehen in der U-Bahn.

Mittlerweile haben mobile Telekommunikationsgeräte eine große Verbreitung erlebt, viele Anbieter suchen derzeit nach Angeboten, die attraktiv für die mobile Nutzung sind. Dabei kommen nicht nur Kommunikationsangebote sondern auch Medieninhalte in Frage, die den Interessen der Nutzer entgegenkommen. Schließlich lassen sich über die Übertragungsnetze für Mobiltelephonie auch digitale Daten übertragen, das Internet ist längst mobil geworden. Allerdings sind es gerade bei der mobilen Kommunikation technische Restriktionen, die die Möglichkeiten der Anbieter begrenzen, die Displays lassen in der Regel nur wenige Möglichkeiten der Darstellung.

3. Zwischenfazit: Vieles kann – nichts muss!

Die technische Entwicklung hat dazu geführt, dass die Bedeutung von Geräten und Übertragungstechnik für die Mediennutzung abnimmt. Sowohl die Anbieter als auch die Nutzer von Inhalten haben die Wahl zwischen den verschiedensten Varianten der Übertragung, Speicherung und Wiedergabe von digitalen Daten. Das Ergebnis der technischen Entwicklung sind verschiedene „Multimedien", Geräte zur Mediennutzung, mit denen unterschiedliche technische Formate genutzt werden können und die in einem bestimmten Rahmen universell einsetzbar sind. So können DVD-Player nicht nur als Ausgabegerät für Filme dienen, sondern auch Musik-CDs abspielen, Handies als mobile Spielkonsole genutzt werden und Radio kann mit dem PC gehört werden. Die Universalität der Endgeräte hat eine der möglichen Entwicklungen verhindert: Ein „Lock-In-Effekt" durch eine Bindung der Nutzer über Hardware an bestimmte Endgeräte oder Netze spielt vor allem bei den Spielkonsolen und der dazu gehörenden Software eine Rolle, sonst herrscht das Prinzip „Universalität vor Rolle".[27]

Das Ergebnis der technischen Konvergenz durch den Einsatz digitaler Technik ist eine Differenzierung von Endgeräten und Verbreitungsnetzen, die dazu führt, dass tradierte Konstellationen der Mediennutzung aufgelöst werden. Die bisherige Differenzierung von Mediennutzung nach technischen Bedingungen verliert an Bedeutung, scheinbar ist jede Form der Mediennutzung an jedem Ort und zu jeder Zeit möglich. Auch die Frage nach dem „Multimedium" scheint bereits gelöst: Das gerade verfügbare Endgerät, dass in der Lage ist, das gewünschte Angebot in akzeptabler Qualität zu liefern, ist das „Multimedium des Augenblicks".

---

[27] Vgl. Zerdick (2001), S. 210f.

Die neuen Möglichkeiten bringen für Anbieter und Konsumenten neue Unsicherheiten – Anbieter müssen entscheiden, auf welchem Distributionsweg und in welchem Format Inhalte ihre Zielgruppe erreichen, Nutzer müssen entscheiden, welche der möglichen Optionen das in der Situation beste Ergebnis zur Befriedigung von Bedürfnissen erbringt. Dabei zeichnet sich ab, dass Anbieter, die über die nötigen Ressourcen verfügen oder entsprechende Partnerschaften schließen können, die Risiken, die sich ergeben, dadurch minimieren, dass sie ihre Inhalte über eine Vielzahl von Kanälen parallel verbreiten, so dass aus der Sicht der Nutzer trotz der Wahl zwischen vielen verschiedenen Distributionswegen und Endgeräten der Eindruck entsteht, dass das Portfolio der zur Verfügung stehenden Inhalte nicht in gleichem Maße an Vielfalt zugenommen hat.

Die Beschreibung der Entwicklung scheint auf den ersten Blick der einfachen Formel „Technische Konvergenz ist das Problem – Cross-Media die Lösung" zu folgen, wenn jedoch die Lösung so einfach wäre, würde dieses Buch wohl kaum Interesse finden. Eine Strategie eines „One-Content – All Channels" kann jedoch für den größeren Teil der Anbieter und Angebote nicht die Lösung sein, auch die bei Informationsangeboten als Modifikation dieser Strategie „One Brand – Many Channels" ist mit hohen Kosten verbunden. Diese Modifikationen von Marken- und Marketingstrategien scheinen als Lösung nur begrenzt tauglich, denn es ist zu erwarten, dass die Streuverluste auf den verschiedenen Kanälen unterschiedlich ausfallen. Entscheidend für den Erfolg der einzelnen Angebote ist bei dieser Vervielfältigung publizistischer Produkte vor allem der Konsument, der zunächst noch ungeübt mit seiner neu gewonnenen Souveränität im Umgang mit den neuen Angeboten ist, über kurz oder lang jedoch neue Nutzungsstrukturen entwickeln wird.

4. Kontexte und Funktionen von Mediennutzung

Bisher gab es für das Publikum eine Reihe technischer Rahmenbedingungen, die die Mediennutzung stark beeinflußten. Mit der Entwicklung der digitalen Technik verlieren diese technischen Rahmenbedingungen möglicherweise an Bedeutung, allerdings bleibt offen, wie schnell und ob sich bestimmte Formen der Mediennutzung tatsächlich verändern. Damit sich neue Medienangebote in Form und Inhalt durchsetzen können, müssen sie einen erkennbaren Mehrwert gegenüber traditionellen Formen der Mediennutzung bieten. Aus der Sicht der Konsumenten hat dieser Mehrwert nicht allein monetären Charakter, eine Reihe anderer Faktoren spielen ebenfalls eine zentrale Rolle. Drei dieser Faktoren sollen hier intensiver betrachtet werden: Geld, Zeit und Aufmerksamkeit/Intensität. Weitere Faktoren, die sich in der Vergangenheit gezeigt haben, sind z.B. die Befriedigung einer Sammelleidenschaft und das Streben nach sozialem Status durch erkennbaren Medienbesitz.

Die drei genannten Faktoren haben z.T. den Charakter von Ressourcen, die für die Mediennutzung oder für andere Aktivitäten verbraucht werden können. Dabei spielen allerdings vor allem Zeit und Aufmerksamkeit eine andere Rolle als Geld: Zur Verfügung stehende Zeit soll manchmal verbraucht, Aufmerksamkeit gefesselt werden. Diese Unterscheidung im Charakter dieser Ressourcen spielt für die Mediennutzung eine wichtige Rolle. Wenn der Nutzer seine Bedürfnisse nach Information, Unterhaltung und Bildung zu einer akzeptablen Bilanz befriedigen kann, wird es wahrscheinlich zur Mediennutzung kommen, möglicherweise auch zur Nutzung eines neuen Angebotes. Voraussetzung ist dabei, dass die Bedingungen, unter denen es zur Nutzung kommt, für ihn transparent sind. Dies führt zu einem traditionellen Widerspruch im Zustandekommen von Mediennutzung: wenn der Nutzer für ein Medienangebot zahlen muss, bevor er es kennt, ist seine Bereitschaft zu investieren gering. Aus diesem Grund ist das Vertrauen des Konsumenten in etablierte Marken auch im Medienbereich ein zentrales Element für den Erfolg, vertraut der Konsument der Marke, wird er sich auch in Unkenntnis des konkreten Produktes für das Angebot entscheiden.

4.1 Was Medienangebote wert sind ...

Die Finanzierungsmöglichkeiten für Medienangebote sind vielfältig, die direkte Finanzierung der Angebote durch den Nutzer ist die Ausnahme. In der Regel werden Medien entweder indirekt oder mit Hilfe der Kombination verschiedener Erlösquellen finanziert. Damit sind z.T. für die Entscheidung des Nutzers über die Preiswürdigkeit eines Angebotes nicht die tatsächlichen Herstellungskosten entscheidend, vielmehr spielen die Kosten des Angebotes eine wichtige Rolle bei der Entscheidung. Traditionell sind Einführungsangebote und Probeabonnements deshalb preiswerter als das Standardangebot. Unter der Überschrift des „Follow the Free" erreichte diese Strategie im Internet eine Blüte, allerdings mit er Folge, dass in vielen Fällen Versuche, das Angebot indirekt durch Werbung zu finanzieren, scheiterten und so die Anbieter einen hohen Preis für ihre Inhalte zahlten.[28]

Bei der künftigen Entwicklung der Distributionsnetze bleibt zu befürchten, dass die Anbieter schwierigen Zeiten entgegensehen: Die Bereitschaft der Nutzer, die tatsächlichen Kosten des Angebotes zu finanzieren, sind gering, gleichzeitig kommen als Kosten zu den traditionellen Herstellungskosten auch noch Kosten für den Ausbau und die Nutzung der Distributionsnetze. Die Kosten, die Nutzer bisher für Onlineangebote zu zahlen bereit waren, waren offenbar die Distributionskosten in Form von Provider- und Telefongebühren. Solange zu günstigeren Kosten ein akzeptables Angebot verfügbar ist, wird sich an dieser Haltung erwartungsgemäß wenig ändern. Auch im Bereich des digitalen Fernsehens zeichnet sich ein ähnliches Bild ab: die Bereitschaft für zusätzliche Angebote zu bezahlen, ist in Deutschland weit weniger stark ausgeprägt, als dies in Frankreich und Großbritannien der Fall ist. Das Angebot der gebühren- und werbefinanzierten

---

[28] Zur Strategie vgl. Zerdick (2001), S. 190.

Fernsehveranstalter reicht der Bevölkerung offensichtlich aus, um ihre Bedürfnisse zu erfüllen, der Mehrwert digitalen Fernsehens war bislang offenbar nicht überzeugend.[29]

4.2 Zeitbudget für Mediennutzung

Die Nutzungszeit für Medien hat vor allem seit der Einführung des privaten Rundfunks in den achtziger Jahren kontinuierlich zugenommen. Im Jahr 1980 wendeten die Bundesbürger ab 14 Jahren 309 Minuten für die Mediennutzung auf, bis ins Jahr 2000 stieg dieser Wert auf 502 Minuten.[30] Diese Zeitangaben ergeben sich aus der Addition der Nutzungszeiten der verschiedenen Angebote, sind also ein Bruttowert. Es gibt viele Gründe für diese starke Ausweitung der Nutzungszeiten: Neben einer Verkürzung der Arbeitszeiten und dem steigenden Anteil älterer Bevölkerungsgruppen mit intensiver Mediennutzung spielt natürlich auch die erhebliche Ausweitung des Medienangebotes in diesem Zeitraum eine zentrale Rolle für diese Entwicklung.

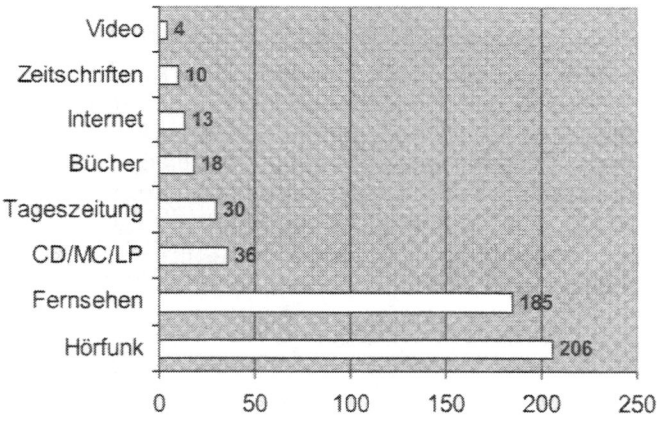

Abb. 3. Nutzungsdauer einzelner Medien pro Tag (Mo – So) in Minuten[31]

Diese Daten zeigen, dass Online-Angebote noch sehr weit davon entfernt sind, den Stellenwert von Rundfunk und Printmedien in der Bevölkerung zu erreichen. Die traditionellen Medienangebote sind fester Bestandteil der Organisation des Alltags. Die Tageszeitung wird am intensivsten in der ersten Tageshälfte genutzt, auch die Hörfunknutzung ist in diesem Zeitraum am intensivsten. Ab 18 Uhr verdrängt der Fernseher die anderen Medienangebote und behält bis Mitternacht eine dominante Stellung.

---

[29] Vgl. Zimmer (2000), S. 438.
[30] Vgl. Ridder u. Engel (2001), S. 104.
[31] Ridder u. Engel (2001), S. 105f.

Ein Vorteil der etablierten Medien ist, dass ihre Nutzung in der Regel fest einge-übten Mustern folgt.[32] Dabei zeigt sich, dass die Bereitschaft zur Nutzung der möglichen Vielfalt bei den traditionellen Rundfunkangeboten wenig ausgeprägt ist: die Nutzer entwickeln bestimmte Medienrepertoires: pro Fernsehtag wurden 1992 in Kabelhaushalten im Durchschnitt 6 Programme, also nur ein Bruchteil des Angebotes genutzt, beim Hörfunk werden innerhalb von zwei Wochen knapp vier Programme gehört.[33] Die Nutzung von Rundfunkangeboten erfolgt nach bestimm-ten eingeübten Routinen. In Verbindung mit den neuen Angeboten, dem digitalen Fernsehen ebenso wie dem Internet, haben sich solche Routinen noch nicht entwi-ckelt. Die Erwartungen der Nutzer an die neuen Medienangebote orientieren sich am bekannten: Digitales Fernsehen wird in seiner Funktionalität am herkömmli-chen Angebot gemessen, das Internet wird in Verbindung mit dem Computer häu-fig an der Funktionalität von Standard-Software gemessen.

Eingeübte Nutzungsroutinen bedeuten einen „Software-Lock-In", einmal Er-lerntes wird auch bei ähnlichen Angeboten erneut eingesetzt. Diese Strategie von Anbietern ist aus dem Software-Bereich bekannt: Unterschiedliche Tastenbele-gungen und Bedienungselemente sorgen dafür, dass Perfektion im Umgang mit einem Textverarbeitungsprogramm nicht automatisch bedeutet, dass man mit je-dem der Programme umgehen kann. Auch im Bereich der Computer- und Video-spiele unterscheiden sich die einzelnen Angebote z.B. in der Tastenbelegung, so dass die Nutzer sich mit der Investition von Zeit zum Erlernen der entsprechenden Nutzungsroutinen an das entsprechende Angebot binden. Eine solche Differenzie-rung des Angebotes ist keine Erfindung der digitalen Medien, auch die Nutzer von Printmedien kennen sich in ihren Angeboten gut aus. Bei der großen Vielfalt von Inhalten spielt die Möglichkeit, bestimmte Orientierungs- und Navigationsrouti-nen vom konkreten Angebot unabhängig nutzen zu können neben dem Vertrauen in eine Marke ebenfalls eine Rolle für die Auswahl der Produkte.

4.3 Aufmerksamkeit und Intensität

Das Maß der für die Mediennutzung eingesetzten Aufmerksamkeit wird unter an-derem durch zwei Faktoren bestimmt: Zeit und Intensität. Wenn Zeit zur Verfü-gung steht, werden Medien häufig eingesetzt, um Aufmerksamkeit zu binden und so als Zeitvertreib zu wirken. Dies funktioniert besonders dann, wenn eine inten-sive Zuwendung zu dem Medienangebot möglich ist. Eine solche Nutzung ist tra-ditionell mit dem Fernseher verbunden: die Nutzung findet meist in der Freizeit als passive Mediennutzung statt, die gewählten Inhalte erfahren häufig eine inten-sive Zuwendung. Dabei kann sich der Nutzer auf vorgegebene Strukturen verlas-sen, die Fremdbestimmung des Angebotes in Form der redaktionellen Leistung ermöglicht es ihm, seine Aufmerksamkeit nicht auf den Auswahlprozeß sondern

---

[32] Vgl. Hasebrink (2001), S. 41.

[33] Vgl. zu Fernsehen Hasebrink (2001), S. 36, zu Hörfunk vgl. Klingler u. Müller (2001), S. 439.

auf die Inhalte zu lenken. Ebenso wie beim Fernsehen gilt dies auch für die Nutzung von Hörfunk: das angebotene Programm reicht z.b. aus, um als Begleitmusik störende Geräusche zu übertönen und eine Ablenkung zu verhindern. Die Zuwendung zum Hörfunk steigt, wenn interessante Inhalte erkannt werden, eine starke Konzentration auf das Nebenbei-Medium erfolgt jedoch nicht.[34] Eine andere Nutzungssituation liegt vor, wenn es um aufgezeichnete Programme geht, die bewußt ausgesucht werden. Nachdem so Zeit investiert wurde, ist häufig ein konzentrierter Nutzungsprozeß geplant. Eine dritte Nutzungssituation ergibt sich, wenn Medien intensiv genutzt werden, um z.B. Zeit zu sparen: eine Motivation für das morgendliche Lesen der Tageszeitung ist die Herstellung von Anschlußfähigkeit an aktuelle Debatten, man will mitreden können, ohne die dafür erforderlichen Informationen selbst recherchieren zu müssen.

Bei der Beschreibung der Nutzungssituationen zeigt sich bereits, dass Mediennutzung vielgestaltig ist. Zu den beschriebenen Formen der Mediennutzung kommen mittlerweile weitere hinzu, neben die Rezeption vorgegebener Inhalte treten die Interaktion mit Einzelnen oder Gruppen z.B. in Newsgroups sowie die Transaktion in Gestalt des E-Commerce.[35] Bei diesen interaktiven Nutzungsvarianten ist eine größere Aufmerksamkeit nötig, als dies bei der Nutzung vorgefertigter Inhalte der Fall ist. Bestimmte Funktionen der traditionellen Mediennutzung wie Entspannung und die Lieferung von Denkanstößen werden deshalb ihre Bedeutung in Verbindung mit traditionellen Medien behalten.[36] Stärken der neuen Angebote liegen in anderen Bereichen, etwa in der Organisation der Logistik des Haushalts durch Onlinebestellmöglichkeiten oder der zeitsparenden Pflege persönlicher Kontakte über E-Mail. Zu den wichtigsten Nutzungsmotiven für das Internet zählen Information und Spaß, beide setzen eine Bereitschaft zur Aktivität und Zuwendung voraus.

5. Mediennutzung – von allen überall und immer?

Wenn es darum geht, Mediennutzung zu beschreiben, werden in vielen Fällen unterschiedliche Nutzertypen gebildet, die helfen sollen, die Bestandteile des Publikums zu identifizieren, für die ein Angebot hergestellt wird.[37] Dabei wird davon ausgegangen, dass das Publikum in Zielgruppen, Publikumssegmente oder einzelne Nutzergruppen zerfällt.[38] Diese Vorstellung der Fragmentierung wird durch die aktuelle Entwicklung einer "Multimedia-Gesellschaft" unterstützt, jedoch geht mit der Lösung des Mediengebrauchs von konkreten Geräten ein Element der Typenbildung möglicherweise verloren: Nicht mehr nur das Gerät, sondern vor allem der

---

[34] Vgl. Oehmichen (2001), S. 136.
[35] Vgl. Dreier et al. (2001), S. 437.
[36] Vgl. Ridder u. Engel (2001), S. 109ff.
[37] vgl. Weiß (1997), S. 244.
[38] Vgl. Hasebrink (1997), S. 263ff.

Nutzungsmodus wird in Zukunft darüber entscheiden, welche Art von Mediennutzung vorliegt.

Das traditionelle Problem, das die Nutzung des gleichen Mediums durch unterschiedliche Personen nicht mit der selben Funktion verbunden sein muss, ist durch ein weiteres ergänzt worden: Das Gerät verrät uns nur noch begrenzt, welche Form der Mediennutzung gerade stattfindet, z.B. ob auf dem PC gerade fern gesehen wird oder ein interaktives Spiel läuft. Andere Kategorien für die Beschreibung von Mediennutzung werden an Bedeutung gewinnen müssen, bei deren Entwicklung sich zwei Schritte abzeichnen: Der erste Schritt führt zur Entwicklung komplexer werdender Nutzertypen, bei denen u. a. Elemente wie die Hardwareausstattung und der Zugang zu Distributionsnetzen eine wichtige Rolle spielen. Der zweite Schritt ist die Entwicklung von Nutzungstypen: je nach Nutzungsmotiv werden in bestimmten Situationen von Personen in bestimmten kommunikativen Milieus bestimmte Praxen des Mediengebrauchs angewandt. Derjenige, der über ein multifunktionales Handy verfügt, mag für die Ablenkung während einer Bahnfahrt durchaus das integrierte Radio nutzen, während der Besitzer eines Miniradios in der gleichen Situation auf ein anderes Endgerät zugreift – mit der gleichen Intention und dem gleichen Ergebnis: Beide hören Radio.

Dies bedeutet, dass Cross-Media Angebote nicht allein als Vervielfältigung funktionieren, sondern angepasst an Funktion und Nutzungskontext für die verschiedenen Distributionsnetze entwickelt werden müssen, wenn sie erfolgreich sein sollen. Dabei bieten sich mit den neuen Optionen der Inhaltehersteller zur Distribution und Konfektionierung digitaler Angebote Möglichkeiten, spezifische Versionen ihrer Angebote nach den Nutzungspräferenzen des Publikums zu entwickeln und so dazu beizutragen, dass die Medien eine wichtige gesellschaftliche Funktion behalten – die der Integration.[39]

Literatur

Asakura, Reiji (2000) Revolutionaries at SONY: The Making of the Sony PlayStation and the Visionaries Who Conquered the World of Video Games. McGraw-Hill, New York et al.

Booz, Allen & Hamilton (Hrsg.) (1997) Zukunft Multimedia: Grundlagen, Märkte und Perspektiven in Deutschland. 4. Erweiterte und aktualisierte Auflage. IMK, Frankfurt am Main. [Kommunikation heute und morgen; 14]

Dreier, Hardy; Hasebrink, Uwe, Jarren, Otfried (2001):Radio ohne Region – Verlieren sich die Radiohörer im Internet? In: Rössler, Patrick; Vowe, Gerhard; Henle, Victor (Hrsg.): Das Geräusch der Provinz – Radio in der Region: Festschrift 10 Jahre TLM. KoPäd, München. 423 - 441

Feierabend, Sabine u. Klingler, Walter (2001) Kinder und Medien 2000: PC/Internet gewinnen an Bedeutung. MP 7: 345 – 357

---

[39] Vgl. Hasebrink (1999), S. 59.

Hacker, Tobias (1999) Vernetzung und Modularisierung – (Re-)Organisation von Medien-unternehmen. In: Schumann, Matthias u. Hess, Thomas (Hrsg.) Medienunternehmen im digitalen Zeitalter: Neue Technologien - Neue Märkte – Neue Geschäftsansätze. Gabler, Wiesbaden: 155 – 175

Hasebrink, Uwe (1997) "Ich bin viele Zielgruppen". In: Scherer, Helmut u. Brosius, Hans-Bernd (Hrsg.) Zielgruppen, Publikumssegmente, Nutzergruppen: Beiträge aus der Re-zeptionsforschung. R. Fischer, München: 262 – 280

Hasebrink, Uwe (1999) Woran lassen sich Individualisierung und Integration erkennen? In: Hasebrink, Uwe u. Rössler, Patrick (Hrsg.) Publikumsbindungen: Medienrezeption zwischen Individualisierung und Integration. R. Fischer, München: 57 – 72

Hasebrink, Uwe (2001) Fernsehen in neuen Medienumgebungen: Befunde und Prognosen zur Zukunft der Fernsehnutzung. Vistas, Berlin. [Schriftenreihe der HAM; 20]

Klingler, Walter; Müller, Dieter K. (2001) Hörfunknutzung in Deutschland: MA 2001 Ra-dio: Kontinuität bei Methode und Ergebnissen. MP 9: 434 – 449

Kubicek, Herbert; Welling, Stefan (2000): Vor einer digitalen Spaltung in Deutschland? Annäherung an ein verdecktes Problem von wirtschafts- und gesellschaftspolitischer Brisanz. M&K 4: 497 – 517

Loosen, Wiebke; Weischenberg, Siegfried (2002): Das Drehkreuz der Redaktion: Kompe-tenz-Dimensionen des "Datenbank-Journalismus". M&K 1: 93 – 101

Media Perspektiven Basisdaten 2001 Daten zur Mediensituation in Deutschland 2001. Frankfurt am Main

o. V. (2002a) Neuer iMac boomt. Chip 04: 55

o. V. (2002b) Erfolgreich an allen Fronten: Fünf Jahre DVD – Marktentwicklung Deutsch-land. DVD Entertainment 1: 10

Oehmichen, Ekkehardt (2001) Aufmerksamkeit und Zuwendung beim Radio hören. MP 3: 133 – 141

Ridder, Christa-Maria; Engel, Bernhard (2001) Massenkommunikation 2000: Images und Funktionen der Massenmedien im Vergleich. MP 3: 102 – 125

Riepl, Wolfgang (1913) Das Nachrichtenwesen des Altertums mit besonderer Rücksicht auf die Römer. Teubner, Leipzig und Berlin

Stern (Hrsg.)(2001) Markenprofile 9. Gruner + Jahr, Hamburg

Turecek, Oliver et al. (2001) Videobranche im Umbruch: Video- und DVD-Markt im Jahr 2000. MP 5: 264 - 271

Verlagsgruppe Lübbe in Kooperation mit der Axel Springer Verlag AG und der Bauer Ver-lagsgruppe (Hrsg.)(2001) Kids Verbraucheranalyse 2001. Bergisch Gladbach, Ham-burg

Weiß, Ralph (1997) Auf der Suche nach kommunikativen Milieus. In: Scherer, Helmut u. Brosius, Hans-Bernd (Hrsg.) Zielgruppen, Publikumssegmente, Nutzergruppen: Bei-träge aus der Rezeptionsforschung. R. Fischer, München: 239 – 261

Zerdick, Axel et al. (2001) Die Internet-Ökonomie: Strategien für die digitale Wirtschaft. Springer, Berlin et al

Zimmer, Jochen (2000) Großbritannien und Frankreich: Vorreiter für digitales und interak-tives Fernsehen. MP 10: 438 – 450

Online-Quellen

Electrolux (2001) Electrolux brings you the refrigerator of the future – Screenfridge. Im WWW unter http://www.electrolux.com/screenfridge/, zuletzt aufgerufen am 19.03.2002

o. V. (2002c) Samsung: Personal Video Recorder mit eingebautem DVD-Player. Im WWW unter http://www.golem.de/0201/17893.html, zuletzt aufgerufen am 19.03.2002.

o.V. (2002d) Drei von vier Mitarbeitern surfen privat im Büro. Im WWW unter http://www.chip.de/news_stories/news_stories_8636640.html, zuletzt aufgerufen am 19.03.2002

o.V.   (2002e)   In-Car-DVD.   Im   WWW   unter   http://www.automagazine.de /ae/SonderheftNews.htm, zuletzt aufgerufen am 19.03.2002

Mediennutzung im neuen Jahrtausend – Langzeittrends und Entwicklungen in Deutschland

Birgit van Eimeren und Christa-Maria Ridder

Media Perspektiven, Frankfurt am Main

Viel ist in den letzten Jahren über geänderte Nutzungsgewohnheiten der Konsumenten im digitalen Medienzeitalter geschrieben und diskutiert worden. In der Tat haben sich mit der Entwicklung neuer technischer Möglichkeiten und Endgeräte auch die Muster der Mediennutzung nachweislich geändert, allerdings nicht so drastisch, wie von manchen prognostiziert. Der vorliegende Beitrag skizziert wesentliche Langzeittrends der Mediennutzung in Deutschland und stellt damit die Diskussion crossmedialer Vermarktungsstrategien in den empirischen Kontext des nachweisbaren Konsumentenverhaltens. Der Beitrag greift dabei ganz wesentlich auf die Ergebnisse der ARD/ZDF-Langzeitstudie Massenkommunikation zurück, die im Herbst 2001 vorgestellt wurden.[1]

1. ARD/ZDF-Langzeitstudie Massenkommunikation – Die Problematik des Langzeitvergleichs

Die ARD/ZDF-Studie Massenkommunikation ist eine einmalige Trendstudie zur langfristigen Entwicklung von Mediengewohnheiten.[2] Sie ermittelt in regelmäßigen Abständen Nutzung, Bewertung, Akzeptanz und Bindungsstärke der tagesaktuellen Medien Fernsehen, Hörfunk, Tageszeitung und – erstmals im Jahr 2000 – für das Internet einzeln und im Intermediavergleich.

Mit der achten Welle der Studie Massenkommunikation, die im Sommer 2000 durchgeführt wurde, liegen nunmehr Daten aus über drei Jahrzehnten über den

---

[1] Überarbeitete Fassung des Artikels „Trends in der Nutzung und Bewertung der Medien 1970 bis 2000 – Ergebnisse der ARD/ZDF-Langzeitstudie Massenkommunikation" aus der Fachzeitschrift Media Perspektiven (11/2001) S. 538-553.

[2] Vgl. zuletzt Berg, Klaus/Marie-Luise Kiefer: Massenkommunikation V. Eine Langzeitstudie zur Mediennutzung und -bewertung. Schriftenreihe Media Perspektiven, Band 14. Baden-Baden 1996.

Umgang der Bundesbürger mit den Medien vor. Es liegt auf der Hand, dass es nicht möglich ist, in einer Studie, die über einen so langen Zeitraum durchgeführt wird, vollständige Parallelität über alle Erhebungswellen hinsichtlich der abgefragten Inhalte und der Methodik zu gewährleisten. Allein schon die 1990 erfolgte Vereinigung der beiden deutschen Staaten machte eine Erweiterung der Grundgesamtheit von den Erwachsenen ab 14 Jahren in den alten Bundesländern und neuen Bundesländern notwendig. Die Etablierung und der Ausbau des dualen Systems in Deutschland sowie die kontinuierliche Markteinführung neuer medialer Hard- und Software mussten ebenfalls angemessen berücksichtigt werden, wenn der Grundgedanke der Studie Massenkommunikation, nämlich die Erfassung der aktuellen Mediennutzung und -bewertung, beibehalten werden sollte. Dabei stehen der Anspruch nach Aktualität und der Anspruch nach methodischer Parallelität über große Zeiträume hinweg teilweise im Widerspruch. Da jedoch die Reflexion der jeweils aktuellen Mediensituation als das zentrale Ziel der Langzeitstudie Massenkommunikation angesehen wird, wurde grundsätzlich der Aktualität der Vorzug vor methodischer Kontinuität gegeben.

2. Die wichtigsten methodischen und inhaltlichen Veränderungen im Langzeitvergleich

Vor der Darstellung der Nutzungstrends werden hier die wichtigsten methodischen und inhaltlichen Veränderungen beschrieben, die bei der Interpretation der Ergebnisse unbedingt im Auge zu behalten sind. Der Fragebogen wurde immer wieder inhaltlich modifiziert, wobei für die 2000er Welle eine komplette Überarbeitung als notwendig angesehen wurde. Beispielsweise konnten Reichweite und Nutzungsdauer der Programmangebote in Fernsehen und Hörfunk nicht mehr einzeln (wie bis 1995) abgefragt werden, da sich die relevanten Angebote innerhalb dieser Mediengattungen in den letzten Jahren vervielfacht haben. Auch musste das neue Medium Internet – dessen Nutzerzahl 1995 noch bei unter 3 Prozent der deutschen Bevölkerung gelegen, sich in der Zwischenzeit aber enorm vergrößert hatte – in der Massenkommunikation 2000 angemessen berücksichtigt werden.

Entsprechend erfolgte in der Massenkommunikation 2000 nicht mehr wie vorher eine Erfassung ausgewählter Programme und Angebote, vielmehr wurden die Reichweiten- und Nutzungszeitbudgets für die einzelnen Medien generell erhoben. Zwar umfasste das Fragenprogramm der Massenkommunikation 2000 wie die Untersuchungen zuvor weiterhin Fragenkomplexe zu den Freizeitaktivitäten und Tätigkeiten der Bundesbürger sowie ihrer Mediennutzung und Geräteausstattung. Die übernommenen Themenkomplexe wurden inhaltlich jedoch auf ihre aktuelle Relevanz überprüft, angepasst und die bei der Abfrage verwendeten Häufigkeitsfragen aus methodischen Gründen modifiziert.[3] Darüber hinaus wurden in das Fragenprogramm der Massenkommunikation 2000 detaillierte Fragenbatterien über die Images der Medien und die Motivationen, diese zu nutzen, aufgenommen.

Auch die Ermittlung des Tagesablaufs wurde im Jahr 2000 gegenüber den zuvor durchgeführten Wellen modifiziert: Die Tagesablauf-Ermittlung erfolgte, allerdings inhaltlich leicht geändert, da keine einzelnen Programme abgefragt wurden, anhand des Tagesablaufmoduls, das von der AG.MA (MMC) im Rahmen der Radio-Tranche der Media Analyse verwendet wird. Modifikationen waren auch bei der Definition des sogenannten Stichtages für die Messung der Mediennutzung und grundlegenden Aktivitäten im 15-Minuten-Raster notwendig. Bekanntlich bezieht sich die sogenannte Stichtagserhebung auf den "gestrigen" Tagesablauf einschließlich der Mediennutzung. Bis 1985 wurde der „gestrige" Stichtag nur für die Wochentage Montag bis Samstag erhoben. Ab 1990 wurde die Stichtagserhebung auf alle Wochentage ausgedehnt, so dass auch die „gestrige" Nutzung am Sonntag erfasst wurde. Methodisch gibt es gravierende Änderungen zwischen den einzelnen Erhebungswellen: In erster Linie betrifft dies die Verfügbarkeit gemeinsamer Daten für West- und Ostdeutschland. Ein Wert für Gesamtdeutschland liegt erst seit 1995 vor. Zwar wurde mit der Massenkommunikation 1990 bereits fünf Jahre zuvor in Ostdeutschland eine umfassende Erhebung der Einstellungen zu den Medien durchgeführt. Aufgrund der nicht mit Westdeutschland vergleichbaren Situation, die auch den Modus der Datenerhebung betraf, wurde jedoch davon abgesehen, Daten aus den neuen und alten Bundesländern bereits 1990 zu einem gemeinsamen Wert zu vereinen.

Ein zweiter gravierender Einschnitt bei der Langzeitstudie Massenkommunikation war die Umstellung der Erhebungsmethode im Jahr 2000: Basierten die bis 1995 durchgeführten Wellen auf mündlich-persönlichen Interviews (face to face), wurde für die Massenkommunikation 2000 das Telefon eingesetzt. Die Interviews wurden als computergestützte telefonische Interviews (CATI) von zentralen Telefonstudios aus durchgeführt. Anlass für diese methodologische Umstellung waren der in den letzten Jahren intensiv geführte Methodendiskurs und die Veränderungen, zu denen es vor allem im Rahmen der Erhebungen zur jährlichen Media Analyse (Radio) kam. Leichte Veränderungen sind bei dem am Stichtag abgefragten Zeitraster festzustellen. Wurde für die Massenkommunikation 1970 noch die tageszeitliche Nutzung auf Viertelstundenbasis von 5.00 Uhr morgens bis 1.00 Uhr nachts erfragt, reduzierte sich (aufgrund der minimalen Nutzung in den Nachtstunden) das in den Jahren 1974 bis 1985 abgefragte Zeitintervall auf 5.30 bis 24.00 Uhr. Für die Massenkommunikation 1990 und Massenkommunikation 1995 wurde analog zur Media Analyse Radio das Zeitraster 5.00 bis 24.00 Uhr eingesetzt. „Rund um die Uhr" wurde innerhalb der Massenkommunikation 2000 die

---

[3] Vgl. Schmid, Ingrid/Wolfgang Schweiger: Fragen und Antworten in der Langzeitstudie Massenkommunikation. Ein Methodenexperiment zu Mängeln des Messinstruments. In: Rundfunk und Fernsehen, 47, 4/1999, S. 551-567.

tageszeitliche Nutzung abgefragt, d.h., die bisher bestehende Nachtlücke zwischen Mitternacht und den frühen Morgenstunden wurde geschlossen. In diesem Zusammenhang sei jedoch erwähnt, dass die Mediennutzung in diesem Zeitintervall minimal ist.

Trotz dieser inhaltlichen wie methodischen Veränderungen, die in den einzelnen Erhebungswellen der Massenkommunikation ihren Niederschlag fanden, sollen im Folgenden die Entwicklung der Mediennutzung sowie die Einstellung zu den Medien in der Langzeitbetrachtung für die Grundgesamtheit der bundesdeutschen Erwachsenen dargestellt werden. In Anbetracht der umwälzenden Ereignisse in den letzten drei Jahrzehnten sowohl auf gesellschaftlicher Ebene als auch bezogen auf die dramatische Ausdehnung des medialen Angebots scheinen die methodischen und inhaltlichen Veränderungen eher sekundär. Der gravierendste Bruch beim Vergleich der Daten ist zweifellos, dass die Betrachtung für den Zeitraum 1970 bis 1990 naturgemäß lediglich für die Westdeutschen erfolgen kann und erst ab 1995 gesamtdeutsche Daten vorliegen. Dieser Bruch wurde jedoch bewusst in Anbetracht der zentralen Zielsetzung der Langzeitstudie Massenkommunikation in Kauf genommen, nämlich der langfristigen Darstellung der Mediengewohnheiten der bundesdeutschen Bevölkerung. Daher wurde es als nicht sinnvoll betrachtet, methodischen Argumenten den Vorrang zu geben und den Vergleich nach 1990 lediglich auf die Westdeutschen auszudehnen und damit Deutschland weiterhin als geteilte Nation darzustellen.

3. Versorgung der Bevölkerung mit Medien 1970 bis 2000

Zweifellos spielt der Grad der Ausstattung der bundesdeutschen Haushalte mit Medien eine zentrale Rolle für den Umfang ihrer Nutzung. Während bei den klassischen elektronischen Medien Fernsehen und Hörfunk die Vollversorgung der Bevölkerung mit der für die Mediennutzung notwendigen Hardware schon seit einigen Jahrzehnten erreicht ist,[4] gab es bei Zweit- und Drittgeräten ebenso wie bei anderen Audio-/Videogeräten bzw. -zusatzausstattungen und insbesondere bei Computern gerade zwischen 1995 und 2000 ein teilweise sprunghaftes Wachstum (vgl. Tabelle 1).

Tabelle 1. Ausstattung der Haushalte in Deutschland mit Medien 1970 bis 2000, in Prozent

Von 100 Personen verfügen in	1970	1980	1985	1990	1995	2000
mindestens ein Fernsehgerät	85	97	97	98	98	98
davon: zwei und mehr Geräte	-	27	26	31	33	49

---

[4] Vgl. Ridder, Christa-Maria/Bernhard Engel: Massenkommunikation 2000: Images und Funktionen der Medien im Vergleich. Ergebnisse der 8. Welle der ARD/ZDF-Langzeitstudie zur Mediennutzung und -bewertung. In: Media Perspektiven 3/2001, S. 102-125.

Tabelle 1. (Fortsetzung)

mit Teletext	-	-	-	-	51	79
mit TV-Digitaldecoder	-	-	-	-	-	5
mindestens ein Hörfunkgerät	95	98	98	98	98	98
davon: zwei und mehr Geräte	30	63	64	71	71	82
mit DAB-Empfang	-	-	-	-	-	8
CD-Player	-	-	-	-	58	84
Kassettenrecorder		-	-	-	66	89
Mini-Disc-Recorder	-	-	-	-	-	14
DAT-Recorder	-	-	-	-	-	3
MP3-Player	-	-	-	-	-	5
Videorecorder		-	1	21	41	58	77
DVD-Player	-	-	-	-	-	11
PC	-	-	-	-	23	54
- davon mit Modem/ISDN-Karte	-	-	-	-	-	51
- mit Karte für Radio/TV-Empfang	-	-	-	-	-	11

Zahlen bis einschließlich 1990 nur alte Bundesländer; Quelle: ARD/ZDF-Langzeitstudie Massenkommunikation.

Der Zweitfernseher ist inzwischen in der Hälfte aller bundesdeutschen Fernsehhaushalte die Regel. Eine Individualisierung der Fernsehnutzung ist somit heute in großem Rahmen möglich – ein Aspekt, der im Zusammenhang mit der gescheiterten Verlegung der SAT.1-Bundesligasendung "ran" und dem Thema "Familienfernsehen" in der Presse intensiv diskutiert wurde. Dabei können individuelle Zugangsmöglichkeiten zum Fernsehen durchaus im Widerspruch zum Fernsehen als "sozialem Erlebnis" stehen, so dass der Zweit- oder Drittfernseher nicht automatisch bedeuten muss, dass in einem Fernsehhaushalt auch tatsächlich gleichzeitig verschiedene Programme eingeschaltet werden.[5] Bemerkenswert ist auch der Sprung bei der Verbreitung von Teletext (Videotext) zwischen 1995 und 2000 von gut 50 auf fast 80 Prozent aller Fernsehhaushalte. Hier schlägt sich offenbar nieder, dass Teletext heute in nahezu jedem Fernsehgerät "serienmäßig" ist. Diese hohe Verfügbarkeit ist sicher auch ein Grund, zumindest eine Voraussetzung dafür, dass sich dieses inzwischen schon eher alte Medium Teletext so erfolgreich im Konzert der modernen Informations- und Kommunikationstechniken behauptet. Nach einer Repräsentativbefragung im Auftrag der ARD-Medienkommission erwarteten im Sommer 2000 weniger als 20 Prozent der Teletextnutzer seine Ablösung durch das Internet und nicht einmal jeder zehnte Nutzer fand das Medium Teletext nicht mehr zeitgemäß.[6]

---

[5] Vgl. zur Individualisierung der Fernsehnutzung auch Darkow, Michael: Immer öfter auch beim Fernsehen: Allein, aber nicht einsam. Vortrag auf dem AGF-Forum in Wiesbaden am 31. Oktober 2001.

[6] Vgl. ARD-Projektgruppe Teletext: Teletext – das unterschätzte Medium. Ergebnisse einer quantitativen und qualitativen Nutzerstudie zu Rezeption und Nutzung von Teletext. In: Media Perspektiven 2/2001, S. 54-64.

Zum Massenmedium – zumindest was die Zahl der potenziellen Nutzer anbelangt – ist inzwischen auch der Videorecorder geworden. Noch Anfang der 90er Jahre ein Statussymbol für Minderheiten, waren es 1995 bereits 58 Prozent der bundesdeutschen Erwachsenen, die privat auf einen Videorecorder zugreifen konnten. Inzwischen steht dieses Speichermedium in 3 von 4 Privathaushalten (77%). In Anbetracht der Tatsache, dass im Jahr 2000 die Preise für das relativ neue Unterhaltungsmedium DVD-Player recht hoch waren, verfügten immerhin beachtliche 11 Prozent aller Haushalte schon über einen DVD-Player. Beinahe vollversorgt sind die Deutschen außer mit Radiogeräten inzwischen auch mit zwei weiteren wichtigen Musikabspielgeräten (CD-Player, Kassettenrecorder), während neuere Entwicklungen wie Mini-disc-Recorder, DAT-Recorder oder MP3-Player (noch) keine Rolle spielen.

Der Computer hat eine rasche Entwicklung durchgemacht, zwischen 1995 und 2000 hat sich der Anteil der PC-Haushalte mehr als verdoppelt auf 54 Prozent. Davon ist rund die Hälfte internettauglich, in 11 Prozent der Computerhaushalte war der PC im Jahr 2000 auch für Fernseh- und Radioempfang geeignet. Digitales Fernsehen konnten laut Massenkommunikation 2000 5 Prozent aller Haushalte empfangen, digitale Radioprogramme 8 Prozent der deutschen Radiohaushalte.

4. Bindung an die tagesaktuellen Medien 1970 bis 2000

Fernsehen ist das Medium, das von der Intensität der zeitlichen Zuwendung wie von seiner emotionalen Präsenz für die meisten Bundesbürger das zentrale Medium, wenn nicht gar das „Leitmedium" darstellt. Dennoch ist die Bindung an das Fernsehen in den letzten Jahren deutlich gesunken. Dies spiegelt sich bei der generellen Wertschätzung – abgefragt über die sogenannte Vermissensfrage – so wie auch bei der emotionalen Bindung – abgefragt über die sogenannte Inselfrage – wider (vgl. Tabelle 2). Gaben 1970 noch 60 Prozent der Bundesbürger an, dass sie das Fernsehen, sollten sie es nicht mehr empfangen können, sehr stark bzw. stark vermissen würden, sank dieser Anteil im Jahr 2000 auf 44 Prozent. Umgekehrt stiegen die Wertschätzung der Tageszeitung und des Hörfunks im Laufe der folgenden 30 Jahre kontinuierlich an: Erzielte der Hörfunk 1970 noch einen „Vermissenswert" von 42 Prozent, lag dieser 30 Jahre später bei 58 Prozent. Einen Zugewinn verbuchte auch das älteste der drei Massenmedien, die Tageszeitung, deren Wertschätzung von 47 Prozent (1970) auf 52 Prozent (2000) anstieg. In der Massenkommunikation 2000 wurde das Internet erstmalig in den Fragenkomplex der emotionalen Bindung einbezogen. 8 Prozent der Bundesbürger gaben an, dass sie das Internet als Medium mindestens stark vermissen würden.

Tabelle 2. Bindung an die Medien in Deutschland: Vermissen und Entscheidung in einer simulierten Grenzsituation 1970 bis 2000, in Prozent

	1970	1974	1980	1985	1990	1995	2000
Es würden sehr stark/stark vermissen ...							
Fernsehen	60	53	47	42	51	54	44
Hörfunk	42	47	52	54	57	55	58
Tageszeitung	47	53	60	57	63	58	52
Internet	-	-	-	-	-	-	8
Es würden sich entscheiden für ...							
Fernsehen	62	57	51	47	52	55	45
Hörfunk	21	25	29	31	26	27	32
Tageszeitung	15	17	18	20	20	17	16
Internet	-	-	-	-	-	-	6

Zahlen bis einschließlich 1990 nur alte Bundesländer; Quelle: ARD/ZDF-Langzeitstudie Massenkommunikation.

Diese Vermissensabfragen haben jedoch wenig mit der tatsächlichen emotionalen Bindung an die vier einzelnen tagesaktuellen Medien zu tun, was die Abfrage deutlich macht, wie sich eine Person in einer simulierten Grenzsituation entscheiden würde, nämlich wenn sie zukünftig nur noch ein Medium zur Auswahl hätte. In allen sieben im Zeitraum 1970 bis 2000 durchgeführten Erhebungen kristallisiert sich das Fernsehen als das Medium heraus, das man am ehesten auf die sprichwörtliche Insel mitnehmen würde. An zweiter Stelle steht – sowohl 1970, 1980, 1990 als auch 2000 – der Hörfunk und erst an dritter Stelle die Tageszeitung. Allerdings macht aber auch der Langzeitvergleich der „Inselfrage" deutlich, dass die Bindung an das Fernsehen in den letzten Jahrzehnten gesunken ist. Entschieden sich 1970 noch 62 Prozent der Bundesbürger für das Fernsehen als exklusives Medium, sank dieser Anteil in den darauf folgenden Jahren kontinuierlich ab und lag im Jahr 2000 bei 45 Prozent. Umgekehrt konnte der Hörfunk die Bindung ausbauen. 21 Prozent der Bundesbürger gaben dem Medium Radio 1970 den Vorzug. Bis zum Jahre 1985 erhöhte sich dieser Wert auf 31 Prozent. 1990 (26 %) und 1995 (27 %) ist ein leichter Rückgang zu verzeichnen, wohingegen im Jahr 2000 der Höchstwert von 32 Prozent erreicht wurde. Über die Ursachen des Bindungsverlustes des Fernsehens und des -zugewinns des Hörfunks kann nur spekuliert werden. Im letzten Jahrzehnt haben sich die Fernsehprogrammangebote verzehnfacht. Da Fernsehen in der Produktion das teuerste Medium ist, wurde der Bedarf an billig herzustellenden, dabei aber gleichzeitig massenattraktiven Formaten größer. Beispiele hierfür sind die nachmittäglichen Talkshows, die Daily Soaps und – gerade im Erhebungszeitraum 2000 – die Real-Life-Soaps wie „Big Brother" und Ähnliches. Viele dieser Formate entfachten eine Diskussion über den (vorgeblich nicht mehr vorhandenen) Anspruch des Mediums Fernsehen, so dass das Fernsehen häufig als Sündenbock für tatsächliche oder vermeintliche

Fehlentwicklungen der Gesellschaft herhalten musste. Eine umgekehrte Entwicklung war für den Hörfunk festzustellen: Zwar ist für den Hörfunkmarkt ebenso wie
für den Fernsehmarkt eine Programmvervielfachung seit etwa Mitte der 80er Jahre
kennzeichnend, jedoch ist der Hörfunk in seiner (psychologischen) Präsenz kaum
mit dem Fernsehen vergleichbar. Gleichzeitig entwickelte sich jedoch das scheinbar unbeachtete, häufig unterschätzte Medium immer mehr zum Tagesbegleiter
der Bevölkerung: Radio wurde nicht nur zu Hause beim Frühstück, beim Mittag-
essen oder am Abend gehört, sondern aufgrund sich ändernder Strukturen und
Rahmenbedingungen am Arbeitsplatz zunehmend auch dort genutzt. Mit einem
Wort: Im letzten Jahrzehnt wurde der Hörfunk allgegenwärtig, was sich auch in
gestiegenen Reichweiten und Hörintensitäten (siehe unten) ausdrückte.

Bemerkenswert ist, dass der Verlust des Fernsehens und der Zugewinn des
Hörfunks in Bezug auf generelle Wertschätzung und emotionale Bindung in West-
und in Ostdeutschland parallel verlief. Zwischen 1990 und 2000 reduzierte sich
die Bindung an das Fernsehen, abgefragt über die simulierte Grenzsituation, in
den alten Bundesländern von 52 Prozent auf 45 Prozent. In den neuen Bundesländern war der Verlust noch etwas stärker ausgeprägt: Die Bindungskurve" fiel von
64 Prozent im Jahr 1990 auf 46 Prozent im Jahr 2000. Umgekehrt stieg die Bindung an das Radio in den alten Bundesländern von 26 Prozent (1990) auf 31 Prozent (2000), in den neuen Bundesländern ebenfalls von 26 Prozent (1990) auf 37
Prozent (2000) (vgl. Tabelle 3).

Tabelle 3. Bindung an die Medien in Deutschland: Entscheidung in einer simulierten
Grenzsituation 1990 bis 2000, in Prozent

	Alte Bundesländer			Neue Bundesländer		
	1990	1995	2000	1990	1995	2000
Es würden sich entscheiden für ...						
Fernsehen	52	53	45	64	58	46
Hörfunk	26	26	31	26	31	37
Tageszeitung	20	19	17	8	9	10
Internet	-	-	6	-	-	6

Quelle: ARD/ZDF-Langzeitstudie Massenkommunikation.

Interessant ist in diesem Zusammenhang auch ein Blick auf die Entwicklung
der Medienbindung in den jeweiligen Präferenzpublika des Fernsehens, die seit
1990 unterschieden werden. Allerdings wurden diese unterschiedlich ermittelt –
1990 und 1995 über die Alternativentscheidung für ein (öffentlich-rechtliches oder
privates) Fernsehprogramm, im Jahr 2000 dagegen über die Frage nach dem Lieblingsfernsehprogramm. Die Daten belegen auf der einen Seite den großen Unterschied in der Bindungsintensität zwischen denen, die öffentlich-rechtliche und
denen, die private Fernsehprogramme bevorzugen. So entscheiden sich die Anhänger des Privatfernsehens in wesentlich größerer Zahl als die Anhänger der
Öffentlich-rechtlichen für das Medium Fernsehen auf der "einsamen Insel" –

allerdings sinkt auch ihre Zustimmung zwischen 1990 und 2000 deutlich. Ebenso ist bei den öffentlich-rechtlich orientierten Sehern – von niedrigerem Niveau aus – ein Rückgang in der Entscheidung für das Medium Fernsehen zu verzeichnen. Während sich der Hörfunk bei beiden Zuschauergruppen auf ähnlichem Niveau an zweiter Stelle platzieren kann und im Verlauf der zehn Jahre sogar eine leichte Aufwertung erfährt, bleiben die öffentlich-rechtlich affinen Zuschauer über die zehn Jahre hinweg treue Zeitungsanhänger, während die Privatfernsehfans kontinuierlich wenig Bindung an dieses Medium zeigen (vgl. Tabelle 4).

Tabelle 4. Entscheidung für ein Medium in einer simulierten Grenzsituation nach Präferenzpublika des Fernsehens 1990 bis 2000, in Prozent

	1990		1995		2000	
	Präferenz für		Präferenz für		Lieblingsprogramm	
	ö.-r. TV	priv. TV	ö.-r. TV	priv. TV	ö.-r. TV	priv. TV
Es würden sich entscheiden für ...						
Fernsehen	51	66	48	67	40	51
Hörfunk	25	24	28	24	32	31
Tageszeitung	22	8	23	7	23	9
Internet	-	-	-	-	4	7

Zahlen für 1990 nur alte Bundesländer, 1990 und 1995 ermittelt über „Inselfrage", 2000 über Lieblingsfernsehprogramm. Quelle: ARD/ZDF-Langzeitstudie Massenkommunikation.

5. Reichweitenentwicklung der tagesaktuellen Medien

Der Wertschätzungs- und Bindungsverlust des Fernsehens spiegelt sich allerdings nicht in einem reduzierten Nutzungsniveau wider. Im Gegenteil: Sowohl die Reichweite des Fernsehens als auch die Intensität des Fernsehkonsums sind in den letzten Jahren drastisch gestiegen. Diese Entwicklung zeigt nicht nur die Studie Massenkommunikation auf, sondern auch die elektronische Messung durch die AGF/GfK-Fernsehforschung. Laut Massenkommunikation 2000 haben „gestern" 85 Prozent der bundesdeutschen Bevölkerung ferngesehen. Damit wird die gestrige Fernsehnutzung im Vergleich zu den Werten der GfK-Fernsehforschung zwar überschätzt (Seher an einem „Durchschnittstag" im Jahr 2000: 74 %), jedoch ist dies kein Widerspruch: Aus der Sozialpsychologie ist bekannt, dass häufige Ereignisse in ihrer Auftretenswahrscheinlichkeit überschätzt werden. Der eigentliche Sprung hinsichtlich der Zahl der täglichen Zuschauer tritt im Jahr 1990 ein. Während sich die Reichweite des Mediums Fernsehen zwischen 1970 und 1985 bei Werten zwischen 72 und 78 Prozent bewegte, sind ab dem Jahr 1990 kontinuierlich Werte von über 80 Prozent zu verbuchen: 1990 schauten 81 Prozent der Bundesdeutschen täglich fern, 1995 83 Prozent und 2000 85 Prozent.

Diese höhere Fernsehgesamtnutzung tritt in West- wie in Ostdeutschland gleichermaßen auf, auch wenn in Ostdeutschland über die Jahre hinweg ein wesentlich höheres Niveau des Fernsehkonsums zu verzeichnen ist. In Westdeutschland liegt die Reichweite des Fernsehens zwischen 81 (1990) und 85 Prozent (2000), in Ostdeutschland zwischen 90 (1990) und 87 Prozent (2000) (vgl. Tabelle 5).

Tabelle 5. Durchschnittliche Reichweite des Fernsehens 1970 bis 2000, Montag bis Sonntag, in Prozent

	1970	1974	1980	1985	1990	1995	2000
BRD gesamt	72	78	77	72	81	83	85
Alte Bundesländer	72	78	77	72	81	82	85
Neue Bundesländer	-	-	-	-	90	89	87

Der Sonntag wurde erst ab 1990 in die Erhebung aufgenommen; bis einschließlich 1990 nur alte Bundesländer. Quelle: ARD/ZDF-Langzeitstudie Massenkommunikation.

Parallel zur Entwicklung der Fernsehnutzung weist auch der Hörfunk eine gestiegene Reichweite auf. Die höchste Tagesreichweite des Hörfunks ist im Jahr 2000 zu verbuchen: 85 Prozent der bundesdeutschen Erwachsenen schalten an jedem Werktag das Radio ein. Gegenüber den Erhebungen aus den Jahren 1990 bzw. 1995 entspricht dies einer Reichweitensteigerung um 6 bzw. 10 Prozentpunkte. Die Ursachen für die Reichweitensteigerung des Hörfunks dürften sowohl in inhaltlichen wie in methodischen Gründen zu suchen sein: Die zunehmende Allgegenwärtigkeit des Hörfunks im letzten Jahrzehnt drückte sich in nahezu allen Untersuchungen auch in einem erhöhten Nutzungsniveau aus. Allerdings spielen gerade beim Radio methodische Aspekte eine maßgebliche Rolle: Die Massenkommunikation 2000 wie auch die Media Analyse 2000 Radio und die Media Analyse 2001 Radio I und II wurden telefonisch über CATI (siehe oben) erhoben. Ein Effekt der CATI-Erhebungstechnik ist, dass jüngere, berufstätige und mobilere Zielgruppen, die mehr Radio hören, besser ausgeschöpft werden. So spiegelten nicht nur die Massenkommunikation 2000, sondern auch die inzwischen drei mit CATI erhobenen Media Analysen ein erhöhtes Reichweitenniveau des Mediums Hörfunk wider.

Für den Hörfunk gilt ebenso wie für das Fernsehen, dass die Ostdeutschen sich dem Hörfunk in höherer Intensität zuwenden als die Westdeutschen: 88 Prozent der ostdeutschen Erwachsenen, aber „nur" 84 Prozent der westdeutschen Erwachsenen schalten täglich das Radio ein. 1995 betrug die Differenz zwischen Ost- und Westdeutschland gar 9 Prozentpunkte – 74 Prozent der Westdeutschen, aber 83 Prozent der Ostdeutschen zählten zum täglichen Radiopublikum (vgl. Tabelle 6).

Tabelle 6. Durchschnittliche Reichweite des Hörfunks 1970 bis 2000, Montag bis Sonntag, in Prozent

	1970	1974	1980	1985	1990	1995	2000
BRD gesamt	67	70	69	76	79	75	85
Alte Bundesländer	67	70	69	76	79	74	84
Neue Bundesländer	-	-	-	-	86	83	88

Der Sonntag wurde erst ab 1990 in die Erhebung aufgenommen. Bis einschließlich 1990 nur alte Bundesländer. Quelle: ARD/ZDF-Langzeitstudie Massenkommunikation.

Eine ganz andere Entwicklung als für die beiden tagesaktuellen elektronischen Medien ist für das dritte tagesaktuelle Medium, die Tageszeitung, zu beobachten. Während in den 70er und 80er Jahren die Reichweite der Tageszeitung auf hohem Niveau stabil war, sinkt in den 90er Jahren die Zahl der täglichen Zeitungsleser: 1990 griffen täglich noch 71 Prozent der Erwachsenen in Deutschland zur Zeitung, 1995 waren es nur noch 65 Prozent. Im Jahr 2000 zählte nur noch etwas mehr als jeder Zweite (54 %) zum täglichen Leserkreis der Tageszeitung. Dabei sind – im Gegensatz zu Fernsehen und Hörfunk – keine Unterschiede zwischen West- und Ostdeutschland festzustellen: Der Anteil der täglichen Zeitungsleser ist in den alten (54 %) und den neuen Bundesländern (55 %) gleich hoch. Allerdings war der Aderlass an Zeitungslesern in Ostdeutschland im letzten Jahrzehnt höher als in Westdeutschland: 1990 waren die Ostdeutschen wesentlich intensivere Tageszeitungsleser (78 %) als die Westdeutschen (71 %). Dies ist wohl auf die essentiell veränderte politische und gesellschaftliche Situation zurückzuführen, in der sich die Ostdeutschen 1990 befanden und in der sie jede Informationsquelle für die Neuorientierung nutzten. Zehn Jahre später haben sich dagegen die Reichweiten der Tageszeitung in West- und Ostdeutschland angeglichen (vgl. Tabelle 7).

Tabelle 7. Durchschnittliche Reichweite der Tageszeitung 1970 bis 2000, Montag bis Sonntag, in Prozent

	1970	1974	1980	1985	1990	1995	2000
BRD gesamt	70	73	76	73	71	65	54
Alte Bundesländer	70	73	76	73	71	64	54
Neue Bundesländer	-	-	-	-	78	69	55

Der Sonntag wurde erst ab 1990 in die Erhebung aufgenommen. Bis einschließlich 1990 nur alte Bundesländer. Quelle: ARD/ZDF-Langzeitstudie Massenkommunikation.

Der Reichweitenverlust der Tageszeitung zieht sich durch alle Altersgruppen. Besonders stark sind die Verluste jedoch in den jüngeren Alterssegmenten, die traditionell schon immer weniger intensive Zeitungsleser waren. So zählte 1990 nur jeder zweite 14- bis 19-Jährige zum Kreis der täglichen Leser. Zehn Jahre später war es jedoch nur noch jeder vierte Jugendliche (25 %), der täglich zur Zeitung griff. Bei den 20- bis 39-Jährigen sank die Zahl der täglichen Zeitungsleser auf unter 50 Prozent ab. Die treuesten Zeitungsleser bleiben die Über-50-Jährigen, bei denen jedoch auch im Laufe des letzten Jahrzehnts Verluste zu verzeichnen waren: Zählten drei Viertel aller Über-50-Jährigen 1990 noch zu den täglichen Tageszeitungslesern, waren es im Jahr 2000 nur noch knapp 63 Prozent, die täglich eine Tageszeitung zur Hand nahmen. Eine geringe Zuwendung erfährt die Tageszeitung besonders seitens der politisch Desinteressierten: Griffen 1990 noch 51 Prozent der politisch weniger Interessierten zur Tageszeitung, waren es im Jahr 2000 nur noch 35 Prozent. Allerdings ist inzwischen auch unter den politisch Hochinteressierten die Tageszeitung nicht mehr durchgängig das Medium, über das sie sich täglich informieren: 61 Prozent der politisch stark Interessierten lasen im Jahr 2000 täglich die Zeitung. Zehn Jahre früher, 1990, waren es noch 77 Prozent aus dieser Gruppe gewesen, die exklusiv oder zusätzlich zu Fernsehen und Hörfunk zur Tageszeitung griffen, um sich über das aktuelle Geschehen zu informieren (vgl. Tabelle 8).

Tabelle 8. Durchschnittliche Reichweite der Tageszeitung nach politischem Interesse 1970 bis 2000, Montag bis Sonntag, in Prozent

Politisches Interesse	Reichweite der Tageszeitung						
	1970	1974	1980	1985	1990	1995	2000
stark	79	82	80	82	77	74	61
mittel	73	73	77	73	70	61	49
schwach	57	59	61	59	51	47	35

Der Sonntag wurde erst ab 1990 in die Erhebung aufgenommen. Bis einschließlich 1990 nur alte Bundesländer. Quelle: ARD/ZDF-Langzeitstudie Massenkommunikation.

6. Entwicklung der Nutzungsdauer der Medien 1970 bis 2000

Die Reichweitensteigerung der beiden elektronischen Massenmedien Fernsehen und Hörfunk geht einher mit einer Zunahme ihrer Nutzungsintensitäten, also der Zeit, die jeder Erwachsene in Deutschland täglich dem Radio und dem Fernsehen widmet. Wies die Massenkommunikation 1970 die tägliche Fernsehnutzung noch mit 113 Minuten aus, so waren zwischen 1974 und 1985 Werte zwischen 121 und 125 Minuten zu verbuchen. Eine signifikante Steigerung des Fernsehkonsums ist jedoch erst ab 1995 festzustellen, dem Jahr, als in der Massenkommunikation erstmals Werte für West- und Ostdeutschland gemeinsam auftauchen und die privaten Sender ihre technischen Reichweiten weitestgehend ausgebaut hatten: 158 Minuten widmete 1995 jeder Bundesdeutsche dem Fernsehen, wobei die

Zuschauer in den alten Bundesländern 150 Minuten täglich mit Fernsehen verbrachten, die Zuschauer in den neuen Bundesländern jedoch 191 Minuten. Fünf Jahre später wies die Massenkommunikation 2000 einen gesamtdeutschen Nutzungswert von 185 Minuten aus (vgl. Tabelle 9).

Tabelle 9. Durchschnittliche Nutzungsdauer des Fernsehens, Montag bis Sonntag, in Min./Tag

	1970	1974	1980	1985	1990	1995	2000
BRD gesamt	113	125	125	121	135	158	185
Alte Bundesländer	113	125	125	121	135	150	181
Neue Bundesländer	-	-	-	-	171	191	198

Der Sonntag wurde erst ab 1990 in die Erhebung aufgenommen. Bis einschließlich 1990 nur alte Bundesländer. Quelle: ARD/ZDF-Langzeitstudie Massenkommunikation.

Die Gründe für die Zunahme des Fernsehkonsums in den letzten Jahren sind vielfältiger Natur. Neben der Verkürzung der Arbeitszeiten und damit einem Mehr an Freizeit für den Einzelnen sowie den bevölkerungsstatistischen Entwicklungen, wie dem höheren Anteil von besonders nutzungsintensiven (meist älteren) Zuschauerschichten, ist eine zentrale Ursache in der Ausweitung des Fernsehprogrammangebots zu sehen. So standen jedem Erwachsenen in Deutschland 1990 durchschnittlich nur acht Fernsehprogramme zur Verfügung, 1995 waren es 32. Im Jahr 2000 konnte jeder Zuschauer in Deutschland unter durchschnittlich 38 Programmen wählen. Das Fernsehprogrammangebot stieg also um nahezu das Fünffache. Setzt man diese Vervielfachung jedoch in Relation zur Zunahme des Fernsehkonsums von 135 Minuten auf 185 Minuten (+ 37 %), wird allerdings ersichtlich, dass die Ausweitung des Fernsehkonsums nicht proportional mit der Ausweitung des Programmangebots stieg. Der Zuschauer reagierte mit gestiegener Nutzung, die Nachfrageerhöhung liegt jedoch weit hinter der Angebotserhöhung. Folge war eine verstärkte Fragmentierung des Fernsehpublikums auf die Angebote. Dennoch bleibt in Deutschland die Bindung an die etablierten „Programmmarken" hoch. Benötigt in den USA ein Sender wenig mehr als 5 Prozent Marktanteil, um zum meist gesehenen Sender zu avancieren, so waren in Deutschland im Jahr 2000 immerhin 14,3 Prozent Marktanteil nötig, die jeweils auf Das Erste und auf RTL entfielen.[7] Und: Trotz der in Deutschland durchschnittlich 38 frei empfangbaren Programme – des größten Free-TV-Angebots in Europa – entfallen weiterhin knapp drei Viertel der Fernsehnutzung (73 %) auf sechs Programmangebote: Das Erste, das ZDF, die Dritten Programme der ARD, RTL, SAT.1 und ProSieben. Die übrigen Sender teilen unter sich lediglich 27 Prozent des Fernsehkonsums auf. Aber nicht nur das Mehr an Programm, sondern auch die Tatsache, dass

---

Vgl. Darschin, Wolfgang/Susanne Kayser: Tendenzen im Zuschauerverhalten. Fernsehgewohnheiten und Programmbewertungen im Jahr 2000. In: Media Perspektiven 4/2001, S. 162-175.

es „anderes" Programm gab, ließ die Fernsehnutzung steigen. In der ersten Hälfte der 90er Jahre setzten die Privatsender sehr stark auf unterhaltungs- und fictionorientierte Formate, um das avisierte Publikum, primär die 14- bis 49-Jährigen, optimal anzusprechen.[8] Dies entsprach offenbar den Präferenzen der Zuschauer, denn während die Nutzung informationsorientierter Angebote weitgehend konstant blieb – u.a. auch, weil die informationsorientierteren Sender relativ stabile Programmstrukturen aufwiesen –, stieg die unterhaltungsorientierte Nutzung beträchtlich.[9] Darüber hinaus entstanden durch das private Fernsehen neue Formen der Fernsehunterhaltung, zum Beispiel die täglichen Boulevard-Talkshows, die Daily Soaps und die Boulevardmagazine, die, zumindest anfänglich, auf eine hohe Publikumsresonanz trafen. Sie waren durch ihre leichte Konsumierbarkeit auch recht gut geeignet, um im Hintergrund neben anderen Beschäftigungen im Haushalt, zum Beispiel Hausarbeit, zu laufen. Für viele Zuschauer entwickelte sich das Fernsehen durch diese Angebote zu einem Begleitmedium – oder salopp gesagt, zum Bügelfernsehen –, das in direkter Konkurrenz zum Hörfunk stand. Reichweitenverluste am Nachmittag von Hörfunkprogrammen, die vor allem eine ältere Klientel ansprachen, waren die Folge.[10] Einen beträchtlichen Nutzungsanstieg konnte auch der Hörfunk in den letzten Jahren für sich in Anspruch nehmen, wobei ein Teil auch durch den Umstieg auf CATI bedingt ist. Widmeten sich 1970 die Erwachsenen in Deutschland nur 73 Minuten dem Hörfunk, sind seitdem jährlich beträchtliche Steigerungen festzustellen. Im Jahr 2000 wurde ein täglicher Hörfunkkonsum von 206 Minuten gemessen. Im Zusammenhang mit der erhöhten Zuwendung des Hörfunks wurde häufig der Begriff von der „Renaissance" verwendet. Die Daten der Massenkommunikation wie der Media Analysen der letzten zehn Jahre zeigen jedoch, dass der Hörfunk keine Wiedergeburt im eigentlichen Sinne erfahren hat, sondern er stattdessen jedes Jahr beträchtliche Zugewinne in der Zuwendung aufweisen konnte (vgl. Tabelle 10).

Tabelle 10. Durchschnittliche Nutzungsdauer des Hörfunks 1970 bis 2000, Montag bis Sonntag, in Min./Tag

	1970	1974	1980	1985	1990	1995	2000
BRD gesamt	73	113	135	154	170	162	206
Alte Bundesländer	73	113	135	154	170	150	181
Neue Bundesländer	-	-	-	-	182	200	242

Der Sonntag wurde erst ab 1990 in die Erhebung aufgenommen. Bis einschließlich 1990 nur alte Bundesländer. Quelle: ARD/ZDF-Langzeitstudie Massenkommunikation.

---

[8] Vgl. Krüger, Udo Michael: Programmprofile im dualen Fernsehsystem 1991 bis 2000. Eine Studie der ARD/ZDF-Medienkommission. Schriftenreihe Media Perspektiven Band 15. Baden-Baden 2001.

[9] Vgl. Darschin, Wolfgang/Bernward Frank: Tendenzen im Zuschauerverhalten. Fernseh gewohnheiten und Programmbewertungen 1995. In: Media Perspektiven 4/1996, S. 174-185.

[10] Quelle: Unveröffentlichter Bericht der BR-Medienforschung.

Der nahezu kontinuierliche Anstieg des Hörfunkkonsums in den letzten 30 Jahren ist eng mit der Angebotsstruktur im Hörfunkbereich verbunden. Ab 1970 entstanden in Deutschland die ersten Service- und Popwellen, die weniger auf das anspruchsvolle, Aufmerksamkeit erfordernde Wort als vielmehr auf Unterhaltung setzten. Viele dieser Programme wie Bayern 3, hr 3, NDR 3, SDR 3, SWF 3 hatten für sich die Maxime erkoren, zwar weiterhin informativ und anspruchsvoll zu sein, die „Information jedoch auf dem Teppich der Unterhaltung zu transportieren". Der Hörfunk wurde zum Tagesbegleiter, der in jeder Situation, sei es zu Hause oder am Arbeitsplatz oder im Auto, genutzt werden konnte. Der daraus resultierende kontinuierliche Anstieg der Hörfunknutzung lässt sich auch in den jährlichen Media Analysen ablesen, ebenso wie die sich mit der Etablierung der privaten Programme ab Mitte der 80er Jahre verändernden Nutzungsgewohnheiten. Die Hörfunknutzung im Tagesverlauf wurde immer weniger durch einzelne Spitzen am Morgen, um die Mittagszeit und am Feierabend ab 16.00 Uhr geprägt, sondern die Nutzungskurve verlief wesentlich flacher. Der Hörfunk begleitete seine Hörer durch den gesamten Tag, was sich in einem „Nutzungsplateau" bis in den frühen Nachmittag, das auf relativ hohem Niveau verlief, widerspiegelte (siehe dazu auch weiter unten).

Im Gegensatz zu den elektronischen Medien Fernsehen und Hörfunk blieb die Nutzungsintensität der Tageszeitung in den letzten 30 Jahren weitgehend konstant. Während 1970 jeder Erwachsene in Deutschland durchschnittlich 35 Minuten der Tageszeitung widmete, lag die tägliche Lesedauer 30 Jahre später bei 30 Minuten. Diese Konstanz ist insofern bemerkenswert, als die Zahl der täglichen Zeitungsleser im gleichen Zeitraum von 70 auf 54 Prozent zurückging. Dies bedeutet, es lesen immer weniger Menschen täglich die Tageszeitung. Diejenigen, die sie lesen, nutzen sie jedoch intensiver (vgl. Tabelle 11).

Tabelle 11. Durchschnittliche Nutzungsdauer der Tageszeitung 1970 bis 2000, Montag bis Sonntag, in Min./Tag

	1970	1974	1980	1985	1990	1995	2000
BRD gesamt	35	38	38	33	28	30	30
Alte Bundesländer	35	38	38	33	28	29	30
Neue Bundesländer	-	-	-	-	33	32	30

Der Sonntag wurde erst ab 1990 in die Erhebung aufgenommen. Bis einschließlich 1990 nur alte Bundesländer. Quelle: ARD/ZDF-Langzeitstudie Massenkommunikation.

Bei kaum einem Medium erweist sich das Alter als derart entscheidende Variable für die Nutzung wie bei der Tageszeitung: Während die 14- bis 19-Jährigen durchschnittlich nur 10 Minuten täglich auf die Tageszeitung verwenden, widmet sich jeder Über-70-Jährige 45 Minuten dem ältesten tagesaktuellen Medium. Diese altersspezifischen Diskrepanzen zeichnen sich in diesem Umfang nicht bei den beiden anderen abgefragten Printmedien Buch und Zeitschriften ab. Bei Büchern sind altersspezifische Effekte kaum nachzuweisen – hier zählen die 14- bis 29-Jährigen mit den Über-70-Jährigen zu den intensivsten Buchlesern. Die Zeitschriften werden von den Über-50-Jährigen mit rund 12 Minuten täglich etwas intensiver als von den Unter-30-Jährigen mit rund 6 Minuten täglich genutzt. Generell weisen die Zeitschriften, die in der Langzeitstudie Massenkommunikation seit 1980 erfasst werden, eine überaus stabile Entwicklung aus: Während 1980 jeder Erwachsene in Deutschland 11 Minuten täglich eine Zeitschrift zur Hand nahm, wurden 1995 ebenfalls 11 Minuten ausgewiesen, im Jahr 2000 10 Minuten. Diese Konstanz der Zeitschriftennutzung ist in Anbetracht der enorm gestiegenen Titelzahl auf dem Zeitschriftenmarkt besonders beachtlich. Dabei betraf die Zunahme der Zeitschriftentitel nicht nur den Fachzeitschriftenmarkt, zum Beispiel den der Computerzeitschriften, sondern auch den Publikumszeitschriftenmarkt. Am deutlichsten wird dies bei den Programmzeitschriften. Hatte der Leser 1990 vornehmlich die Auswahl zwischen Gong, Hörzu und TV Hören und Sehen, wurde mit den „Two Weeklies" eine neue Gattung der Programmzeitschriften entwickelt, die insbesondere bei den jüngeren Lesern erfolgreich war. Für die einzelnen Titel bedeutete diese Vervielfachung des Angebots – wie auch auf dem Fernseh- und Hörfunksektor –, dass ein Mehr an Angebot einer gleichbleibenden Zahl von Nutzern gegenübersteht mit der Folge, dass einzelne Titel bei weitem nicht mehr die Reichweite aufweisen wie noch in den 80er und 90er Jahren (vgl. Tabelle 12).

Tabelle 12. Durchschnittliche Nutzungsdauer von Zeitschriften 1980 bis 2000 Montag bis Sonntag, in Min./Tag

	1980	1985	1990	1995	2000
BRD gesamt	11	10	11	11	10
Alte Bundesländer	11	10	11	11	10
Neue Bundesländer	-	-	19	13	9

Der Sonntag wurde erst ab 1990 in die Erhebung aufgenommen. Bis einschließlich 1990 nur alte Bundesländer. Quelle: ARD/ZDF-Langzeitstudie Massenkommunikation.

Das Medium Buch wurde innerhalb der Studie Massenkommunikation ebenfalls erstmalig 1980 erhoben. Damals widmete jeder Bundesdeutsche 22 Minuten täglich dem Lesen von Büchern. In den nächsten Wellen, mit Ausnahme von 1995 (15 Minuten) stagnierte das Lesen von Büchern bei 17 bis 18 Minuten täglich (vgl. Tabelle 13). Diese Konstanz ist insofern bemerkenswert, als die Frankfurter Buchmesse jedes Jahr steigende Verkaufszahlen vermeldet. Demnach stehen immer mehr ungelesene Bücher in den Bücherregalen der Deutschen. Dieser Sachverhalt lässt sich anhand von Erkenntnissen des Forschungsprojektes „Leseverhalten in Deutschland" der Stiftung Lesen interpretieren. So ist – wie es die Umsatzzahlen des deutschen Buchhandels vermuten lassen – die Größe der Privatbibliotheken in den letzten Jahrzehnten gewachsen. Gleichzeitig bedeutet ein „Mehr" an Büchern zu Hause nicht unbedingt auch ein „Mehr" an Lesen, sondern weist auf einen veränderten Umgang mit Büchern hin: Nach der Studie „Leseverhalten in

Deutschland", die die Zeiträume 1992 und 2000 gegenüberstellt, werden heute beim Bücherlesen mehr Lesepausen eingelegt und das gleichzeitige Lesen von mehreren Büchern hat zugenommen. Ebenso gestiegen ist das oberflächlichere Lesen mit dem Überspringen ganzer Textpassagen. Aufgrund dieser Beobachtungen bezeichnet der Autor Bodo Franzmann das veränderte Leseverhalten analog zum Fernsehen, bei dem die Programmbindung bzw. das Sehen von Sendungen und Programmen durch das sogenannte Zapping zurückgedrängt wurde, als „Lesezapping".[11] Insofern erscheinen auch die stagnierenden Lesedauern in der Studie Massenkommunikation plausibel.

Tabelle 13. Durchschnittliche Nutzungsdauer von Büchern 1980 bis 2000, Montag bis Sonntag, in Min./Tag

	1980	1985	1990	1995	2000
BRD gesamt	22	17	18	15	18
Alte Bundesländer	22	17	18	15	18
Neue Bundesländer	-	-	16	13	16

Quelle: ARD/ZDF-Langzeitstudie Massenkommunikation; der Sonntag wurde erst ab 1990 in die Erhebung aufgenommen; bis einschließlich 1990 nur alte Bundesländer

Eine weitere Begründung für das veränderte Leseverhalten ist in der Multimedia-Entwicklung der letzten Jahre zu sehen. In diesem Zusammenhang wird häufig die Hypothese aufgestellt, dass das Beschäftigen mit dem Internet die Kulturtechnik Lesen zurückdrängt bzw. das Lesen von Büchern immer unwichtiger wird. Dies bestätigen jedoch nicht alle Studien. Tatsache ist, dass auch am Computer bzw. im Internet „gelesen" wird, wenn auch die Sinneserfahrungen andere sind – auf der einen Seite das Erleben von Papier und schwarzen Druckbuchstaben, auf der anderen Seite Buchstaben, Symbole und Grafiken auf dem PC-Bildschirm. Vor allem Jugendliche geben an, dass sie mehr lesen, seit sie im Internet sind.[12] Damit bleibt die Kulturtechnik Lesen nicht mehr allein an das Trägermedium Papier gebunden. Studien aus Frankreich zeigen sogar auf, dass multimediale Mediatheken die konventionelle Buchausleihe beflügelt hätten, d.h.: Über den „Multimedia-Teppich" wurde das alte Medium Buch transportiert.[13]

Bücher, Zeitschriften, Fernsehen und Hörfunk sowie die Tageszeitungen sind relativ alte Medien. Zu den neu hinzugekommenen Medien zählen die CDs, die die Schallplatten abgelöst haben, Videokassetten und nicht zuletzt das Internet. Der gemeinsame Nenner der CDs, der Videos und des Internets ist, dass sich der

---

[11] Vgl. Franzmann, Bodo: Lesezapping und Portionslektüre. Veränderungen des Leseverhaltens, besonders bei Jugendlichen. In: Media Perspektiven 2/2001, S. 90-98.

[12] Quelle: ARD-/ZDF-Online-Studie 2001 (unveröffentlichter Bericht).

[13] Vgl. Haasis, Klaus: Kulturtechniken im Umbruch. Sieben Thesen. In: Ring, Klaus/Klaus von Trotha/Peter Voß (Hrsg.): Lesen in der Informationsgesellschaft. Perspektiven der Medienkultur. Baden-Baden 1997, S. 146f.

Nutzer losgelöst von den Programmschemata des Fernsehens und des Hörfunks oder von redaktionellen Konzepten der Tageszeitungen sein eigenes Programm zusammenstellen kann. Diese Möglichkeit nehmen die Deutschen jedoch – gemessen am Zeitbudget, das auf Fernsehen und Hörfunk entfällt – weiterhin relativ wenig wahr. Auf das Abspielen von CDs fallen täglich 36 Minuten[14] und auf das Abspielen von Videokassetten 4 Minuten. Dem Internet widmete im Jahr 2000 jeder bundesdeutsche Erwachsene 13 Minuten. Dieser relativ niedrige Wert erklärt sich dadurch, dass in 2000 nur 28,6 Prozent der Bundesdeutschen Zugang zum Internet hatten. Diesen 13 Minuten Internetnutzung, die in der Massenkommunikation 2000 ausgewiesen werden, stehen 17 Minuten aus der ARD/ZDF-Online-Studie 2000[15] gegenüber, die im Gegensatz zur Studie Massenkommunikation als monothematische Untersuchung angelegt ist und durch die Fokussierung auf ein Medium, nämlich das Internet, etwas höhere Nutzungswerte ermittelt (vgl. Tabelle 14).

Tabelle 14. Durchschnittliche Nutzungsdauer von auditiven und visuellen Speichermedien und Internet 1980 bis 2000, Montag bis Sonntag, in Min./Tag

	1980	1985	1990	1995	2000
CDs/Schallplatten/Kassetten	15	14	14	13	36
Video	-	2	4	3	4
Internet	-	-	-	-	13

Der Sonntag wurde erst ab 1990 in die Erhebung aufgenommen. Bis einschließlich 1990 nur alte Bundesländer. Quelle: ARD/ZDF-Langzeitstudie Massenkommunikation.

7. Entwicklung des gesamten Zeitbudgets für Mediennutzung 1980 bis 2000

Addiert man die einzelnen Nutzungswerte, die täglich auf die einzelnen Medien entfallen, kommt man für das Jahr 2000 auf ein Gesamtmedienbudget von 502 Minuten.[16] Oder mit anderen Worten: Täglich verbringt jeder Bundesdeutsche knapp achteinhalb Stunden mit Medien. Natürlich sind dies „Brutto-Zeiten". Parallele Medientätigkeiten, wie beispielsweise das gleichzeitige Fernsehen und Radiohören oder das Radiohören in Verbindung mit Zeitunglesen, sind hier nicht

---

[14] In den Jahren zwischen 1980 und 1995 waren Werte zwischen 13 und 15 Minuten zu verzeichnen. Dieser große Sprung dürfte zu einem großen Teil auch methodologische Gründe (Umstellung auf CATI) haben.

[15] Vgl. Van Eimeren, Birgit/Heinz Gerhard: ARD/ZDF-Online-Studie 2000: Gebrauchswert entscheidet über Internetnutzung. Entwicklung der Onlinemedien in Deutschland. In: Media Perspektiven 8/2000, S. 346.

[16] Vgl. Ridder/Engel (2001), siehe Anm. 4

herausgerechnet. Sie machen jedoch – bezogen auf das gesamte Medienbudget – einen relativ geringen Anteil aus (vgl. Tabelle 15).

Tabelle 15. Entwicklung der Mediennutzung Deutschland 1980 bis 2000, Montag bis Sonntag, in Min./Tag

	1980	1985	1990	1995	2000
Gesamt	346	351	380	404	502
Fernsehen	125	121	135	158	185
Hörfunk	135	154	170	162	206
Tageszeitung	38	33	28	29	30
Zeitschriften	11	10	11	11	10
Bücher	22	17	18	15	18
CDs/Schallplatten/Kassetten	15	14	14	13	36
Video	-	2	4	3	4
Videotext/PC-Nutzung	-	-	-	13	-
Internet	-	-	-	-	13

Der Sonntag wurde erst ab 1990 in die Erhebung aufgenommen. Bis einschließlich 1990 nur alte Bundesländer. Quelle: ARD/ZDF-Langzeitstudie Massenkommunikation.

Da vor 1980 nur die Nutzungsdauern der drei tagesaktuellen Medien Fernsehen, Hörfunk und Tageszeitung erfasst wurden, beschränkt sich der folgende Langzeitvergleich des gesamten Zeitbudgets für Medienkonsum auf den Zeitraum 1980 bis 2000. Im Jahr 1980 betrug der tägliche Medienkonsum eines Bundesdeutschen noch 346 Minuten oder fünfdreiviertel Stunden. In den darauf folgenden Jahren stieg der Medienkonsum kontinuierlich an, so dass im Jahr 1995 ein Wert von 404 Minuten erreicht wurde. Der größte Sprung in der Langzeitbetrachtung ist im Vergleich 1995 (404 Minuten) zu 2000 (502 Minuten) festzustellen. Dies ist sicherlich auch auf die sprunghafte Verbreitung neuerer Medien wie Videorecorder, Computerspiele und Internet zurückzuführen. Andererseits sind auch die schon erwähnten programmstrukturellen Ursachen bei den etablierten Medien für den Anstieg des Medienkonsums verantwortlich, etwa, dass der Hörfunk immer stärker zum Tagesbegleiter wurde und sich viele Fernsehprogramme zu leicht konsumierbaren 24-Stunden-Unterhaltungsangeboten entwickelt haben.

Bestätigung findet die Hypothese, dass die Ausweitung des Medienkonsums nicht nur auf das Hinzukommen neuer Medien zurückzuführen ist, durch die Gegenüberstellung der etablierten tagesaktuellen Medien und der größtenteils nicht tagesaktuellen anderen Medien: 1980 entfielen von den 346 Minuten täglichen Medienkonsums 298 Minuten auf Fernsehen, Radio und Tageszeitung. Dies entspricht einem Anteil der drei tagesaktuellen Medien am Gesamt-Medienbudget von 86 Prozent. 20 Jahre später lag der Anteil dieser drei „alten" Medien annähernd genauso hoch: Von den für das Jahr 2000 ermittelten 502 Minuten täglicher Mediennutzung entfielen 421 Minuten auf Fernsehen, Hörfunk und Tageszeitung, was 84 Prozent der Medienzeit entspricht. Eine ähnliche Relation zeigt sich auch für das Jahr 1990 (87 %). Das heißt: Die Ausdehnung des Medienkonsums ist nicht nur durch das bloße Hinzukommen neuer Medien bedingt, sondern im Zuge des Hinzutretens neuer Medien haben zugleich auch die „alten" Medien an Attraktivität gewonnen (vgl. Tabelle 16). Da zugleich auch für das gesamte Medienzeitbudget gilt, was schon für das Fernsehen festgestellt wurde, nämlich, dass der Anstieg des Medienkonsums im Betrachtungszeitraum (mit 45 Prozent) weit hinter dem Anstieg des medialen Angebots zurückblieb – allein die verfügbaren Programmangebote in Hörfunk und Fernsehen stiegen in diesem Zeitraum um das Fünf- bis Fünfzehnfache –, nahm die Konkurrenz der Medien um die Aufmerksamkeit der Nutzer stark zu. Umso bemerkenswerter ist deshalb, dass im Jahr 2000 Fernsehen mit 37 Prozent und Hörfunk mit 41 Prozent ihren Anteil am gesamten Medienbudget in der gleichen Größenordnung wie vor 20 Jahren (36 bzw. 39 %) behaupten können, während auf das erstmals erhobene Internet lediglich 13 Minuten täglich oder 3 Prozent des gesamten Medienzeitbudgets der Bundesbürger entfallen. Als einziges der drei tagesaktuellen Medien verlor die Tageszeitung an Gewicht im Medienzeitbudget, von 11 Prozent 1980 auf 6 Prozent im Jahr 2000. Dieser Rückgang ist jedoch nahezu ausschließlich auf die Ausdehnung des Medienkonsums insgesamt zurückzuführen. Absolut, nämlich bezogen auf die Zeit, die mit Zeitunglesen verbracht wird, kann, wie oben schon beschrieben, kaum von einem Bedeutungsverlust der Tageszeitung gesprochen werden.

Tabelle 16. Anteil der tagesaktuellen Medien am Medienkonsum 1980 bis 2000, Montag bis Sonntag

	1980		1985		1990		1995		2000	
	Min./ Tag	in %	Min./ Tag	in %	Min./ Tag	in %	Min./ Tag	in %	Min./ Tag	in %
Medienkonsum gesamt	346	100	351	100	380	100	404	100	502	100
Fernsehen, Radio, Tageszeitung	298	86	308	87	333	87	350	87	421	84
Bücher, Zeitschriften, CDs, Video, Internet	48	14	43	12	47	13	54	13	81	6

Der Sonntag wurde erst ab 1990 in die Erhebung aufgenommen. Bis einschließlich 1990 nur alte Bundesländer. Quelle: ARD/ZDF-Langzeitstudie Massenkommunikation.

Bleibt als Zwischenfazit festzuhalten, dass in einer Zeit, in der das Internet längst fester Bestandteil des Medienrepertoires vieler Nutzer ist, Hörfunk und Fernsehen weiterhin die dominierenden Medien im Alltag der Bundesbürger sind. Das Internet nimmt ebenso wie andere Medien, die eine zeitsouveräne, autonome Nutzung erlauben, bislang nur einen geringen Anteil am Medienbudget ein. Eine Erklärung für die anhaltende Dominanz von Hörfunk und Fernsehen im Zeitalter von Multimedia ist, dass Fernsehen und Hörfunk als „Allround-Medien" informative wie unterhaltende Bedürfnisse ebenso ansprechen wie das Bedürfnis nach sozialer Orientierung und Integration. Dagegen ist die Internetnutzung für die

meisten Anwender vornehmlich funktional-pragmatisch geprägt. Unterhaltungs-
bedürfnisse stehen bei den meisten „Onlinern" (noch) nicht im Vordergrund.

8. Mediennutzung im Tagesverlauf 1970 bis 1990

Betrachtet man die Entwicklung der Fernsehnutzung im Tagesverlauf zwischen
1970 und 2000, so hat sich in diesen 30 Jahren an deren typischem Profil nichts
Grundlegendes geändert. Seit jeher ist Fernsehen ein Abendmedium, und die wirkliche Veränderung spielte sich wohl zwischen 1964 und 1970 ab, als die Ausstattung der bundesdeutschen Haushalte mit Fernsehgeräten sprunghaft von 55 auf 85
Prozent anstieg und damit auch das Niveau der Fernsehnutzung. Für 1970 und
1980 sind die Kurvenverläufe fast deckungsgleich mit dem beginnenden Anstieg
der Fernsehnutzung am Nachmittag und dem rasch erreichten Gipfel gegen 20.00
Uhr. Danach fallen beide Kurven wieder bis in die Nacht hinein ab. 1990 beginnt
eine nennenswerte Fernsehnutzung bereits am Vormittag, um dann am Nachmittag
stärker als zehn Jahre zuvor anzusteigen. Der Nutzungsgipfel ist ebenfalls gegen
20.00 Uhr erreicht, dehnt sich aber bis gegen 21.00 Uhr aus. Im Jahr 2000 liegt die
Fernsehnutzung bis gegen 18.00 Uhr auf deutlich höherem Niveau, während danach bei ähnlichem Niveau wie schon zuvor der Nutzungshöhepunkt erst gegen
21.00 Uhr erreicht wird (vgl. Abbildung 1).

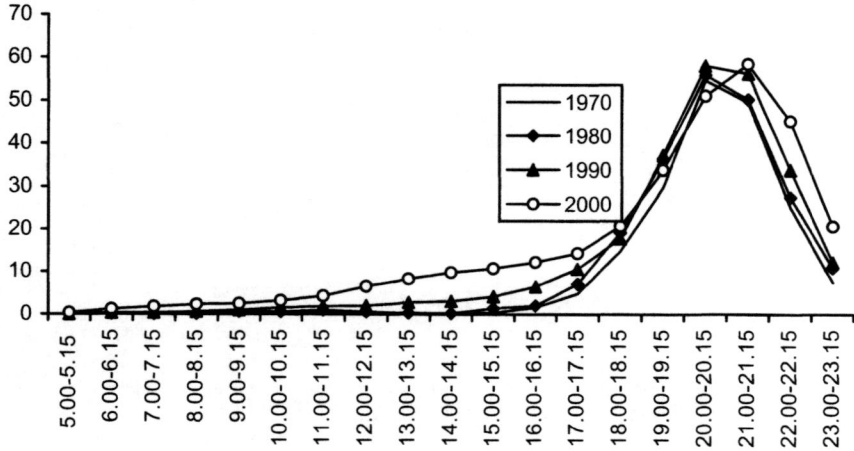

Abb. 1. Fernsehnutzung im Tagesverlauf in Prozent, Montag bis Sonntag, Personen ab 14
Jahre. Bis 1990 nur alte Bundesländer, Einbeziehung des Sonntags ab 1990. Quelle:
ARD/ZDF-Langzeitstudie Massenkommunikation

In diesen Kurven spiegelt sich sehr deutlich wider, wie sich die Nutzungsgewohnheiten des Fernsehpublikums mit dem Aufkommen der Privatsender, der
Vermehrung der Programme und dem sukzessiven Ausbau vieler Programme zum

24-Stunden-Angebot entwickelt haben. Zwischen 1970 und 1980 gibt es kaum Änderungen, sieht man von einem geringfügigen Zuwachs ab, der auf das endgültige Erreichen der Gerätevollversorgung ab 1974 zurückzuführen sein dürfte. Der Anstieg des Fernsehkonsums fand zwischen 1990 und 2000 statt und spielte sich vor allem zunächst am Nachmittag und dann auch am Vormittag und Morgen ab. Während der Ausdehnung der Fernsehnutzung am Abend aufgrund des natürlichen Lebensrhythmus' der meisten Menschen relativ enge Grenzen gesetzt waren, konnte sich das Fernsehen tagsüber sehr viel stärker als vor Beginn des dualen Rundfunksystems in Deutschland im Nutzungsalltag der Bürger etablieren.

Beim Hörfunk zeigen sich im Einklang mit den oben beschriebenen programmstrukturellen Änderungen schon ab 1970 deutliche Veränderungen im Nutzungsverlauf. Das Niveau der Nutzung ist über den gesamten Tag hinweg bis zum Jahr 2000 massiv angestiegen, am stärksten – wohl durch die Etablierung der Popwellen in Deutschland – zwischen 1970 und 1980. Wie sich der Hörfunk vom Einschaltmedium mit Spitzen am Morgen, Mittag und Nachmittag zum Tagesbegleiter entwickelt hat, verdeutlichen die Veränderungen in der tageszeitlichen Nutzung: Schwankte die Nutzung im Tagesverlauf 1970 noch sehr stark – von der morgendlichen Nutzungsspitze über ein Tief am Vormittag, eine weitere Spitze am Mittag, ein Absinken am Nachmittag hin zu einem erneuten Anstieg am Abend – so zeichnet sich bereits ab 1980 der im Grunde bis heute typische Verlauf mit der stärksten Nutzung am Morgen bis gegen Mittag und dem stetigen, wenn auch immer langsameren Absinken bis zum frühen Abend ab – auf allerdings immer höheren Niveau (vgl. Abbildung 2).

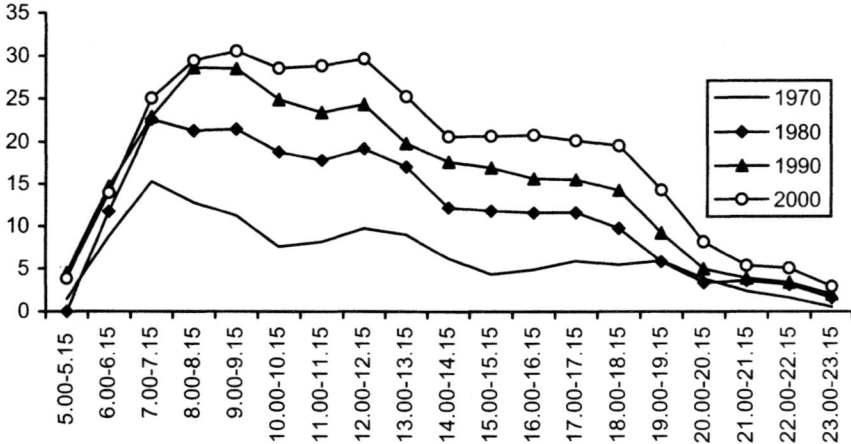

Abb. 2. Hörfunknutzung im Tagesverlauf in Prozent, Montag bis Sonntag, Personen ab 14 Jahre. Bis 1990 nur alte Bundesländer, Einbeziehung des Sonntags ab 1990. Quelle: ARD/ZDF-Langzeitstudie Massenkommunikation

Insgesamt hat die Nutzung des Hörfunks im Tagesverlauf über alle Strecken des Tages zugenommen und der Nutzungsverlauf ist ausgeglichener geworden –

deutlicher Beleg für die oben schon angesprochene, immer wichtiger werdende Funktion des Hörfunks als Tagesbegleiter.

Für die Tageszeitung liegt die Nutzungsspitze in allen Betrachtungszeiträumen am Morgen bis etwa 9.00 Uhr. Diese ist jedoch im Laufe der Jahre immer ausgeprägter geworden. Die Tageszeitung als Frühstückslektüre hat aus dieser Perspektive also an Bedeutung gewonnen, wenn auch 1990 die Zeitung im Gesamtnutzungsniveau einen deutlichen Einbruch erfahren hat. Nach 9.00 Uhr gibt es in allen Betrachtungsperioden einen starken Nutzungsabfall bis zur Mittagszeit, zu der die Zeitung dann ihre zweite Nutzungsspitze hat. Die Relevanz der Tageszeitung als "Mittagslektüre" hat offenbar abgenommen. Nach der Mittagspause sinkt das Niveau wieder mehr oder weniger kontinuierlich bis zum Abend. 1970 gab es zum "Abendbrot" noch eine Spitze, die aber in den folgenden Jahren nicht mehr vorhanden ist (vgl. Abbildung 3).

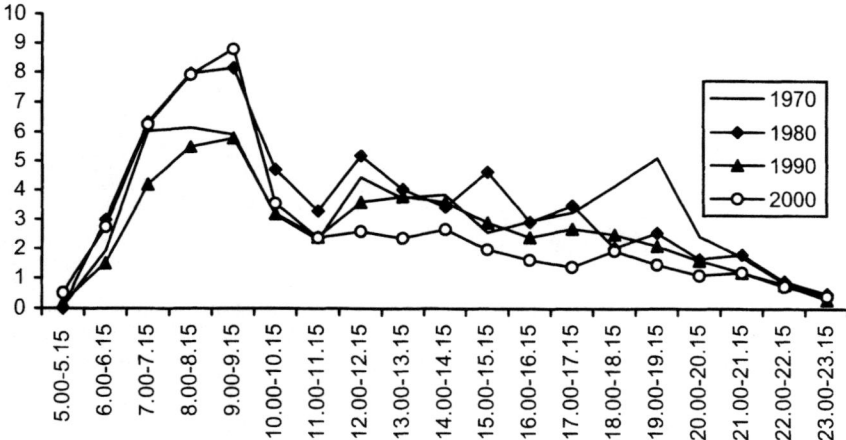

Abb. 3. Zeitungsnutzung im Tagesverlauf in Prozent, Montag bis Sonntag, Personen ab 14 Jahre. Bis 1990 nur alte Bundesländer, Einbeziehung des Sonntags ab 1990. Quelle: ARD/ZDF-Langzeitstudie Massenkommunikation

Die Nutzung der Tageszeitung im Tagesverlauf hat in der Gesamtbetrachtung über weite Strecken abgenommen. Am frühen Morgen ist sie zwischen 1970 und 2000 allerdings gestiegen. Im Vergleich der drei tagesaktuellen Medien hat sich die Verlaufskurve der Fernsehnutzung über die Jahrzehnte hinweg am wenigsten verändert. Wirkliche Niveauveränderungen gab es tagsüber und nicht zur Hauptnutzungszeit am Abend. Die Hörfunknutzungskurve dagegen hat große Niveausprünge erfahren und gleichzeitig ihr Profil durch eine starke Ausdehnung der nutzungsintensiven Zeiten am Morgen und Vormittag am stärksten verändert. Die Veränderungen im Nutzungsverlauf sind bei der Tageszeitung vergleichsweise gering, im Nutzungsniveau allerdings deutlich größer als beim Fernsehen, aber kleiner als beim Hörfunk.

Insgesamt aber bestätigt sich damit die schon im Bericht über die Massenkommunikation 2000 beschriebene Rollenverteilung der tagesaktuellen Medien, wonach
Fernsehen und Hörfunk tageszeitlich – aber auch über den Nutzungsort (Radio ist
mobil, Fernsehen eher stationär) – "entzerrt" sind, während die Tageszeitung lediglich am Morgen mit dem Hörfunk konkurriert, aber auch parallel nutzbar ist
und genutzt wird. Das Internet, das 2000 erstmals mit in den Medienvergleich
aufgenommen wurde, hat bezogen auf die Gesamtbevölkerung im Tagesablauf der
Bundesbürger noch keine allzu große Bedeutung. Seine Nutzungskurve weist
keine ausgeprägten Nutzungsspitzen auf, sie bewegt sich relativ gleichmäßig über
den Tag hinweg auf vergleichsweise niedrigem Niveau.

9. Mediennutzung in und außerhalb der Freizeit 1970 bis 2000

In der Studie Massenkommunikation wurde Mediennutzung immer auch im Kontext von Regeneration, Produktion und Freizeit betrachtet. Dabei hat sich die Studie auf den Aspekt Freizeit konzentriert, pragmatisch und einfach definiert als
Restgröße, die den Befragten nach Zeitaufwand für Tätigkeiten wie Berufs- und
Hausarbeit, Essen, Schlafen und Körperpflege, Einkaufen, Wegezeiten und Lernen
in der Zeit zwischen 5.00 bzw. 5.30 und 24.00 bzw. 1.00 Uhr verbleibt. Allerdings
ist die Abfrage dieser Tätigkeiten, nach deren Abzug die Freizeit "übrig" bleibt,
im Laufe der Jahre nicht genau gleich geblieben, und auch nicht die Art, wie diese
drei oben genannten Sammelkategorien gebildet wurden. So ergibt die Addition
der Sammelkategorien in den früheren Wellen nicht exakt die Umfänge der jeweils abgefragten Tagesintervalle, 2000 wurde dies verfahrenstechnisch ausge-
schlossen. Diese Einschränkungen über die schon vorne beschriebenen methodischen Brüche hinaus sind bei allen Interpretationen zu bedenken, dennoch kann
man einige plausibel erscheinende Langzeittrends ablesen (vgl. Tabelle 17).

Tabelle 17. Zeitaufwand für allgemeine Tätigkeiten und Mediennutzung in und außerhalb
der Freizeit1970 bis 2000, Montag bis Sonntag, in Min./Tag (brutto)

	1970	1974	1980	1985	1990	1995	2000
Allgemeine Tätigkeiten - Sammelkategorien							
Regeneration	366	288	285	271	310	314	341
Produktion	424	409	385	389	351	345	329
Freizeit	375	413	449	458	497	495	470
Mediennutzung und Freizeit							
Zeitung lesen in der Freizeit	22	21	22	17	16	17	14
Zeitung lesen außerhalb der Freizeit	13	17	17	16	13	13	15
Radio hören in der Freizeit	26	37	44	57	63	58	45

Tab. 17. (Fortsetzung)

Radio hören außerhalb der Freizeit	47	75	92	98	110	105	162
Fernsehen in der Freizeit	101	114	114	110	123	142	162
Fernsehen außerhalb der Freizeit	12	12	11	12	14	18	23
Mediennutzung in der Freizeit gesamt	146	167	174	178	196	211	276
Mediennutzung außerhalb der Freizeit gesamt	68	99	112	117	125	126	225

Der Sonntag wurde erst ab 1990 in die Erhebung aufgenommen. Bis einschließlich 1990 nur alte Bundesländer. Quelle: ARD/ZDF-Langzeitstudie Massenkommunikation.

In der Langzeitbetrachtung zeigt sich, dass das Zeitbudget der Bundesbürger für Freizeit seit 1970 deutlich gestiegen ist, wozu sicher auch beiträgt, dass ab 1990 der Sonntag in den Tagesablauf mit einbezogen ist. Man kann aber durchaus für die vergangenen drei Jahrzehnte ein generell gewachsenes Freizeitbudget der Bürger konstatieren, was sich ja auch mit den Befunden der Freizeitforschung deckt.[17]

Vergleicht man nur die jeweils gesamtdeutschen Werte für 1995 und 2000, so ist allerdings ein leichter Rückgang zu beobachten. Dieser lässt sich schon aus methodischen Gründen nur schwer interpretieren. So könnte es sein, dass durch den Umstieg auf CATI Bevölkerungsschichten besser erreicht werden, die weniger Freizeit haben, um nur einen Faktor zu nennen. Die Zeit für Produktion (Haus- und Berufsarbeit etc.) geht im Betrachtungszeitraum insgesamt zurück, auch zwischen 1995 und 2000, wobei dafür in dieser Phase die Zeit für Regeneration wieder gestiegen ist. Auch hier kann man nur spekulieren, ob dies bedeutet, dass möglicherweise zunehmende freie Zeit nicht mehr so automatisch wie früher "Freizeit" ist. In jedem Fall aber korrespondiert der Langzeitbefund einer sinkenden Zeit für Produktion in den vergangenen drei Jahrzehnten mit dem Trend zu mehr Freizeit.

Die Langzeitbetrachtung der Nutzung einzelner Medien in und außerhalb der Freizeit zeigt: Heute fällt diese Unterscheidung in toto kaum mehr ins Gewicht, die Mediennutzung außerhalb der Freizeit hat stark aufgeholt. Allerdings enthält der Wert für die Gesamtmediennutzung im Jahr 2000 über Fernsehen, Radio und Zeitung hinaus auch die im gleichen Tagesablauf ermittelte Nutzungsdauer anderer Medien, die vorher, seit 1980, in einem zweiten Tagesablauf ermittelt wurde, aber bis 1995 in den Vergleich der Mediennutzung in und außerhalb der Freizeit nicht einbezogen wurde. Dieser Bruch wurde 2000 in Kauf genommen, da die drei tagesaktuellen Medien weiter einzeln betrachtet werden können. Auch wenn man nur die Nutzungsdauern für diese drei Medien zusammenfasst, so gilt für 2000,

---

[17] Vgl. Deutsche Gesellschaft für Freizeit (Hrsg.): Freizeit in Deutschland. Freizeittrends 2000 plus. (DGF-Jahresgutachten) Erkrath 1999, S. 41.

wie schon für die Zeit von 1970 bis 1995, dass die Mediennutzung außerhalb der Freizeit erheblich stärker gestiegen ist als die innerhalb der Freizeit.

Dies ist vor allem der Radionutzung zu verdanken, auf die in allen Beobachtungsjahren der größte Teil der Mediengesamtnutzung außerhalb der Freizeit entfällt. Fernsehen bleibt dagegen ein Freizeitmedium, es nimmt weiterhin den größten Teil der Mediennutzung in der Freizeit in Anspruch. Insgesamt liegt das Radio in der Nutzungszeit jedoch seit 1980 vorn, da das Fernsehen kontinuierlich außerhalb der Freizeit weit weniger genutzt wird als umgekehrt das Radio in freien Zeiten. Die Tageszeitungslektüre in der Freizeit nimmt über die Jahrzehnte hinweg leicht ab, außerhalb der Freizeit hält sie sich aber auf stabilem, wenn auch niedrigem Niveau.

Diese Befunde werfen die Frage auf, welche zusätzliche Erklärungskraft die Unterscheidung "innerhalb oder außerhalb der Freizeit" – nicht zuletzt vor dem Hintergrund der relativ kruden Definition von Freizeit in dieser Studie – für das Medienverhalten der Bundesbürger noch besitzt. Das Fernsehen, das haben alle bisher beschriebenen Befunde gezeigt, ist ein Freizeitmedium, was nahe liegt, weil es ein Zu-Hause- und ein Abendmedium ist. Seine Nutzung außerhalb der Freizeit bleibt offenbar grundsätzlich begrenzt; so zeigen die Freizeit-Nutzungsdauern für das Jahr 2000 über alle Altersgruppen hinweg ähnliche Werte. Auch die in den letzten zehn Jahren zu konstatierende Ausdehnung der Fernsehnutzung in den Nachmittag und Morgen hinein muss nicht bedeuten, dass diese zusätzliche Nutzung damit außerhalb der Freizeit stattfindet. Das Radio als mobiles Medium wurde schon immer parallel zu vielen Tätigkeiten genutzt; hier dürfte die Unterscheidung zwischen Im-Haus- und Außer-Haus-Nutzung von größerer Bedeutung sein. Für das Internet, dass 2000 erstmals aufgenommen wurde, ist eine Trennung in Freizeit- und Nicht-Freizeitnutzung ohnehin schwierig. Hier lässt sich leichter ermitteln, ob es zu Haus oder am Arbeitsplatz genutzt wird, als etwa, welcher Teil der Nutzung am Arbeitsplatz privaten Freizeitzwecken dient.

Festzuhalten bleibt: Das die Freizeit prägende Medium, dessen Nutzung neben vielen anderen Faktoren somit auch vom Umfang der verfügbaren Freizeit abhängt, ist und bleibt in dieser Betrachtung einzig das Fernsehen, für die anderen Medien gilt dies offenbar nicht oder zumindest nicht in auch nur annähernd vergleichbarem Ausmaß.

10. Fazit

Die ARD/ZDF-Langzeitstudie Massenkommunikation ist nach wie vor weltweit die einzige Repräsentativstudie zur Ermittlung der Mediengewohnheiten im Intermediavergleich. Mit der im Sommer 2000 durchgeführten achten Welle liegen Daten für über drei Jahrzehnte vor, die Aufschluss geben über den Umgang der Bevölkerung mit den Medien. Das Fernsehen als Medium hat in den letzten drei

Jahrzehnten beträchtlich an Ausstrahlungskraft und Besonderheit verloren und ist alltäglich und selbstverständlich geworden. Gleichzeitig hat die Intensität seiner Nutzung zugenommen, insbesondere seit 1990 verzeichnet das Fernsehen einen starken Anstieg an Reichweite und Sehdauer. Dabei hat sich die Fernsehnutzung vor allem tagsüber bis zum späten Nachmittag ausgedehnt, während es am Vor- und Hauptabend – auch bedingt durch den natürlichen Lebensrhythmus der meisten Menschen – vergleichsweise wenig Veränderung gab. Die Ausdehnung in den Tag hinein ist unter anderem auf den Einsatz leicht konsumierbarer, unterhaltungsorientierter Formate am Nachmittag, wie beispielsweise den Daily Talks bei den Privatsendern zurückzuführen, die in manchen Zuschauerschichten den Hörfunk als das klassische Nachmittagsmedium verdrängt haben. Insgesamt hat sich der Konsum unterhaltender Fernsehgenres in dieser Zeit deutlich ausgedehnt, während die Nutzung informationsorientierter Angebote relativ konstant geblieben ist.

Der Hörfunk verzeichnet demgegenüber zwischen 1970 und 2000 sowohl einen kontinuierlichen Bindungsgewinn als auch einen deutlichen Reichweiten- und Hördauerzuwachs. Der Nutzungsanstieg beim Radio findet schon seit 1970 statt und hat viel mit programmstrukturellen Entwicklungen zu tun. Der Aufstieg begann mit der Etablierung der öffentlich-rechtlichen Servicewellen und dem Funktionswandel des Hörfunks zum Tagesbegleiter, der sich mit dem Aufkommen der Privatradios noch verstärkte. Die Entwicklung zum Tagesbegleiter, der erst am Abend von dem Abendmedium Fernsehen abgelöst wird, spiegelt sich auch in der immer ausgeglicheneren Hörfunknutzungskurve bei steigendem Gesamtniveau wider. Dieser Funktionswandel zeigt sich auch darin, dass über den Betrachtungszeitraum hinweg die Radionutzung außerhalb der Freizeit enorm gestiegen ist und dieser Anstieg weit größer ist als der Zuwachs der Radionutzung in der Freizeit. Danach findet inzwischen dreimal so viel Radionutzung außerhalb wie innerhalb der Freizeit statt.

Die Tageszeitung kann einen deutlichen Anstieg ihrer Wertschätzung bei etwa gleichbleibender Bindung verbuchen. Allerdings sinkt bei stabiler Nutzungsintensität ihre Reichweite seit etwa 1990 deutlich. Das heißt, es lesen immer weniger Menschen eine Zeitung, wer dies jedoch tut, tut es umso intensiver. Insbesondere die über 50-Jährigen erweisen sich als treue Zeitungsleser. Im Tagesablauf der Bürger bleibt die Zeitung dauerhaft Morgen- und Mittagsmedium, das inzwischen in gleichem Umfang in und außerhalb der Freizeit gelesen wird. Während das Zeitunglesen in der Freizeit etwas weniger geworden ist, bleibt es außerhalb der Freizeit, vermutlich am Arbeitsplatz, konstant.

Die anderen betrachteten gedruckten Medien (Zeitschriften und Bücher) weisen ebenfalls eine stabile bzw. relativ stabile Entwicklung ihrer Nutzung auf. Vieles deutet darauf hin, dass die Kulturtechnik Lesen im Multimediazeitalter nicht verloren geht – wie manchmal befürchtet wird –, sondern nicht mehr allein an das traditionelle Trägermedium Papier gebunden zu sein scheint. Auffallend ist auch, dass im Multimediazeitalter von den zeitautonom nutzbaren auditiven und visuellen Speichermedien CDs, Video und Internet vergleichsweise wenig Gebrauch gemacht wird – wenn auch die Nutzungsdauer der Hörmedien CD/Schallplatte/Kassette deutlich gestiegen ist.

Das Zeitbudget der Bundesbürger für die Nutzung aller (in der Massenkommunikation erhobenen) Medien hat zwischen 1980 und 2000 von 346 auf 502 Minuten um gut 45 Prozent zugenommen. Dieser Anstieg relativiert sich jedoch sofort, wenn man sich vor Augen hält, dass das mediale Angebot im gleichen Zeitraum um ein Vielfaches gestiegen ist. Das bedeutet, dass die Konkurrenz der Medien um die Aufmerksamkeit der Menschen in den vergangenen Jahren immer intensiver geworden ist.

Dennoch, und dies ist bemerkenswert, behaupten Hörfunk und Fernsehen weit vor allen anderen Medien ihre dominierende Position bei den Nutzern. Ihr Anteil am wachsenden Medienzeitbudget ist stabil geblieben. Das Internet, dass 2000 erstmals mit erhoben wurde, spielt im Medienalltag (noch) keine wichtige Rolle. Trotz umwälzender gesellschaftlicher Veränderungen und enormer Ausdehnung des medialen Angebots in den letzten drei Jahrzehnten haben die alten elektronischen Medien nichts an Bedeutung für die Bürger eingebüßt. Offenbar sprechen sie als „Allround-Medien" auch unter sich wandelnden gesellschaftlichen Bedingungen weiterhin zentrale Bedürfnisse der Menschen nach Information und Unterhaltung ebenso an wie nach sozialer Orientierung und Integration.

Technologie als Enabler für effizientes Cross-Media Publishing

Sören Stamer

CoreMedia AG

1. Einleitung

Seit der Mitte der Neunziger Jahre einsetzenden Akzeptanz des Internets als Massenmedium beschäftigen sich Entscheider der Medienwelt intensiv mit der Frage, wie sie dieses neue Medium als Erweiterung oder Ergänzung der eigenen klassischen Medienangebote einsetzen können. Zeitungsverlage, Radiosender, Fernsehsender, Wochenmagazine und selbst Buchverlage sowie die gesamte Musik- und Filmindustrie begannen sich im Internet zu positionieren. Offensichtlich konnte sich niemand den verlockenden Möglichkeiten dieses neuen Mediums entziehen[1]. In aller Regel wurden gleich vollständig neue Unternehmenseinheiten, Prozesse und Dienste konzipiert und kostenintensiv umgesetzt[2]. Sieben Jahre später hat sich das Bild nachhaltig verändert und gleichzeitig deutlich an Komplexität gewonnen. Dem klassischen Internet folgte das mobile Internet mit zahlreichen Spielarten von SMS und MMS über WAP bis i-mode per Smart-Phones und PDAs sowie in Kürze mit mobilen Breitbanddiensten per UMTS. Als nächster Entwicklungsschritt steht uns der „Einzug ins Wohnzimmer" per interaktivem Fernsehen ins Haus. Den einfachen text- und bildbasierten Internetseiten folgten in kurzem Abstand Push-Services, Streaming-Technologien, Breitbandinhalte, interaktive Applikationen und differenzierte Personalisierungsfunktionen. Selbst das – weithin gar für obligatorisch erachtete – kostenlose Internet wird mittlerweile in Frage gestellt

---

[1] Zweifelsohne fasziniert das Internet noch heute durch globale Ausdehnung, ubiquitäre Verfügbarkeit und nie dagewesene Interaktivität.

[2] Exemplarisch für diesen Trend, seien die pressewirksamen Aktivitäten der Kirch Gruppe angeführt. Mit dem Anspruch, Vorreiter im breitbandigen Internet zu werden, wurde im November 1998 die Kirch New Media AG zur Bündelung sämtlicher Internet-Aktivitäten gegründet. Mit einem geplanten Investitionsbudget in Höhe von ca. 750 Millionen DM sollte unter der Bezeichnung „*maxdome*" ein breitbandiges Entertainment-Portal entwickelt und als strategisches Projekt der Kirch Gruppe positioniert werden. „*maxdome*" erblickte jedoch niemals das Licht der Welt und wurde angesichts der „langsameren Dynamik" im Markt für breitbandige Angebote Anfang 2001 wieder eingestellt.

und zunehmend durch Content Billing und Digital Rights Management (DRM) um sogenannte „kostenpflichtige Premiumservices" erweitert[3]. Gleichzeitig mussten viele Medienunternehmen in der Vergangenheit schmerzhaft erkennen, dass die bestehenden Ansätze zur Nutzung des Internets wirtschaftlich keinesfalls erfolgreich waren und meist kaum mit den eigenen Kernprozessen zur Produktion des „primären Mediums" verknüpft werden konnten. Verschärfend kam hinzu, dass die außerordentlich hohe Dynamik der technologischen Entwicklung sich als mit Hilfe klassischer Managementmethoden und Produktionsweisen der Medienwirtschaft als nicht beherrschbar erwies.

Um diesem Dilemma zwischen steigenden Anforderungen und unzureichenden Erlösen zu entgehen, erfolgte ab 2001 eine erneute Analyse der zwischenzeitlich entstandenen Ausgangssituation sowie deren Projektion in die Zukunft als Startpunkt für einen radikalen Neubeginn unter dem Leitmotiv „Cross-Media Publishing".

2. Cross-Media Publishing als Ausweg aus der Krise

Zunächst bleibt festzuhalten, dass sich nicht das Internet an sich, sondern eine Reihe neuer, z.T. interaktiver Medien wie WWW, E-Mail und MP3 aber auch Videotext und SMS als Massenmedium etabliert haben. Es ist weiterhin abzusehen, dass dieser Trend der Diversifizierung langfristig anhalten wird und wir daher zukünftig mit zahlreichen neuen interaktiven Medien und Diensten rechnen müssen[4].

Die einzelnen Medien stehen dabei nicht vollkommen losgelöst nebeneinander, sondern werden mehr und mehr als ein integriertes Angebot und damit als eine konzeptionelle Einheit gesehen. Der Kunde kann und wird erwarten, dass er vergleichsweise frei in der Wahl der Endgeräte und Medien ist und ihm dennoch durchgängig ein Optimum an medienspezifischer Dienstqualität für das jeweils ausgewählte Medium geboten wird. Dieser anspruchsvolle Kunde der Zukunft muss als Multi-Touchpoint Kunde[5] verstanden werden, da er verschiedene Berührungspunkte mit ein und demselben Dienstanbieter unterhält und situativ für die Erreichung seiner Kommunikationsziele nutzt. Der Multi-Touchpoint Kunde wird zukünftig die Norm und nicht die Ausnahme sein und somit den Maßstab für ein erfolgreiches Cross-Media Publishing darstellen. Mit der stetig steigenden Leis-

---

[3] Wer darin gar das Ende des Internets erkennt, verkennt die Tatsache, dass auch in anderen Kontexten noch kein Angebot qualitativ oder quantitativ darunter gelitten hat, dass die Anbieter mit diesen Angeboten attraktive Erlöse erzielen können.

[4] Beispielhaft sei nur auf die gegenwärtig in Einführung befindlichen Dienste wie i-mode, MMS, Interaktives TV und UMTS verwiesen.

[5] Der Begriff „Multi-Touchpoint Kunde" wurde durch Patricia Seybold von der Patricia Seybold Group geprägt. Vgl. Get Ready for M-Commerce and Interactive TV, Patricia Seybold, http://www.commerce.net/research/technology-applications/2000/00_09_n.pdf.

tungsfähigkeit der Übertragungsverfahren und Endgeräte geht eine zunehmende Multimedialität der Dienste einher. Gleichzeitig nimmt die Interaktivität der Medien und Dienste deutlich zu. Sofern ein Medium Interaktivität als Kernbestandteil des Mediums bietet (E-Mail, WWW, SMS etc.) ist deren zunehmende Nutzung für die Erreichung einer höheren Kundenbindung sehr wahrscheinlich. Doch selbst TV- und Radiosender nutzen aufgrund der mangelnden Interaktivität des eigenen Mediums in steigendem Maße andere Medien wie Telefon, Internet und SMS, um eine steigende Interaktivität ihrer – nunmehr crossmedialen – Angebote zu erreichen.[6]

Ein weiterer Trend wird als „Konvergenz der Medien" bezeichnet. TV-Gerät, Internet und Telefon wachsen zum Interaktiven TV zusammen; Mobiltelefon, Walkman, Kamera und PDA werden zum universellen, mobilen und multimedialen Endgerät. Die Konvergenz der Endgeräte setzt kurz- bis mittelfristig allerdings auch eine Konvergenz der Inhalte und Plattformen voraus, um überhaupt in der Lage zu sein, hochwertige integrierte Dienste für die neuen leistungsfähigeren Endgeräte zu produzieren. Die Vielfalt der Medien und Dienste erfordert insgesamt um so dringender schnelle und kostengünstige Produktionsverfahren für die crossmediale Verwertung multimedialer Inhalte. Zusätzlich setzt die Erschließung hinreichender Erlösquellen eine hohe technologische Flexibilität zur Umsetzung neuartiger medienübergreifender Strategien voraus.

Zusammenfassend kann daher konstatiert werden, dass Medienunternehmen bei der Umsetzung ihrer crossmedialen Strategien zwei zentrale Herausforderungen adressieren müssen[7]:

1. **Dynamik**: Es ist kein Ende der hohen Innovationsrate und technischen Vielfältigkeit im Medienbereich abzusehen. Der Wandel wird zukünftig zur permanenten Herausforderung und muss daher als eine der wenigen Konstanten im betrachteten System angesehen werden.
2. **Effizienz**: Für den wirtschaftlichen Erfolg neuer Medienangebote werden rationalisierte Produktionsprozesse benötigt, die sich durch eine hohe Effizienz und Flexibilität auszeichnen.

Cross-Media Publishing adressiert beide Themenkomplexe und bezeichnet geeignete Konzepte und Verfahren zur simultanen Ausspielung einmalig erstellter Inhalte in unterschiedlichen Medien sowie die medienübergreifende Koordination dieser medienspezifischen Dienste. Wer sich eingehender mit Cross-Media Publishing und crossmedialen Strategien beschäftigt, wird nicht umhinkommen, Technologie als einen der bestimmenden Einflussfaktoren zu würdigen. Bereits

---

[6] Man denke nur an die erfolgreichen „interaktiven" und crossmedialen Formate „Big Brother" und „Wer wird Millionär".

[7] Es lohnt sich an dieser Stelle ein Vergleich mit den Konzepten der modernen Automobilindustrie, welche auf dieselben Herausforderungen – Dynamik und Effizienz – mit Lösungsansätzen wie Fließbandproduktion, Arbeitsteilung, Plattformstrategien, Baugruppenverfahren und unternehmensübergreifende Wertschöpfungsketten reagierten.

bei der Produktion und Distribution monomedialer Produkte werden zahlreiche Nebenbedingungen durch die eingesetzten bzw. verfügbaren Technologien bestimmt – beispielhaft seien Sendekapazitäten, Bandbreiten, Übertragungsgeschwindigkeiten, minimale Übertragungskosten, Speichervolumen, Fähigkeiten der Endgeräte oder Druckkosten genannt. Der Einfluss dieser Parameter auf Kosten- sowie Erlösstrukturen ist evident. Die Wirtschaftlichkeit und damit der Erfolg der jeweiligen Strategien hängt meist stark von den jeweiligen technischen Rahmenbedingungen ab.

Für das hier zu betrachtende Thema Cross-Media Publishing gilt dies in besonderem Maße, da – wie sich zeigen wird – erst die Fortentwicklung der Medientechnologien effizientes Cross-Media Publishing ermöglicht hat bzw. zukünftig ermöglichen wird. Ohne die durchgängige Digitalisierung der Produktionsverfahren, Formate und Dienste sowie die Schaffung effizienter Produktionsprozesse bliebe Cross-Media Publishing reine Theorie. Folgerichtig wird Technologie im Kontext crossmedialer Strategien meist als „Enabler" bezeichnet – als Bedingung der Möglichkeit[8]. Gleichzeitig soll nicht unerwähnt bleiben, dass die „richtige" Technologie zwar notwendig jedoch keineswegs hinreichend für den Erfolg crossmedialer Strategien ist. Vielmehr kommt – wie Vertreter jeglicher Mediengattungen unterstreichen werden – u.a. den Inhalten, deren medienspezifischer Präsentation sowie der erfolgreichen Vermarktung über attraktive Marken eine entscheidende Rolle zu.

Bei aller Freude über den „Segen der Technologie" sollte man berücksichtigen, dass letztere keinesfalls jegliche Probleme löst, sondern die eingesetzte bzw. verfügbare Technologie vielmehr auch weiterhin allen Beteiligten harte Nebenbedingungen für ihre Businesspläne diktiert, welche bei der Konzeption erfolgreicher crossmedialer Strategien berücksichtigt werden müssen und über Erfolg und Misserfolg entscheiden können. In der Tat tritt Technologie beim Cross-Media Publishing in zahlreichen Kontexten auf: Sie bestimmt neben den Produktionsverfahren, Übertragungswegen und Formatierungen der Inhalte auch maßgeblich die eigentliche für den Endnutzer erfahrbare Präsentation der Inhalte und Dienste auf den Endgeräten. Der multimediale Erlebniswert eines Dienstes wird daher letztendlich sehr nachhaltig durch die genutzten Endgeräte und damit zwangsläufig auch durch die eingesetzte Technologie determiniert.

---

[8] Die gleichzeitig fast ebenso weit verbreitete Skepsis gegenüber den durch Technologie erreichbaren Rationalisierungseffekten beruht meist auf konkreten negativen Erfahrungen in der Vergangenheit. Oftmals lassen sich diese auf den Einsatz „falscher" Technologie, einer mangelhaften Grundkonzeption beim Technologieeinsatz oder auf starke Zurückhaltung bei der tatsächlichen Umsetzung der erzielbaren Rationalisierungseffekte zurückführen.

3. Technische Herausforderungen durch Cross-Media Publishing

3.1 Arbeitsteiliger Content- Wertschöpfungsprozess

Egal ob cross- oder monomedial – wer erfolgreich publizieren möchte, muss zunächst einmal einen zentralen *Content-Wertschöpfungsprozess* implementieren: (1.) Inhalte erstellen, (2.) diese aggregieren, um daraus ein Inhaltsprodukt zu erstellen, und (3.) letzteres distribuieren. In der effizienten Beherrschung dieser Aggregations- und Distributionsprozesse für attraktive Inhalte liegt einer der kritischen Erfolgsfaktoren im Publishing.

Abb. 1. Generischer Content-Wertschöpfungsprozess

Mit der Beherrschung des zentralen Content-Wertschöpfungsprozesses ist es jedoch nicht getan. Um wirtschaftlichen Erfolg zu erreichen, bedarf es zusätzlich einer *Konkretisierung der Erlösströme*. Gemäß der von Accenture entwickelten „Get & Sell Audience"-Methode[9] können dabei konzeptionell zwei grundlegende Bereiche unterschieden werden. Während auf der „Get Audience"-Seite Erlöse aus dem Vertrieb von Inhalten generiert werden, dient auf der „Sell Audience"-Seite die „Aufmerksamkeit" der Nutzer als eigentliches wertvolles Gut, das als solches an Werbetreibende vertrieben werden kann. Zudem weist Accenture auf eine weitere Erlösquelle hin, die im Bereich interaktiver Dienste besteht: der direkten Abwicklung von Transaktionen über das interaktive Medium.

Wir werden uns bei der nachfolgenden Betrachtung hauptsächlich um die „Get Audience"-Seite kümmern und an ausgewählten Stellen auf die Implikationen für die „Sell Audience"-Seite eingehen. Wie nicht anders zu erwarten, gibt es für unterschiedliche Medien unzählige spezifische Ausgestaltungen dieser generischen Prozesse mit diversen medienspezifischen Facetten:

- *Presse-Agenturen*, die rund um die Uhr die weltweite Nachrichtenlage in einem Strom aktueller Meldungen abbilden und über diverse Verfahren an ein große Zahl von Redaktionen, Journalisten und Unternehmen verbreiten;
- *Zeitungsverlage*, die täglich aufs neue bis zum vorgegebenen Redaktionsschluss eine vollständige Zeitung erstellen, in mehreren verteilten Druckzentren drucken und regional oder bundesweit (bzw. weltweit) verteilen;

---

[9] Vgl. Interactive Broadband Media, Nikolaus Mohr, Gerhard P. Thomas, Edition Accenture, August 2001.

- *Radio und Fernsehsender*, die laufend ein durchgängiges Programm aus diversen Sendungen produzieren und über Kabel, Satellit und Funk verbreiten;
- *Magazinverlage*, die mit wöchentlichem oder monatlichem Rhythmus ein zielgruppenspezifisches Magazin produzieren, drucken und vertreiben;
- *Internet-Dienste*, die rund um die Uhr ein umfangreiches, interaktives und laufend aktualisiertes Informationsangebot produzieren;
- *Buchverlage*, die Autoren und Titel selektieren, verlegen, drucken und distribuieren.

Der generische Content-Wertschöpfungsprozess mit *Content-Produktion, -Aggregation* und *-Distribution* bleibt jeweils als zugrundeliegendes Muster erkennbar. Dennoch wird unmittelbar ersichtlich, dass die *Spezifika des jeweiligen Mediums* (und die Positionierung des Content-Produktes) die konkrete Ausgestaltung der Content-Wertschöpfungskette dominieren.

Beim Cross-Media Publishing müssen die Content-Wertschöpfungsketten dennoch auf effektive Weise verknüpft werden, um multimediale Inhalte einmalig zu erstellen und mehrfach in unterschiedlichen Medien zu verwenden. Um den divergierenden Anforderungen – medienneutrale Produktion vs. medienspezifische Content-Wertschöpfung – simultan zu entsprechen, hat sich eine zweistufige Prozessstruktur als zielführend erwiesen (vgl. Abbildung 2).

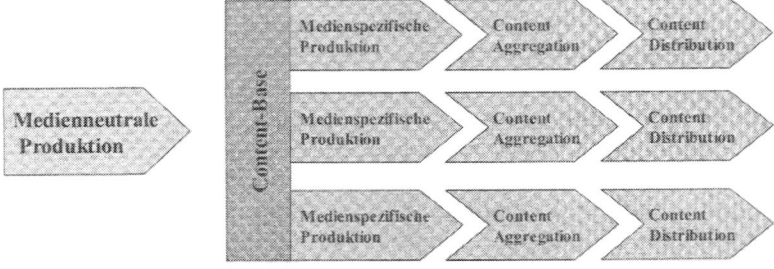

Abb. 2. Content-Wertschöpfungskette beim Cross-Media Publishing

Statt direkt in einem einzigen Arbeitsschritt das medienspezifische Endprodukt für ein einzelnes Medium zu produzieren, werden nun im ersten Schritt medienneutrale Strukturen erstellt und in eine „Content Base" eingestellt, um sie im zweiten Schritt medienspezifisch aufzubereiten. Durch diese Vorgehensweise werden mehrere Ziele erreicht:

1. **Schaffung autonomer Bereiche**: Durch die Ausdifferenzierung einer zweistufigen Struktur mit einer klar definierten Schnittstelle (medienneutral aufbereitete Informationsobjekte) können beide Teile des neuen Content-Wertschöpfungs-Prozesses weitgehend losgelöst voneinander modelliert und weiterentwickelt werden.
2. **Single-Source – Multi-Channel**: Die einmalig medienneutral erstellten Inhaltselemente können simultan zu unterschiedlichen medienspezifischen Diens-

ten aggregiert werden. Diese Wiederverwendung der Inhalte resultiert potentiell in deutlichen Kostenvorteilen.

3. **Arbeitsteilung**: Durch die Trennung der beiden Aufgaben kann eine betriebsinterne oder unternehmensübergreifende Arbeitsteilung erfolgen. Auf diese Weise muss ein in erster Linie inhaltlich arbeitender Redakteur nicht sämtliche Details der nachgeschalteten medienspezifischen Aufbereitung kennen (auch wenn er bei seiner Arbeit die prinzipiellen Anforderungen der nachfolgenden Medien natürlich berücksichtigen sollte).

4. **Automation**: Durch die stärkere Strukturierung der Content-Wertschöpfungskette wird neben der Arbeitsteilung mit anderen Mitarbeitern in der Regel auch die vollständige Automation einzelner Funktionen ermöglicht. Beispielhaft seien die Archivierung der Arbeitsergebnisse, die Prüfung digitaler Rechte an den verwendeten Inhalten und die Konvertierung binärer Formate angeführt.

5. **Komplexitätsreduktion**: Durch die Trennung der beiden Schritte wird das wiederkehrende Problem, Produktionsprozesse für einen weiteren medienspezifischen Dienst aufzusetzen, nachhaltig in seiner Komplexität reduziert. Lediglich diejenigen Mitarbeiter, welche die medienneutralen Inhalte für ein neues Medium aufbereiten und somit in neue medienspezifische Produkte umsetzen, müssen diesen Teil des Prozesses erneut konzipieren und sich als Routine aneignen. Die restlichen Strukturen und Prozesse können wiederverwandt werden.

Im zweiten Teil des Content-Wertschöpfungsprozesses müssen die medienspezifischen Anforderungen des jeweiligen Dienstes umgesetzt werden, um ein Optimum in Bezug auf die gebotene Dienstqualität zu erreichen. Dabei ist insbesondere zu berücksichtigen, dass Inhalte, Präsentationsform und Dramaturgie im Regelfall ebenfalls deutliche medienspezifische Aspekte besitzen. Es ist folglich nur in seltenen Fällen damit getan, bestehende Inhalte durch rein technische Konvertierung auf andere Medien zu bringen.

Zusätzlich zur medienneutralen Vorproduktion und mehreren parallelen medienspezifischen Veredelungsprozessen sollte beim Cross-Media Publishing eine weitere Rolle eingeführt werden, welche medienübergreifende Strategien und Angebote konzipiert und umsetzt. Das unverknüpfte Nebeneinander der einzelnen Kanäle vernachlässigt die attraktiven Möglichkeiten eines abgestimmten Einsatzes der jeweiligen Kanäle. Nutzer können durch kanalübergreifende Aktionen zu Multi-Channel Kunden entwickelt werden. Gleichzeitig erfolgt eine nachhaltige Steigerung der erzielten Kundenbindung über alle Medien.

3.2 Alles eine Frage der Formate?

Ein in der Diskussion zum Thema Cross-Media Publishing zentrales Thema ist das der richtigen Formate[10]. Da Hand in Hand mit der Einführung neuer Dienste

---

[10] Ein Format bezeichnet eine fest definierte Menge an physikalischen, grammatikalischen, syntaktischen und/oder semantischen Regeln, denen die diesem Format zugeordneten

und Endgeräte mit großer Regelmäßigkeit auch neue Formate geschaffen werden, findet man heute unzählige Medienformate mit stark von einander abweichenden Besonderheiten im parallelen Einsatz. Selbst Standardisierungsverfahren lösen dieses Problem nicht vollständig und dauerhaft. Der technische Fortschritt bringt von Zeit zu Zeit verbesserte Varianten bereits eingeführter Formate hervor und sorgt somit trotz bestehender Standards für weitere Vielfalt. Ein Ende dieser Entwicklung ist bisher nicht abzusehen, was die Suche nach dem optimalen Format leider nicht erleichtert. Gerade deshalb lohnt sich zu Beginn ein tieferer Blick in die Welt der Formate.

Analog vs. digital

Die wesentliche Differenz in der Welt der Formate ist diejenige zwischen den analogen und den digitalen. Erst die durchgängige Digitalisierung der vormals analogen Medien sowie der zugehörigen Produktionsprozesse schafft die Grundlage für effizientes Cross-Media Publishing. Darüber hinaus ist die fortschreitende Digitalisierung jeglicher Medieninhalte eine der wesentlichen Voraussetzungen für die Konvergenz der Medien in Form multimedialer Endgeräte und integrierter interaktiver Multimediadienste. Die weitreichende Bedeutung der Digitalisierung wird besonders deutlich, wenn man sich vor Augen führt, dass alle gängigen Computer dieser Welt lediglich digitale bzw. digitalisierte Informationen speichern und bearbeiten können. Analoge Daten entziehen sich dagegen vollkommen der Speicherung oder Bearbeitung durch konventionelle Rechner.

Im Gegensatz zu analogen nutzen digitale Formate lediglich diskrete Zustände für die Informationsspeicherung. Letztendlich lassen sich digitale Informationen daher vollständig auf eine Folge von zwei binären Zuständen – „0" und „1" bzw. „an" und „aus" – reduzieren, aus denen komplexere Zeichen in einfacher Weise konstruiert werden können. Zum Vergleich: Analoge Medien nutzen für die Repräsentation der Informationen Werte eines kontinuierlichen Spektrums. Obwohl analoge Medien auf diese Weise auf den ersten Blick weit höhere Detailtreue repräsentieren können, haben sie zwei weitreichende Nachteile:

- **Qualitätsverlust**: Analoge Medien können weder verlustfrei gespeichert noch verlustfrei verarbeitet werden. Selbst eine einfache Kopie oder Übertragung analoger Medien ist immer mit einem spürbaren Verlust an Qualität behaftet und damit beschränkt.
- **Keine Bearbeitung per Computer**: Analoge Medien sind generell nicht per Computer zu verarbeiten.

Alle bedeutenden klassischen Medien wie Radio, Television, Fotographie, Buchdruck, Langspielplatten etc. basierten bei ihrer Einführung und z.T. noch heute auf analogen Formaten und nutzten bzw. nutzen noch immer analoge Produktionsweisen. Während im Audio-Bereich digitale Produktionsprozesse und

---

Daten entsprechen müssen. Formate dienen hauptsächlich der Definition von Schnittstellen zum Austausch strukturierter Informationen.

„Endprodukte" in Form von CDs, MP3, Dolby Digital, DTS etc. mittlerweile durchgängig etabliert sind, ist dies im Video- und Foto-Bereich noch nicht im gleichen Maße der Fall. Der Erfolg des DVD-Standards und des DivX-Formats belegen jedoch auch hier den nachhaltigen Trend zur Digitalisierung. ISDN, GSM und UMTS sind vergleichbare digitale Standards im Bereich der Kommunikation[11].

Vorteile digitaler Formate

Mit dem Einzug der digitalen Formate und des Computers als generisches Werkzeug zur Bearbeitung dieser Formate verändern sich die Randbedingungen der Medienwirtschaft nachhaltig. Das zentrale Wirtschaftsgut „Information" ist plötzlich um ein Vielfaches flexibler zu verarbeiten. Kostengünstige Produktionsprozesse gehen einher mit neuen Bearbeitungsoptionen z.B. in der digitalen Bildbearbeitung. Das Ergebnis ist neben zahlreichen Spezialeffekten und der Erfindung der „Virtual Reality" insb. die Schaffung interaktiver Multimedia-Anwendungen.

Zu den Vorteilen digitaler Informationen zählt dabei in erster Linie die Flexibilität in der Verarbeitung dieser Ressource:

- **Computerisierung**: Die uneingeschränkte *Bearbeitbarkeit, Reproduzierbarkeit* und langfristig *verlustfreie Speicherung* von Informationen per Computer sind die Basis für effiziente digitale Produktionsprozesse;
- **„Bits vs. Atoms"**[12]: Die vollkommene Trennung von Information und Speichermedium ermöglicht es, Informationen verlustfrei und in Sekundenbruchteilen an jeden Ort dieser Erde zu übermitteln;
- **Homogenisierung**: Speichermedien und Übertragungskanäle verlieren ihren direkten Bezug zu einem einzelnen Medium und dienen als generische, medienneutrale Ressourcen;
- **Multimedialität**: Durch die homogene Behandlung der einzelnen Medien können diese unmittelbar zu *Multimedia-Formaten* verknüpft werden;
- **Interaktivität**: Die Medien liegen nicht mehr in statischer bzw. starrer Struktur vor, sondern können dynamisch aufbereitet und nahtlos mit interaktiven Elementen verknüpft werden.

Aufgrund der angeführten Vorteile übersteigt der Wert digitalisierter Informationen die analogen Varianten bei weitem. Während analoge Informationen in der Regel vergleichsweise schwer zu verwerten sind – und ihr Wert folglich beschränkt bleibt –, erschließen digitale Inhalte simultan zahlreiche Verwertungsoptionen. Informationen werden erst durch die Digitalisierung zur flexibel verwert-

---

[11] Digitale Formate stellen jedoch keinesfalls eine neue Erfindung dar. Mit dem Morse-Alphabet war bereits eines der ersten Formate zur elektronischen Datenübermittlung ein digitales.

[12] Der Term „Bits vs. Atoms" wurde durch Niclas Negroponte 1995 in einer Kolumne im Internet-Magazin Wired (www.wired.com, „Message 19" vom 1.1.1995) als Leitmotiv für die digitale Informationsgesellschaft eingeführt.

baren Ressource und gewinnen damit gleichzeitig deutlich an Wert. Dieses Phänomen wird jedem Medienmanager insbesondere dann recht eingängig vor Augen geführt, wenn er aus einem umfangreichen Archiv analoger Inhalte zusätzliche Erlöse generieren möchte. Der zugehörige Business Plan leidet oftmals deutlich unter den Kosten für die erforderliche Digitalisierung und Erschließung der Inhalte. Selbst wenn diese Kosten durch außerordentlich hohe Erlöse gedeckt werden können, geht ein Großteil der Profite verloren, die mit digitalen Inhalten erreichbar gewesen wären.

„Markup" vs. "Plain Text"

Crossmediale Dienste basieren meist auf diversen multimedialen Elementen. Dennoch kann ein wesentlicher Teil solcher Dienste in der Regel durch strukturierte Texte repräsentiert werden. Unter *Plain Text* versteht man dabei Texte, die nur aus dem eigentlichen, unformatierten Text, d.h. in erster Linie aus alphanumerischen Zeichen, bestehen. Es fehlen jegliche Auszeichnungen, um Textfragmente hervorzuheben bzw. mit einer besonderen Semantik zu versehen. Diese Auszeichnungen wie z.B. „fett", „kursiv" oder die Information, dass es sich bei einem Textteil um einen „Titel" handelt, werden als *Markup* bezeichnet und dienen der Speicherung strukturierter Texte mit semantisch reichhaltigen Ausdrucksmöglichkeiten. Da Texte mit Markup nicht nur beim Cross-Media Publishing die Regel und keinesfalls die Ausnahme sind, existieren zahllose anwendungsspezifische Formate mit speziellen Markup-Regeln. Meist wurde für diesen Zweck pro Anwendung ein Binärformat definiert, das in der Lage war, die Texte mit dem gewünschten Markup darzustellen (z.B. die zahlreichen MS Word-Formate[13]).

Parallel entwickelten sich rein text-basierte Formate mit speziellen Regelungen zur Darstellung von Markup-Informationen. Die beiden bekanntesten Varianten sind SGML (Structured Generalized Markup Language) und der noch prominentere Nachfolger XML (eXtended Markup Language)[14]. Beide Formate sind in der Lage, allein durch einfache Text- bzw. ASCII-Dateien Texte mit komplexen Markup-Strukturen darzustellen. Die Markup-Informationen werden dabei als spezielle alphanumerische Zeichenketten innerhalb des Textes gespeichert. Zwei zentrale

---

[13] Microsoft wurde und wird vielfach vorgeworfen, mit der regelmäßigen Änderung ihrer proprietären Binärformate bewusst für eine nachhaltige Zementierung ihres Monopols für Textverarbeitungsprogramme zu sorgen. Ein standardisiertes, XML-basiertes Textformat wäre vor diesem Hintergrund eine durchaus wünschenswerte Alternative.

[14] Die Entwicklung von SGML und XML geht auf prinzipielle Überlegungen zur Trennung der Inhalte von den Formatierungen eines Dokuments zurück, die bereits in den späten 60er Jahren unabhängig voneinander durch William Tunnicliffe und Stanley Rice unternommen wurden. Auf Basis dieser konzeptionellen Vorarbeiten entwickelten die IBM-Forscher Charles Goldfarb, Edward Mosher und Raymond Lorie 1969 mit GML (Generalized Markup Language) den direkten Vorgänger des 1983 veröffentlichten SGML-Standards. Den drei Forschern sei gegönnt, dass sie sich mit ihren Initialen in der Bezeichnung ihrer Erfindung verewigen durften.

Vorteile dieses Verfahrens sind die gleichzeitig erreichbare Plattformunabhängigkeit und direkte Lesbarkeit im Vergleich zu Binärformaten mit integriertem Markup.

Die Bedeutung von XML für Cross-Media Publishing

XML wird in der technischen Diskussion oft als Allheilmittel für sämtliche Herausforderungen des Cross-Media Publishing angeführt. Dieser Wahrnehmung liegt die breite Anwendbarkeit durch die konzeptionelle Klarheit und Mächtigkeit des Ansatzes zugrunde. Folglich findet man heute kaum einen Systemanbieter, der nicht XML als technologische Basis seiner Mediensysteme propagiert, sowie kaum ein Medienunternehmen, das sich nicht intensiv mit XML befasst.

Bei differenzierter Betrachtung zeigt sich zwar, dass die breite Nutzung von XML in der Tat ein wichtiger Schritt für die Entwicklung effizienter Medienproduktionsprozesse ist, jedoch weder der letzte sein kann noch ein Allheilmittel darstellt. XML ist eine Weiterentwicklung des SGML-Standards, welche 1998 erstmalig standardisiert wurde[15]. Obwohl SGML frühzeitig eine leistungsfähige Lösung für *plattformunabhängiges Markup* bot, blieb die Verbreitung von SGML in realen Anwendungsszenarien vergleichsweise beschränkt. Die Komplexität der Sprache machte leider den Einsatz aufwendiger Programme und geschulter Mitarbeiter erforderlich, um mit SGML arbeiten zu können.

Erst mit der Verbreitung des 1992 erstmalig definierten HTML-Formats (Hypertext Markup Language)[16] beschleunigte sich die Entwicklung: Durch den weltweiten Erfolg von HTML als vergleichsweise einfacher Auszeichnungssprache wurden einem großen Anwenderkreis die weitreichenden Vorteile einer standardisierten text-basierten Auszeichnungssprache deutlich. Gleichzeitig wurden jedoch auch deren spezielle Beschränkungen mehr und mehr zum Problem, denn HTML war im Gegensatz zu SGML nicht in der Lage, andere Strukturen als das fest definierte HTML-Markup abzudecken. Der zugrundeliegende SGML-Standard blieb trotz dessen Leistungsfähigkeit aufgrund der damit verbundenen hohen Komplexität weiterhin keine reale Alternative.

Mit XML wurden diese Anforderungen schließlich erfolgreich adressiert. Wie SGML ist XML eine *Meta-Sprache*, d.h. beide Auszeichnungssprachen stellen keine konkreten Formate dar, sondern sind Sprachen, mit denen konkrete Formate über spezielle Markup-Regeln erst definiert werden können. Auf diese Weise

---

[15] Für eine umfassende Darstellung vgl. http://www.w3.org/XML/.

[16] HTML ist eine SGML-Anwendung für die Darstellung von Hypertexten. Sie war und ist aufgrund ihrer Einfachheit und allgemeinen Anwendbarkeit ein zentraler Baustein für den Erfolg des Internets. Nachdem der HTML-Standard in den Jahren 1992 bis 1999 einer stürmischen Entwicklung unterlag, ist die aktuelle Version 4 vergleichsweise stabil. Mit XHTML wurde jedoch ein potentieller Nachfolger vorgestellt, der statt auf SGML nun ebenfalls auf XML basiert.

können je nach Anforderung unterschiedlichste Markup-Texte in XML und SGML repräsentiert werden. Da die Markup-Regeln zusammen mit den Textinformationen und ebenfalls in Textform gespeichert werden, gewährleisten beide Formate eine *selbstbeschreibende Speicherung* der Daten. Im Vergleich zum SGML-Standard bietet XML zusätzlich zahlreiche Vorteile:

- **Einfachheit**: Der XML-Standard wurde im Vergleich zu SGML deutlich vereinfacht. Hierfür wurden zahlreiche Ausnahmeregeln gestrichen, was die computergestützte Verarbeitung der XML-Daten nachhaltig verbessert.
- **Erleichterte Weiterverarbeitung**: XML-verarbeitende Programme können auch ohne Zugriff auf die zugehörige Dokumenttypdefinition (DTD) die „Wohlgeformtheit" des XML-Dokuments feststellen und dieses weiterverarbeiten. Dies ist bei SGML generell nicht möglich und erschwert deren Verarbeitung deutlich.[17] Durch standardisierte Verfahren wie XSL (XML Stylesheet Language) und XSL-T-Prozessoren, die ebenfalls zum XML-Standard gehören, können XML-Dateien einer bestimmten DTD regelbasiert in gültige XML-Dokumente einer anderen DTD überführt werden.
- **Effizienzgewinne durch Automatisierbarkeit**: Während SGML für den menschlichen Bearbeiter ausgelegt war (so abwegig dies auch für Kenner von SGML klingen mag), ist XML ein Format, welches maßgeblich für die Erstellung und Verarbeitung durch Computer optimiert wurde. Es setzte sich damit die Erkenntnis durch, dass menschliche Bearbeiter vor der Komplexität der zugrundeliegenden Formate geschützt werden sollten. Die Bearbeitung durch den menschlichen Anwender erfolgt daher in der Regel über komfortable Anwendungsprogramme, die am Ende eines geführten Bearbeitungsprozesses gültiges XML im gewünschten Format generieren.
- **Mächtigkeit**: Neue Funktionen erweitern darüber hinaus die Ausdrucksmächtigkeit des XML-Standards im Vergleich zu SGML.
- **Umfangreiche Unterstützung:** XML hat sich mittlerweile als Standard für den Austausch strukturierter Daten zwischen autonomen Instanzen (wie Softwareprogrammen, Unternehmen und Bearbeitern) durchgesetzt. Daraus resultiert eine breite Unterstützung des XML-Standards durch Systemanbieter, Standardisierungsgremien und Programmierer.

Die flexiblen und doch regelmäßigen Strukturen der XML-Dateien gewährleisten eine breite Anwendbarkeit und gleichzeitig eine sehr gute Weiterverarbeitbarkeit durch Computerprogramme auf unterschiedlichen System-Plattformen. XML ist aufgrund dieser Eigenschaften hervorragend geeignet, um den Austausch von Informationen zwischen Computersystemen zu bewerkstelligen. Der vielfältige Einsatz von XML in unterschiedlichsten Anwendungsszenarien sowie dessen

---

[17] Hierin kann übrigens der wesentliche Grund dafür gesehen werden, dass SGML keine breite Anwendung fand. Während Programmierer bei der Verarbeitung von XML bei Bedarf einfach auf die komplexe Behandlung der zugehörigen DTD verzichten konnten, musste bei der Verarbeitung von SGML immer die komplette Komplexität der DTD-basierten Prüfung und Verarbeitung adressiert werden.

breite Unterstützung durch zahlreiche Systemanbieter lässt sich auf eben diese Vorteile zurückführen.

```
<?xml version="1.0"?>
<!ELEMENT news (author,date,headline,body)>
<!ELEMENT author (#PCDATA)>
<!ELEMENT date (#PCDATA)>
<!ELEMENT headline (#PCDATA)>
<!ELEMENT body (#PCDATA)>
```

Abb. 3. Beispielhafte XML-DTD

```
<?xml version="1.0"?>
<!DOCTYPE news SYSTEM "news.dtd">
<news>
    <author>N.N.</author>
    <date>01.01.2000 0:01</date>
    <headline>Frohes Neues Jahr</headline>
    <body>Das Jahr 2000 beginnt!</body>
</news>
```

Abb. 4. Beispielhafte XML-Datei

Beim Cross-Media Publishing dient XML der medienneutralen Speicherung strukturierter Inhalte, die nachfolgend durch potentiell mehrere medienspezifische Transformationsprozesse zu crossmedialen Diensten verarbeitet werden. Durch die klaren, computerlesbaren Strukturen kann die Produktion eines weiteren Formats für einen neuen Kanal flexibel und bei vergleichsweise geringen Initialisierungskosten erfolgen. Doch wo liegen die Nachteile? XML speichert komplexe Inhalte als strukturierte Dokumente mit vorgegebener Dokumenttypdefinition – und genau hier liegen auch die drei zentralen Schwächen:

- **Mangelnde Granularität**: XML unterstützt keine feingranulare Modellierung der Inhalte, sondern impliziert die Definition umfangreicher und damit vergleichsweise komplexer Dokumente.
- **Mangelnde Ausdruckskraft**: Differenzierte Assoziationen zwischen einzelnen Dokumenten sind mit XML nur eingeschränkt darstellbar, so dass komplexe, nicht baumförmige Dokumentstrukturen nur mit Mühe beschrieben werden können.
- **Mangelnde Dynamik**: XML-Dokumenttypdefinitionen sind vergleichsweise starr. Sie sind weder objektorientiert modellierbar noch flexibel erweiterbar.

Beide Schwächen schränken die Flexibilität einer allein auf XML basierenden Produktionsumgebung ohne zusätzliche Modellierungsmechanismen deutlich ein, da starre und vergleichsweise komplexe Strukturen die natürliche Folge einer XML-basierten Modellierung sind. Jegliche nachträgliche Erweiterung oder Änderung der Strukturen impliziert zahlreiche Anpassungen an den verarbeitenden Systemen. Die Erweiterung einer XML-DTD um ein weiteres Informationselement führt zwangsläufig zu einer neuen DTD, die selbst bei einer sehr geringfügigen Änderung nicht mehr kompatibel zu der vorangegangenen DTD ist. Jegliche Programme, die darauf ausgelegt sind, die Daten gemäß einer festgelegten DTD zu verarbeiten, sind ohne weiter Anpassungen nicht in der Lage, auch Daten gemäß einer erweiterten DTD zu verarbeiten. Erst durch eine mühsame Anpassung sämtlicher Software-Module, die mit den neuen Daten in Berührung kommen, kann das System für die Verarbeitung der neuen Daten aufgerüstet werden. In der Regel verliert das System dabei die Fähigkeit, die alten Daten ebenfalls zu verarbeiten. Da dies meist – zumindest für eine gewisse Übergangszeit – erforderlich ist, sind abermals aufwendige Anpassungen nötig, um die gleichzeitige Kompatibilität mit beiden Formaten zu gewährleisten.

Jegliche Erweiterungen einer Systemkomponente implizieren daher bei der obigen, rein auf XML basierenden Modellierung ohne zusätzliche Abstraktionen aufwendige und daher kostenintensive Anpassungen zahlreicher anderer Systemkomponenten. Spätestens, wenn die Auswirkungen einer Erweiterung unternehmensübergreifende Auswirkungen hat, ist diese Vorgehensweise nicht tragbar und führt in der Regel zu starken Abstimmungsproblemen und Innovationshemmnissen.

Objektorientierte Dokumentmodellierung als Lösungsansatz

Um der vorstehend beschriebenen Innovationsfalle zu entgehen, müssen Unternehmen bereits zu Beginn ihrer Überlegungen die unbestreitbare Tatsache antizipieren, dass sich Rahmenbedingungen, Anforderungen, Technologien und Ziele im Zeitablauf mehrfach ändern werden. Veränderung ist – wie im Einführungskapitel aufgezeigt – eine der wenigen Konstanten im System und sollte daher als starker Einflussfaktor verstanden und frühzeitig antizipiert werden. Wer sich dieser Tatsache bewusst ist, wird den permanenten Veränderungsprozess sogar schnell als große Chance und weniger als Bedrohung wahrnehmen, denn wer im Vergleich zum Wettbewerb schneller und effizienter in der Lage ist, sich effektiv auf neue Situationen einzustellen, der wird dadurch USPs erzeugen und Wettbewerbsvorteile erzielen können[18].

Die zentrale Herausforderung durch die sich laufend verändernden Rahmenbedingungen liegt in der Schaffung einer Konzeption, die ihre eigene Beschränktheit bereits während der initialen Erstellung berücksichtigt. Selbst wenn wir in der Lage wären, alle zu einem Zeitpunkt gültigen Anforderungen an ein Cross-Media Publishing System umfassend zu definieren, das System nach diesen Vorgaben in vollendeter Weise zu konzipieren und auch innerhalb einer kurzen Zeitspanne vollständig zu implementieren, blieben zwei grundlegende Probleme:

---

[18] Der Schumpeter'sche Unternehmer und der mit ihm verbundene Prozess der schöpferischen Zerstörung hat es in einer (technologisch induzierten) dynamischen Umwelt weitaus leichter, marktgerechte Innovationen zu schaffen und durchzusetzen. Aus diesem Grund werden auch etablierte Unternehmen als situative Reaktion langfristig nicht um eine nachhaltige Steigerung der eigenen Flexibilität und Innovationskraft herumkommen.

1. Bei der Implementierung der Konzeption findet ein **Lernprozess** statt, der in der Regel dazu führt, dass Konzeption und Implementierung überdacht werden und auf Basis der neuen Erkenntnisse nachträglich jeweils durch bessere ersetzt werden könnten.
2. Noch während der Umsetzung der spezifizierten Anforderungen werden **neue Anforderungen** auftauchen und alte verschwinden.

Die Konzeption wird folglich bereits noch vor deren vollständiger Umsetzung veraltet sein. In der Informatik hat sich in den letzten zehn Jahren für diese grundlegende Problematik ein Lösungsansatz durchgesetzt, der auch hier einschlägig ist: *Objektorientierung*. Objektorientierte Methoden adressieren die wiederkehrende Herausforderung, dass jegliche Konzeption einem Wandel unterlegen sein wird und die abgeleiteten Implementierungen daher ebenso wie die Konzeption laufend und mit möglichst geringen Aufwänden fortzuentwickeln sein sollten (*„Design for Change"*). Um diese weitreichende Anpassbarkeit zu gewährleisten, bieten objektorientierte Verfahren geeignete Abstraktionen für eine effiziente Fortentwicklung bestehender Konzeptionen.

Der Objektbegriff

Ein zentrales Entwurfsprinzip der objektorientierten Entwicklung ist das Modellieren von Objekten. Objekte beschreiben ihre zugehörige *Struktur und* ihr *Verhalten* in integrierter Form und bilden somit eine feingranulare Abbildung der jeweils betrachteten Domäne. Auf diese Weise kann das Domänenwissen des jeweiligen Medienunternehmens direkt als Basis des eigenen Cross-Media Publishing Systems modelliert werden. Der medienneutrale Teil des Cross-Media Publishing Systems bildet dabei den Kern des multimedialen Objektmodells. Die anschließende Ausdifferenzierung dieses Modells für die Produktion der unterschiedlichen Medien wird in effizienter Weise als objektorientierte Erweiterung des Kerns modelliert. Um jederzeit neue Formate und Dienste einführen zu können, wird dabei durch das Prinzip der Vererbung eine iterative Vorgehensweise bei der Weiterentwicklung des objektorientierten Dokumentmodells unterstützt.

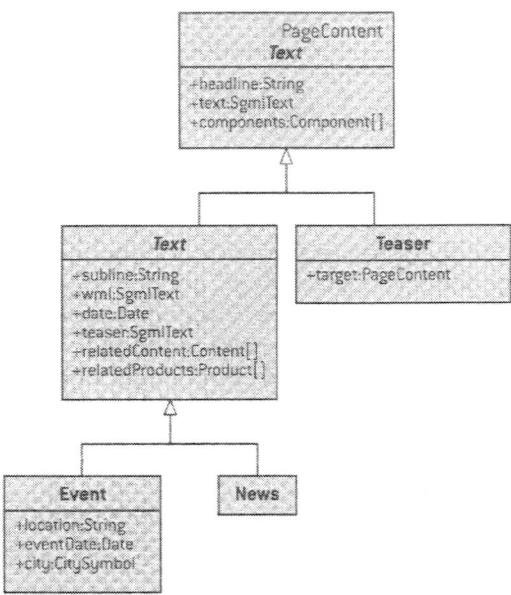

Abb. 5. Ausschnitt aus einem objektorientierten Content-Modell als Abbildung des Domänenwissens

Vererbung

Neben dem Objektbegriff kommt dem Prinzip der Vererbung eine wesentliche Rolle innerhalb der Objektorientierung zu. Durch Vererbung können bestehende Objektmodelle, ohne deren Funktionsfähigkeit einzuschränken, flexibel und direkt um neue Aspekte erweitert werden. Die zusätzliche Funktionalität wird als Ergänzung und nicht als Ersatz bestehender Strukturen modelliert und somit kompatibel in das Gesamtsystem eingeführt. Das Objekt- und Vererbungsprinzip harmoniert ideal mit den zentralen Anforderungen an Produktionssysteme fürs Cross-Media Publishing: Dynamik und Effizienz. Typischerweise bilden Klassenhierarchien komplexe Anforderungen effizient durch feingranulare Strukturen ab, die zueinander in Beziehung stehen. Auf diese Weise erreicht Objektorientierung bei der dynamischen Erweiterung dieser Strukturen eine „Lokalität von Änderungen" und somit geringe Folgekosten.

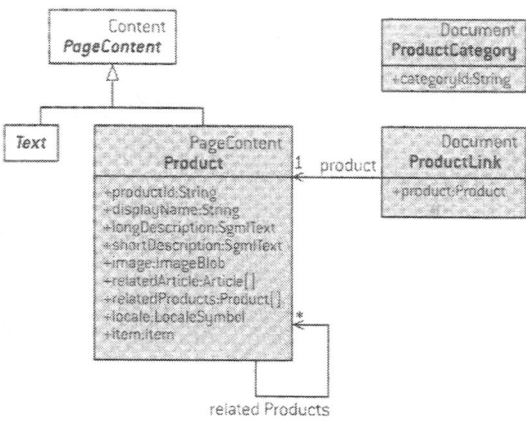

Abb. 6. Beispielhafte Modellierung (Ausschnitt) multimedialer Produktbeschreibungen im objektorientierten Content-Modell

Die Erweiterung des Objektmodells um neue Funktionalitäten oder die Versionierung der einzelnen Objekte vollzieht sich jeweils nur an einer eng umgrenzten und fest vorgegebenen Stelle. Weiterhin können die einzelnen Objekte simultan durch mehrere Bearbeiter bzw. Prozesse manipuliert werden und sind somit gleichzeitig die Einheit der Nebenläufigkeit. Auf diese Weise lassen sich selbst komplexe Informationsstrukturen für crossmediale Anwendungen und ausgefeilte, interaktive Multimedia-Dienste durch Objektorientierung nachvollziehbar aus einfachen Elementen konstruieren, die nachträglich flexibel für den Aufbau weiterer Dienste verwendet werden können. Es wird sich zeigen, dass eine weitere zentrale Aufgabe des Objektmodells die Ermöglichung arbeitsteiliger Prozesse darstellt, ohne die eine effiziente Produktion anspruchsvoller crossmedialer Dienste nicht denkbar wäre.

Metainformationen als Bindeglied zwischen den Medien

Um aus einfachen Informationsobjekten komplexe interaktive Cross-Media Anwendungen zu kreieren, werden umfangreiche Metainformationen benötigt, mit denen die übergeordneten Strukturen beschrieben werden können. Aus diesem Grund dient ein wesentlicher Teil des objektorientierten Dokumentmodells der Abbildung ausgefeilter Metainformationen, mit denen die eigentlichen Inhalte zueinander in Beziehung gesetzt und somit zu den eigentlichen multimedialen Diensten verknüpft werden können. Um auch diese oftmals medienspezifischen Informationen, wie z.B. die Schnittsequenzen, das Sendedatum und die Kodierung eines bestimmten Fernsehbeitrags, nachträglich für die Produktion anderer Dienste und Medien nutzen zu können, werden sie direkt im objektorientierten Dokumentmodell abgebildet. Die Güte der Metainformationen innerhalb des Dokumentmodells hat insgesamt massive Auswirkungen auf die Leistungsfähigkeit und Nutzbarkeit des Cross-Media Publishing Systems. Im Bereich der Videoverarbeitung hat es sich beispielsweise durchgesetzt, zusätzlich zu den Videodaten umfangreiche Metainformationen zu speichern, die zum Großteil automatisiert aus dem Video abgeleitet werden können und das spätere Wiederfinden und Verarbeiten des Videos wesentlich erleichtern. Neben einer Sprach- und Sprechererkennung mit zeitlicher Zuordnung zu den einzelnen Videosequenzen kann mittlerweile in vielen Fällen auch eine automatisierte Gesichtserkennung durchgeführt werden. Die Ergebnisse dieser Analysen liegen zusammen mit den Daten zum Videoschnitt (Keyframes mit zeitlicher Zuordnung) sowie Informationen zum Erstellungstag und Ort des Videos (automatisch durch die Kamera bestimmt) als Metainformationen innerhalb des Cross-Media Publishing Systems vor. Ein Nutzer kann auf dieser Grundlage gezielt Anfragen an das System stellen, in welchen er z.B. lediglich diejenigen Videosequenzen aus dem Jahr 1999 sucht, in denen das Thema „Jahr-2000-Problem" von Ulrich Wickert in der Tagesschau angesprochen wurde.

Objektorientierte Dokumentmodellierung & XML

Durch die Kombination des XML-Standards mit objektorientierter Modellierungsverfahren für multimediale Inhalte werden die Vorteile beider Konzepte auf elegante Weise vereint. Während XML als hervorragendes, selbstbeschreibenden Austauschformat seine Anwendung findet, werden innerhalb der autonomen Produktionssysteme flexibel zu verarbeitende Objektstrukturen genutzt, aus denen je nach Bedarf unterschiedlichste XML-Strukturen generiert werden können. Die auf diese Weise exportierten Daten können beim Import in ein fremdes Produktionssystem wiederum flexibel in die lokal genutzten Objektstrukturen überführt werden.

3.3 Spezialisierung und Arbeitsteilung

Die steigende Vielfältigkeit und Komplexität crossmedialer Angebote findet ihre Entsprechung in einer zunehmenden Komplexität der für die Produktion dieser Dienste erforderlichen Systeme, Technologien und Abläufe. Ohne eine geeignete Reduktion dieser Komplexität beim weiteren Ausbau des Cross-Media Publishing System ist der wirtschaftliche Betrieb dieser Dienste mittelfristig kaum realistisch. Allein die notwendigen umfangreichen Spezialkenntnisse hätten eine prohibitive Wirkung bei der Suche nach qualifizierten Mitarbeitern. Analog zu den arbeitsteiligen Prozessen in der Industrie mit einer zunehmenden Spezialisierung der Aufgaben halten arbeitsteilige Strukturen verstärkt Einzug in Medienunternehmen. Ohne Arbeitsteilung erscheint eine effiziente Produktion crossmedialer Anwendungen nicht realistisch, denn erst Arbeitsteilung und Spezialisierung ermöglichen effiziente Prozesse für die laufende Produktion umfangreicher, crossmedialer Multi-Channel Dienste. Gleichzeitig ist eine leistungsfähige Abstimmung der einzelnen Spezialisten obligatorisch für eine funktionierende Arbeitsteilung.

Bereits bei einem crossmedialem Angebot mit TV-, Radio- und Internetdienst lassen sich zahlreiche Rollen differenzieren: Textredakteur, Bildredakteur, Moderator, Kameramann, Videoschnitt, Programmchef, Musikredakteur, Internet-Producer, Screen-Designer, Template-Programmierer, Produktmanager etc. An dieser Stelle findet das objektorientierte Dokumentmodell eine weitere bedeutende Anwendung für das „Enabling" eines effizienten Cross-Media Publishing. Als Träger des Domänenwissens ist es sehr gut geeignet, um für eine zielführende Abstimmung unter den spezialisierten Aufgabenträgern zu sorgen. Das Objektmodell besitzt die notwendige Ausdrucksmächtigkeit, um als gemeinsames Denkmodell von Produktmanagern, Redakteuren, Producern, Designern und Technikern zu dienen. Produktmanager definieren die Charakteristika der Produkte durch die Eigenschaften des Dokumentmodells; Redakteure erkennen in dem Objektmodell ihren Redaktionsarbeitsplatz wieder; Producer aggregieren die Objekte aus dem Objektmodell zu den jeweiligen medienspezifischen Diensten; Designer konzipieren aus den Objekten des Objektmodells die Oberflächen der multimedialen Dienste und Techniker implementieren schließlich die Business-Logik innerhalb des objektorientierten Dokumentmodells. Sämtliche Metainformationen, die im Rahmen dieser Prozesse anfallen, werden dabei im Dokumentmodell dokumentiert.

Diese zentrale Rolle des Objektmodells gewährleistet durch den hohen Abstraktionsgrad ein hohes Maß an Spezialisierung in den Tätigkeiten der an der Produktion beteiligten Mitarbeiter. Sobald das Objektmodell erst einmal in einer initialen Form definiert ist, können die einzelnen Spezialisten sich simultan und vergleichsweise ungestört von den Belangen anderer Bereiche um die bedarfsgerechte Ausgestaltung ihres eigenen Bereichs kümmern. Die Kommunikation und Abstimmung der Bereiche erfolgt nachfolgend in erster Linie über das Objektmodell. Das objektorientierte Dokumentmodell sollte daher als „Enabler" arbeitsteiliger Produktionsprozesse und somit als zentrales Element eines Cross-Media Publishing Systems verstanden werden[19].

3.4 „Publish & Subscribe"

Zur zentralen Aufgabe einer Cross-Media Publishing Umgebung zählt die Funktionalität, dass ein einmal erstellter Inhalt nachträglich beliebig vielen weiteren Verwendungen in unterschiedlichen Medien zugeführt werden kann. Dies gilt auch und besonders für den Fall, dass die weiteren Verwendungen zum Zeitpunkt der initialen Erstellung der Inhalte noch nicht einmal definiert waren und dem Redakteur der originären Informationen daher vielfach auch nachträglich nicht bewusst sind. Ungeachtet dessen sollte das Cross-Media Publishing System zu

---

[19] Generell hat sich in der Geschichte der Informationstechnologie gezeigt, dass Daten und Datenstrukturen eine weit höhere Dauerhaftigkeit besitzen als die verarbeitenden Programme. Da somit in den Datenstrukturen die im Zeitablauf aggregierten Werte stecken, sollten erstere mit Bedacht gewählt werden.

jedem Zeitpunkt gewährleisten, dass Änderungen der originären Inhalte möglichst unmittelbar und automatisiert in sämtlichen Medien nachvollzogen werden. Um diese weitgehend autonome und doch leistungsfähig gekoppelte Arbeitsweise zu unterstützen, hat sich durchgängig das Entwurfsmuster „*Publish & Subscribe*" bewährt.

Das Cross-Media Publishing System stellt den potentiellen Bearbeitern hierbei jegliche Inhalte über eine klar definierte Schnittstelle zur Verfügung („publish"). Statt diese Inhalte einfach per Kopie zu übernehmen, können die Verarbeiter dieser Informationen sich beim System explizit als Nutzer anmelden und somit eine feste „Subscriber"-Beziehung etablieren. Als „Subscriber" erhält der Nutzer oder das nutzende System nicht nur Zugriff auf die Informationen sondern wird bei jeglicher Änderung der ursprünglichen Information durch eine automatische Benachrichtigung davon in Kenntnis gesetzt. Diese Aktualisierungsinformation versetzt ihn in die Lage, selbst bei Änderung der ursprünglichen Informationen eine konsistente Weiterverarbeitung zu gewährleisten. Im Idealfall kann diese Aktualisierung der abgeleiteten Informationsstrukturen vollkommen automatisiert durch das zugrundeliegende System erfolgen und innerhalb von Sekunden in allen Verwendungen auf allen Kanälen wirksam werden.

Jeder neue Dienst oder Kanal wird somit als weiterer „Subscriber" der originären oder auch bereits für einen anderen Kanal veredelten Informationen registriert und damit transparent in den Produktionsprozess integriert. Da solche „Publish & Subscribe"-Beziehungen auch ohne Einschränkung zu externen Systemen aufgebaut werden können, dienen sie oftmals als Mechanismus für den Aufbau verteilter, heterogener Systeme. Derart Event-basierten Architekturen nutzen das „Publish & Subscribe"-Modell für die transparente und ausfallsichere Verteilung der Funktionalität auf autonome Subsysteme. Push-Services basieren konzeptionell ebenfalls auf dem „Publish & Subscribe"-Konzept und lassen sich daher unmittelbar mit Event-basierten Systemen produzieren. Die Abonnenten von Push-Services wie SMS-Diensten, E-Mail Newslettern oder Fax-Angeboten entsprechen dabei den „Subscribern" und werden bei jeder Aktualisierung der zugrundeliegenden Informationen unmittelbar von selbiger unterrichtet.

3.5 Interaktivität & Personalisierung

Während klassische Print- & Broadcasting-Medien weder Interaktivität noch die personalisierte Belieferung eines Kunden ermöglichen, besitzen Internet-basierte und mobile Dienste sowie interaktives TV einen direkten Rückkanal, der neben der Bereitstellung einer integrierten Bestellfunktion auch für eine effektive Personalisierung interaktiver Dienste genutzt werden kann. Interaktivität und Personalisierung stellt Medienunternehmen vor vollkommen neue Herausforderungen. Das erstellte Informationsprodukt verliert seine starre und vergleichsweise statische Struktur und gewinnt dynamische Charakteristika. Statt eines definierten Redaktionsschlusses mit anschließender Freigabe, Produktion und Distribution verschmelzen Redaktion, Produktion und Distribution zunehmend. Im Extremfall wird erst auf Grundlage der Benutzereingaben ein spezielles Informationsprodukt zusammengestellt und übermittelt. Dabei werden oft auch Inhalte eingebunden, die direkt durch die eigentlichen Nutzer produziert werden, so beispielsweise Beiträge in Foren.

Das Medienunternehmen muss sich vor diesem Hintergrund um den Aufbau einer Profildatenbank für die personalisierte Belieferung der Kunden kümmern. Neben der dadurch steigenden Komplexität auf der „Get Audience"-Seite gewinnt das Medienunternehmen allerdings weitreichende neue Möglichkeiten auf der „Sell Audience"-Seite. Die Benutzerprofile bilden eine optimale Grundlage für die Erzielung von Premiumpreisen bei der Vermarktung des Mediums als Werbeträger. Auch die direkt erzielbaren Transaktionserlöse können in der Regel durch differenzierte Benutzerprofile nachhaltig gesteigert werden. Beim Aufbau dieser Profildatenbanken und Personalisierungsfunktionen ist unbedingt zu berücksichtigen, dass mit der Einführung weiterer Dienste und Medien eine medienübergreifende Personalisierung adressiert werden kann.

3.6 Content & Transaktion

Attraktive Inhalte schaffen ein ideales Umfeld für das Auslösen eines Kauf- oder Rückmeldereflexes. Die beeindruckende Wirkungsweise eines Aktionsaufrufs in den Massenmedien belegen dies. Je nach Charakteristik des genutzten Mediums kann dieser initiale Reflex mehr oder weniger direkt in eine erfolgreich abgeschlossene Transaktion umgesetzt werden. Auf jeden Fall sollten die vielfältigen Beziehungen zwischen Content und Transaktionen als wichtiges Element des Cross-Media Publishing verstanden werden.

Gerade bei der Schaffung kostenpflichtiger Content-Angebote ist eine direkte Verknüpfung von Content und Transaktion zwingend erforderlich. Bei jedem Zugriff auf kostenpflichtige Inhalte müssen potentiell komplexe Prüfungen und Transaktionen durchgeführt werden. Zunächst muss geprüft werden, ob der Kunde überhaupt berechtigt ist, die bereitgestellten Informationen zu erwerben[20]. Anschließend wird geprüft, ob der Kunde kreditwürdig ist bzw. ein akzeptiertes Zahlverfahren unterstützt. Sofern dies der Fall ist, werden dem Kunden die Informationen zum festgelegten Preis angeboten. Sofern er dem Kauf zustimmt, werden die verschlüsselten Daten mit einem dynamisch für diesen Kunden generierten Voucher übermittelt. Im Voucher ist das elektronische Recht verbrieft, die Daten

---

[20] Es ist z.B. zu prüfen, ob Jugendschutzbestimmungen greifen oder regionale Beschränkungen bestehen. Klassischerweise werden z.B. die Rechte an internationalen Sportveranstaltungen einzeln pro Land an ein lokales Medienunternehmen verkauft. Weder Satellitenübertragungen noch das Internet machen jedoch an spezifischen Landesgrenzen halt. Es sind zukünftig folglich noch geeignete Verfahren zu entwickeln, um zu entscheiden, welchen Nutzern Zugriff gewährt werden darf.

gemäß festgelegter Bedingungen zu nutzen. Parallel zur Übertragung der Daten wird die Zahlungstransaktion abgeschlossen und das Konto bzw. der anonyme Account des Kunden mit dem Betrag belastet. Bei der Modellierung eines Cross-Media Publishing Systems sollten folglich unbedingt offene Schnittstellen zur flexiblen Anbindung unterschiedlicher Transaktionssysteme vorhanden sein: E-Commerce-Anwendungen, ERP-Systeme, Content Billing Systeme, DRM-Systeme etc.

3.7 Skalierung als Herausforderung der Erfolgreichen

Der weit verbreitete Erfolg moderner interaktiver Medien findet seinen Ausdruck in schnell wachsenden Nutzerzahlen und einer hohen Nutzungsintensität. Oftmals wurden Medienunternehmen und Telekommunikationsanbieter von der Nutzungsintensität neuer Dienste überrascht[21]. Im Gegensatz zu Broadcast-Medien ist bei interaktiven Angeboten jeder zusätzliche Kunde mit einem gewissen Systemaufwand verbunden. Bei der personalisierten Generierung dynamischer Webseiten steigt die Systemlast daher linear (bzw. sogar progressiv) mit der Nutzungsintensität.

Eine Vielzahl der in frühen Phasen dieser Entwicklung entwickelten und eingesetzten Systeme ist jedoch aufgrund architektonischer Beschränkungen überhaupt nicht für die Steigerung der Nutzerzahlen um mehrere Zehnerpotenzen geeignet. Meist existieren harte Skalierungsgrenzen, die nicht mit vertretbaren Kosten überschritten werden können. Die Folge sind hohe sprungfixe Kosten für die Ablösung des Systems oder aber qualitativ mangelhafte Dienste. Es ist absehbar, dass mit der Einführung neuer „Always-on-Dienste" wie i-mode, GPRS oder UMTS die Skalierungsanforderungen an die eingesetzten Plattformen weiter steigen. Mehrere Millionen Kunden werden in Kürze simultan auf personalisierte Dienste zugreifen und müssen effizient verwaltet werden. Um hohe sprungfixe Kosten zu vermeiden, sollten Medienunternehmen daher bereits bei der initialen Entwicklung neuer Dienste auf eine linear skalierbare Plattform setzen, die auch im Erfolgsfall eine stabile Lösung darstellt – und nicht nur im Falle des Misserfolgs die Anforderungen erfüllt.

---

[21] Der unerwartete (wirtschaftliche) Erfolg von SMS-Diensten und die hohen Abrufzahlen der Websites populärer Fernsehsendungen sind eindrucksvolle Belege für die schwere Prognostizierbarkeit in diesem Kontext. Als Erklärungsansatz könnte zumindest beim SMS-Boom der zugrundeliegende Netzwerkeffekt dienen: Wer eine SMS empfängt wird mit hoher Wahrscheinlichkeit eine SMS als Antwort versenden. Auf diese Weise resultiert die hohe Anschlussfähigkeit eines jeden asynchronen Kommunikationsaktes in einer Nutzungsintensität, die kaum durch den Komfort oder die technische Raffinesse des eigentlichen Dienstes erklärbar sind. WAP-Dienste lassen einen Netzwerkeffekt dagegen vollständig vermissen, was auch als eine der Erklärungen für die Erfolglosigkeit dienen kann.

4. Cross-Media Publishing und der Multi-Touchpoint Kunde

4.1 Wie werden aus Cross-Media Nutzern Multi-Touchpoint Kunden?

Cross-Media Publishing wird von Medienunternehmen eingesetzt, um kostengünstig die einmal erstellten Inhalte in mehreren Medien zu verbreiten. Dieser produktionszentrierten Sichtweise soll nachfolgend eine zweite gegenübergestellt werden – die Sicht des Kunden, der die Dienste nutzen soll. Es ist keine Ausnahme sondern eher die Regel, dass über die unterschiedlichen Kanäle eines Multi-Channel Angebots dieselben Kunden mehrfach erreicht werden. Medienunternehmen, die diese Tatsache vernachlässigen, versäumen es, die attraktiven Potentiale dieser mehrfachen Kundenbeziehung zu nutzen.

Aus Sicht des Kunden besteht weitgehende Wahlfreiheit bei der Auswahl des jeweiligen Mediums oder Endgeräts. Wer sich z.B. morgens bei einer Fluggesellschaft für einen reservierten Flug einchecken möchte, kann dies in der Regel über mehrere Wege erreichen. Er kann am Flughafen einen normalen Schalter oder ein Self-Service-Terminal nutzen. Ebenso kann er die Check-in Transaktion über das Internet, ein WAP-fähiges Mobiltelefon, das Call Center der Fluggesellschaft sowie einen Sprachcomputer abwickeln. Für den Kunden stellen die einzelnen Alternativen trotz der unterschiedlichen Endgeräte und Bedienungsabläufe ein und denselben Service dar. Jedem Kunden ist klar, dass es sich um alternative Varianten handelt, aus denen er situativ die präferierte Option auswählen kann. Aus Sicht des Anbieters resultiert dies in der Anforderung, dass er in der Lage sein muss, mehrere Berührungspunkte mit ein und demselben Kunden auf effiziente Weise zu unterhalten. Der Kunde muss als Multi-Touchpoint Kunde behandelt werden.

Dieselbe Sichtweise setzt sich mehr und mehr auch bei Medienunternehmen durch. Die Ausspielung derselben Inhalte in unterschiedlichen Medien ist nur eine Grundvoraussetzung, um eine neuartige Kundenbeziehung zum Multi-Touchpoint Kunden zu etablieren. Cross-Media Publishing ist damit der Einstieg in die Schaffung attraktiver Multi-Touchpoint Services. Diese Services zeichnen sich nicht nur dadurch aus, dass potentiell mehrere Endgeräte und Kanäle für die Interaktionen genutzt werden können. Ein zentraler Aspekt ist vielmehr die Tatsache, dass der Kontext einer Benutzerinteraktion beim Wechsel des jeweils genutzten Kanals nicht verloren geht. Transaktionen können über einen beliebigen Kanal begonnen und auf allen anderen Kanälen fortgesetzt werden. Der Kunde kann frei entscheiden, wann er eine begonnene Transaktion mit einem Endgerät seiner Wahl beenden möchte. Im obigen Beispiel bedeutet dies, dass Vielflieger, die regelmäßig den telefonischen Check-in Service nutzen, automatisch anhand ihrer Telefonnummer erkannt werden und anschließend kaum zusätzliche Angaben zum gewünschten Flug machen müssen. Der gesamte Dialog kann stark verkürzt werden, um den Standardfall auf eine einzige Frage (des Sprachcomputers) zu reduzieren: „Lieber Herr Stamer, Sie sind für einen Flug von Hamburg nach München gemeldet. Der Flug geht in 60 Minuten. Dürfen wir Sie gemäß ihrer hinterlegten Präferenzen einchecken?". Multi-Touchpoint Services sollten aus dem Verhalten ihrer Kunden lernen, um – gerade wenn die Dienste erfolgreich sind – diese nicht mit unnötigen Fragen oder unspezifischen Diensten zu belästigen. Daher sind ausgefeilte medienübergreifende Benutzerprofile ein Kernelement leistungsfähiger Multi-Touchpoint Plattformen. Um uns den konkreten Problemstellungen und Lösungsansätzen beim Cross-Media Publishing für Multi-Touchpoint Kunden zu nähern, soll nachfolgend ein reales Szenario, das im Rahmen der Produktentwicklung der CoreMedia AG entstanden ist, dargestellt und analysiert werden.

4.2 Ein Praxisbeispiel für eine Multi-Touchpoint Plattform

Um die Potentiale crossmedialer Produktionsweisen für neuartige Multi-Touchpoint Services zu ergründen, wurde gemeinsam mit mehreren Technologiepartnern im Rahmen der Forschung und Entwicklung bei der CoreMedia AG eine integrierte Cross-Media Publishing Umgebung aufgesetzt[22]. Bei der Konzeption dieser Infrastruktur konnte auf einschlägige Erfahrungen aus zahlreichen erfolgreichen Projekten mit Medien- und Telekommunikationsunternehmen wie T-Online International, O_2, dpa, Bertelsmann, Bauer Verlag, Kirch, SWR, und Burda Starnetone zurückgegriffen werden.

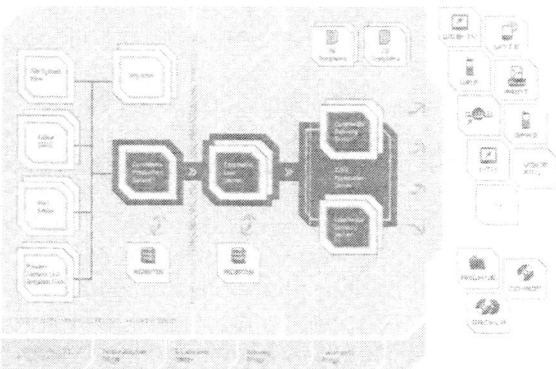

Abb. 7. Architekturskizze eines Cross-Media Publishing Systems

Die integrierte Plattform wurde für die simultane Produktion von Broadcast-, Internet-, Print- und Mobilen Diensten ausgelegt und deckt alle gängigen mono-

---

[22] Das Multi-Touchpoint Szenario wurde durchgängig auf der Basis der CoreMedia Content Application Plattform (CAP) und zahlreichen weiteren Softwaresystemen wie atg Dynamo, Avid Xpress, IBM Media Production Suite (MPS), Media 360, Virage Videologger, Jutel Radioman, Microsoft Streaming Server, Real Streaming Server uvm. implementiert und durch IBM, atg, HP und CoreMedia auf mehreren Fachmessen präsentiert.

und multimedialen Formate ab. Neben den bereits beschriebenen Herausforderungen beim Cross-Media Publishing wurden die folgenden Punkte innerhalb der Konzeption adressiert:

- **Entertainment Value**: Ein zentraler Werttreiber erfolgreicher Content-Strategien ist der Entertainment Value der präsentierten Inhalte. Für diesen Zweck wird die komplette Bandbreite der Medientypen von Text, Bildern, und Grafiken über Video- und Audiodaten bis zu interaktiven Flash- und Shockwave-Formaten im System bereitgestellt[23].

- **Device-übergreifende Personalisierung**: Für die Erzielung eines attraktiven Kundennutzens und damit einer hohen Kundenbindung wird der Kunde animiert, die Dienste seinen Wünschen entsprechend zu personalisieren. Das System zeigt gegenüber dem jeweiligen Kunden ein lernendes Verhalten und nutzt damit die Möglichkeit, die Dienstqualität laufend zu steigern[24].

- **Spezifische Interaktionsmuster**: Neben der Qualität der Inhalte und den Eigenschaften der verfügbaren Endgeräte bestimmen insbesondere die unterstützten Interaktionsmuster den durch einen Dienst erreichbaren Kundennutzen. Ein Kunde kann als Fahrer eines Kfz einen Sprachbeitrag verfolgen, der ihm automatisiert vorgespielt wird. Er sollte jedoch von der Nutzung von TV-Angeboten und WWW-Diensten Abstand nehmen. Ebenso hat sich das dem WWW zugrundeliegende Paradigma „Point & Click" bisher nicht ins Wohnzimmer ausgebreitet. Offensichtlich mangelt es diesem Interaktionsmuster an einer „passiven Konsumierbarkeit", wie sie beim TV gegeben ist[25]. Bei der Konzeption der Cross-Media Publishing Umgebung sollten unterschiedliche Interaktionsmuster – auch in Mischformen – unterstützt werden[26].

- **Push- & Pull-Szenarien**: Durch das Zusammenspiel von Push- und Pull-Szenarien können die Informationsbedürfnisse der Kunden optimal adressiert werden. Der Kunde kann jederzeit auf die gewünschten Informationen zugrei-

---

[23] Mit dem Erfolg (bzw. für den Erfolg) breitbandiger Internet-Zugänge wurden neue Angebote mit hohem Entertainment Value geschaffen. T-Online Vision, das Breitbandportal von T-Online International, Bravo.de vom Bauer Verlag und Whow.de von Burda Starnetone seien als Beispiele für eine Umsetzung dieses Konzepts auf der skizzierten Plattform genannt.

[24] Mit wap.de hat Bertelsmann BeMobile das Thema Device-übergreifende Personalisierung frühzeitig auf der skizzierten Plattform umgesetzt. Die Nutzer können seit Anfang 2000 über ein Internet-Portal, WAP-fähige Mobiltelefone und PDAs einen durchgängig personalisierten Dienst abrufen und zentral ihre präferierten Bookmarks pflegen. Mit der Konvergenz von PDA und Mobiltelefon entstanden Anfang 2002 weitere Dienste wie O_2 XDA, bei dem über ein PDA-Portal sämtliche Dienste des Telefonanbieters zusammengeführt werden. Der Nutzer kann neben dem Zugriff auf das Internet direkt seine Rechnung einsehen, seine Tarife wechseln, die Mailbox konfigurieren und SMS-Nachrichten versenden.

[25] Oft sehr bildlich als „Lean-Back-Mode" bezeichnet.

[26] Die meisten Breitband-Angebote folgen diesem Trend zur „passiven Konsumierbarkeit" und nähern sich damit dem TV.

fen. Zusätzlich wird er aktiv per Push-Services von neuen Informationen unterrichtet, die seinem Interessenprofil entsprechen.

- **Digital Rights Management & Content Billing**: Um neben Werbeerlösen in der „Sell Audience"-Sphäre auch direkte Erlöse für die Bereitstellung von Inhalten und Diensten zu erzielen („Get Audience"), werden geeignete Mechanismen für den Schutz und die Abrechung digitaler Inhalte benötigt. Diese müssen nahtlos in die Produktionsprozesse integriert sein und dürfen diese nicht behindern. Für den zahlungsbereiten Nutzer darf der Zugriff auf die kostenpflichtigen Informationen nicht durch technische Hindernisse gestört werden.

- **Mehrstufige Content-Veredelungsprozesse**: Die effiziente, kostengünstige Produktion crossmedialer Angebote und medienübergreifende Aktionen erfordern ein Zusammenführen der Produktionsprozesse. Die daraus resultierende Ausdifferenzierung der Content-Wertschöpfungsketten impliziert einen steigenden Grad an Arbeitsteilung und Automation in der Medienwirtschaft, was wiederum geeignete Systeme und Verfahren voraussetzt. Auf diese Weise hat die eingesetzte Technologie potentiell auch die Bedeutung eines Wettbewerbsfaktors[27].

- **Erweiterbarkeit**: Das Multi-Channel Szenario wurde iterativ entwickelt und laufend um neue Dienste Formate und Funktionen erweitert. Die zugrundeliegende Konzeption musste folglich in der Lage sein, laufend angepasst zu werden. Auf diese Weise können Medienunternehmen flexibel auf veränderte Nutzungsgewohnheiten und die Strategien der Wettbewerber reagieren. „Time-to-Market" wird somit in einer dynamischen Umwelt ebenfalls zu einem bedeutenden Wettbewerbsfaktor.

Das Beispielszenario „CoreMusic" stellt ein multimediales Entertainment-Portal dar, welches seinen Nutzern umfangreiche aktuelle Informationen zur Musik- und Filmszene bietet, zugehörige Produkte wie CDs, Videos und Fanartikel zum Kauf anbietet und den direkten Zugriff auf kostenpflichtigen Premium-Content ermöglicht. Durch die medienspezifische Ausgestaltung der einzelnen Kanäle wird erreicht, dass die Erlebniswelt des Fernsehens mit den Transaktionsmöglichkeiten des Internet und den mobilen Funktionen der PDAs und Handies verknüpft wird. Das Portal ist device-übergreifend personalisiert und umfasst die folgenden Kanäle[28]:

- TV und Radio
- Interaktives TV auf Basis des MHP-Standards
- HTML-basierte sowie Flash-basierte Internet-Site

---

[27] Presseagenturen haben langjährige Erfahrungen in der Konzeption und dem Betrieb effizienter mehrstufiger Content-Veredelungsprozesse. Die dpa und die österreichische APA haben diese Erfahrungen genutzt, um auf der skizzierten Plattform multimediale Nachrichtendienste zu produzieren und automatisiert an eine große Zahl von Wiederverkäufern zu verbreiten.

[28] Stand: April 2002

- Mobiles Portal für PDAs, WAP-fähige Endgeräte und i-mode-fähige Endgeräte
- Sprachportal basierend auf VoiceXML
- E-Mail
- SMS & MMS
- Print-Ausgabe per direkter PDF-Generierung bzw. per Anbindung von Quark Xpress

CoreMusic wurde als Multi-Touchpoint Service konzipiert, so dass die jeweiligen Interaktionen der Nutzer zum Kauf von Produkten, zur Konfiguration ihrer Präferenzen oder zum Abruf von Informationen potentiell mit jeglichem Endgerät erfolgen kann. Es wurde davon ausgegangen, dass sich z.B. Kauftransaktionen nicht unbedingt innerhalb einer Interaktion abspielen müssen, sondern mehrere aufeinanderfolgende Interaktionen umfassen können. Diese komplexeren Szenarien, bei denen gleich mehrere Endgeräte zum Einsatz kommen, werden auf einer zentralen Plattform abgewickelt.

Beispielhafter Ablauf einer Multi-Touchpoint Transaktion

Als Beispiel für den Ablauf einer Multi-Touchpoint Transaktion dient ein reales Szenario in CoreMusic, welches mehrere Schritte umfasst und auf die spezifischen Anforderungen des Kunden und der jeweiligen Situation eingeht: Ein Nutzer sieht sich im Fernsehen die Premiere des neues Videoclips von Madonna an und erhält als Einblendung auf dem Fernsehbildschirm einen Hinweis auf deren neue CD, die in einigen Tagen veröffentlicht werden soll. Durch einen Knopfdruck auf der Fernbedienung ruft der Nutzer weitere multimediale Informationen zu der CD auf und lässt sich als Interessent für diese CD vormerken.

Abb. 8. Interaktives TV basierend auf dem MHP-Standard

Zu einem späteren Zeitpunkt geht der Nutzer ins Internet auf das CoreMusic-Portal. Dort wird er bereits auf der Titelseite personalisiert begrüßt und mit weiteren Informationen zu Madonna und der neuen CD versorgt, für die er sich vorgemerkt hat.

Sobald die CD eine Woche später verfügbar ist, erhält der Nutzer automatisiert eine personalisierte E-Mail, in der ihm die CD zum Aktionspreis angeboten wird. Der Nutzer ruft die E-Mail mit seinem PDA ab und öffnet mit einem Klick den beigefügten Link. Automatisch wird eine Verbindung zum mobilen Portal hergestellt, das sein spezielles Endgerät erkennt und seine Funktionen entsprechend parametrisiert. Dem Nutzer wird automatisch eine umfangreiche Beschreibung der CD angezeigt. Neben der CD-Rezension kann er über Mobiltelefon und PDA kostenlos auf die ersten 30 Sekunden der einzelnen Titel zugreifen und sich mobil einen Ausschnitt des zugehörigen Videos ansehen.

Abb. 9. PDA-Portal

Die vollständigen Versionen der Video- und Audio-Dateien sind kostenpflichtig und müssen per Micro Payment oder Abonnement bezahlt werden[29]. Um gleichzeitig die unberechtigte Weitergabe der Daten zu verhindern, werden die Daten durch ein DRM-System verschlüsselt und somit nur eingeschränkt verfügbar gemacht[30]. Beim Zugriff auf die Daten wird ein elektronischer Voucher generiert, in dem die Rechnerumgebung sowie die spezifischen Rechte des jeweiligen Nutzers verschlüsselt sind. Sofern die verschlüsselten Daten nachträglich von einem anderen Nutzer geöffnet werden, wird ein neuer Voucher abgefragt und somit auch ein erneuter Zahlungsvorgang initiiert.

---

[29] Im CoreMusic-Szenario wurde das Micro-Payment System von PaySafeCard genutzt. Der Kunde erwirbt gegen Zahlung des jeweiligen Nennbetrags eine Karte, die mit einer eindeutigen Kartennummer versehen ist. Anschließend können bis zum vollständigen Aufbrauchen des Kartenwerts durch einfache Eingabe der Kartennummer anonyme Zahlungen im Internet erfolgen.

[30] Im CoreMusic-Szenario wurden DRM-Systeme von Microsoft, Adobe, IBM und Bertelsmann DWS eingebunden.

Der Nutzer schaut sich das Video an und spielt einige Audiodateien ab. Mit einem Klick könnte er jederzeit und auf jedem Medium den Kauf der CD auslösen. Sofern er den Kauf zunächst nicht durchführt, wird das System ihm die CD, für die er Interesse gezeigt hat, zukünftig weiterhin anbieten und auf den jeweiligen Endgeräten hervorheben. Es ist dabei durchaus denkbar, dass dem Kunden nach mehreren Malen, bei denen er die CD dann doch nicht gekauft hat, ein personalisiertes Sonderangebot unterbreitet wird. Eine andere Strategie könnte sein, jeweils einem Drittel der Kunden einen unterschiedlichen Preis anzubieten, um statistische Erkenntnisse über die Preissensitivität der Käufer zu gewinnen. Entsprechende Regeln können innerhalb des Systems durch kaufmännische Anwender mit einfachen Konfigurationen und ohne Programmierkenntnisse durchgeführt werden. Um die Nutzer dabei nicht durch eine zu intransparente Personalisierung abzuschrecken, kann jeder Nutzer sein Profil jederzeit einsehen und vorgemerkte Produkte eigenständig wieder löschen bzw. sein Desinteresse an diesem Produkt dokumentieren.

Abb. 10. Integration von Content & Transaktionen

Neben HTML-basierten Internet-Portalen werden zukünftig auch im World Wide Web neue Formate und Interaktionsmuster an Bedeutung gewinnen. Um für zukünftige Entertainment-Angebote für das Wohnzimmer den „Lean Back"-Modus des Fernsehens zu ermöglichen, werden passiv konsumierbare Dienste kreiert, die eine aktive Interaktion zur Option und nicht zur Vorbedingung machen. Auf der Basis personalisiert generierter Flash-Filme wird ein MTV-ähnlicher Dienst ermöglicht: Während im Hintergrund Musikclips abspielen, werden auf dem Bildschirm multimediale Informationen in ansprechender Weise präsentiert.

Bei der Nutzung mobiler Endgeräte können weitere kontextsensitive Informationen genutzt werden, um die Dienstqualität zu optimieren. In Abhängigkeit von der verfügbaren Bandbreite werden unterschiedliche Versionen des Portals mit unterschiedlichem Bandbreitenbedarf angezeigt. Die Erkennung des Endgerätetyps ermöglicht die automatisierte Anpassung des Dienstes an die Größe des Displays und die spezifischen Funktionen des Geräts. Vom Telekommunikationsunternehmen übermittelte Standortinformationen werden genutzt, um innerhalb der auf dem Portal dargestellten Veranstaltungen automatische Selektionen durchzuführen.

Durch die Integration des Radio-Produktionssystems wird auf dem Musikportal vollständig automatisiert das laufende Radioprogramm dargestellt. Neben dem aktuellen Titel und Interpreten stehen auch die vorangegangenen und einige der nachfolgenden Titel direkt für den Zugriff bereit. Das System präsentiert darüber hinaus umfangreichere Informationen zu den jeweiligen Interpreten und bietet die zugehörigen CDs zum Kauf an. Um eine der CDs tatsächlich zu bestellen, genügt jeweils ein Click[31].

Dieselben Informationen werden zusätzlich in einem Voice-Portal und über SMS bereitgestellt. Der Kunde kann somit während des laufenden Radioprogramms bei einer zentralen Telefonnummer anrufen oder eine SMS an diese Nummer schicken, um Informationen zum gerade laufenden Titel zu erhalten. Mit wenigen Sprachkommandos kann die CD somit auch per SMS und Telefon bestellt werden. Die Struktur des Sprachportals und die verwendeten Sprachkommandos werden dabei ebenfalls in der zentralen Cross-Media Publishing Umgebung modelliert und gepflegt. Durch die Anbindung eines Video-Schnittsystems kann der Producer des Web- und Flash-Portals direkt auf das eingespielte Video-Rohmaterial und Live-Bilder aus der TV-Produktion zugreifen. Über digitale Schnittsysteme ist er in der Lage, die gewünschten Schnittsequenzen zusammenzustellen und mit wenigen Clicks als Video-Stream auf dem Internet auszuspielen. Die Einbindung in die Internet-Produktionsumgebung erfolgt über detaillierte Metainformationen, die transparent als Platzhalter für das eigentliche Video dienen[32].

4.3 Erfahrungen mit der Multi-Touchpoint Plattform

Bei der iterativen Entwicklung und Erweiterung der beschriebenen Multi-Touchpoint Plattform haben sich einige Grundmuster wiederkehrend als besonders tauglich erwiesen und sollen hier dargestellt werden. Das *objektorientierte Content-Modell* hat sich dabei als zentrales Fundament bewährt, bei dessen Entwicklung die folgenden Punkte beachtet werden sollten:

- **Trennung von Content und Layout**: Die multimedialen Inhalte müssen unabhängig von dem späteren Layout der generierten Seiten und Dienste repräsen-

---

[31] Das SWR-Jugendradio DASDING produzierte auf der beschriebenen Plattform auf der CeBIT 2002 ein crossmediales Angebot aus Radio-, TV- und Internet-Dienst.

[32] Gemeinsam mit IBM wurde das dargestellte Szenario vollständig innerhalb von fünf Wochen realisiert und unter der Bezeichnung „Digitale Content Fabrik" auf der CeBIT 2002 vorgestellt.

tiert werden. Ansonsten ist an eine crossmediale Wiederverwendung nicht zu denken.

- **Trennung von Content-Struktur und Content-Verwendung**: Die multimedialen Inhalte sollten möglichst unabhängig von ihrer jeweiligen (potentiell mehrfachen) Verwendung in unterschiedlichen Medien und Diensten modelliert werden. Bei der Modellierung sollte vielmehr das Domänenwissen des Medienunternehmens genutzt werden, um generisch anwendbare Abstraktionen zu finden.

- **Trennung von Content und Business-Logik**: Die den einzelnen Diensten zugrundeliegende Business-Logik sollte unabhängig von Content- und Layout-Informationen modelliert werden. Personalisierungs- und Transaktionsfunktionen können auf diese Weise device-übergreifend wiederverwendet werden.

- **Modellierung mehrerer Layout-Alternativen**: Das Layout eines Dienstes sollte ebenso wie der Inhalte als strukturierter Content modelliert werden. Auf diese Weise kann das jeweilige Layout eines spezifischen Dienstes bzw. einzelner Elemente durch die Erstellung und Aktivierung unterschiedlicher Layoutvarianten in wenigen Sekunden umgestellt werden.

- **Modellierung von Dienststruktur und Navigation**: Die inhaltliche Struktur der einzelnen Dienste nebst multimedialer Navigation sollte ebenfalls im objektorientierten Content-Modell ausgedrückt werden, so dass mit wenigen Klicks die Struktur des gesamten Dienstes um neue Kategorien erweitert und umstrukturiert werden kann. Auf dieselbe Weise kann anschließend auch die Neuanlage ganzer Dienste innerhalb der bestehenden Umgebung bewerkstelligt werden.

- **Modellierung multimedialer Produktdaten mit Anbindung an ein ERP-System**: Sofern Kauftransaktionen unterstützt werden sollen, sind die Stammdaten der zu bestellenden Produkte aus einem ERP-System zu übernehmen. Zusätzlich sollten die Produkte flexibel um die im ERP-System fehlenden multimedialen Beschreibungen sowie um verknüpfte Informationen ergänzt werden können.

- **Modellierung beliebiger multimedialer Elemente**: Das Content-Modell sollte die Speicherung beliebiger multimedialer Elemente und deren Metainformationen als Komponenten zur Produktion der multimedialen Dienste unterstützen.

- **Modellierung komplexer Aggregate**: Die elementaren Komponenten der Dienste sollten flexibel zu komplexen Aggregaten zusammengestellt werden können.

- **Automatisierte Generierung des Redaktionssystems**: Um Datenstrukturen und das zugehörige Redaktionssystem in kurzen Zyklen erweitern und anpassen zu können, sollte ein vollständiges Redaktionsfrontend direkt aus dem objektorientierten Content-Modell generiert werden.

Als Architektur des Gesamtsystems hat sich ein modulares Konzept als vorteilhaft erwiesen. Statt zu versuchen, alle Funktionen in einer einzelnen Komponente abzubilden, hat sich die intelligente Verknüpfung leistungsfähiger Komponente mit umfangreichen Spezialfunktionen für die jeweilige Aufgabe als bessere Lösung herausgestellt. Auf diese Weise wird insbesondere die Gegebenheit berücksichtigt, dass im Zeitablauf mit neuen Anforderungen und daher meist auch mit neuen Komponenten zu rechnen ist, die nahtlos ins System integriert werden müssen.

Als wichtigste Voraussetzung für den Aufbau einer *verteilten, heterogenen Produktionsumgebung* sind die folgenden drei Punkte zu nennen:

1. **Offene Standardschnittstellen** für einen flexiblen Datenaustausch,
2. ein **ausgefeiltes Metainformationsmodell** für flexible Verarbeitungsprozesse und
3. eine **Event-basierte Architektur** für eine hochwertige, ausfallsichere und flexible Verknüpfung autonomer Systemkomponenten.

Auf Basis dieser stabilen Grundprinzipien sind Medienunternehmen in der Lage, einen flexiblen Entwicklungsprozess aufzusetzen, um mit den laufend im Wandel befindlichen Benutzerwünschen und Technologien Schritt zu halten. In diesem Zusammenhang ist eine *iterative Vorgehensweise* mit jeweils gut überschaubaren Entwicklungsschritten anzustreben, um frühzeitig die Erfahrungen mit den Ergebnissen erster Entwicklungsphasen in den weiteren Entwicklungsprozess einfließen zu lassen.[33]

5. Ausblick

Medienunternehmen stehen nach den meist negativen Erfahrungen mit ihren bisherigen Internet-Investitionen auch weiterhin vor der Frage, wie sie der rasanten Entwicklung der Internet-, Mobilfunk- und Medientechnologien strategisch begegnen sollen und auf welche Weise diese neuen Medien wirtschaftlich mit dem Kerngeschäft verknüpft werden können. Die hohe Dynamik resultierte in der Vergangenheit in hohen und laufend steigenden Kosten für das aufwendige „Nachführen" der Produktionssysteme. Mit jedem neuen Format fielen wieder und wieder umfangreiche Implementierungskosten an, während die Erlöse meist hinter den Erwartungen zurückblieben.

Um diesem Dilemma zu entgehen, müssen gänzlich andere als die bisher vorherrschenden Kostenstrukturen bei der Kreation und dem Betrieb neuer Dienste geschaffen werden. Es müssen flexible Plattformen mit klaren Abstraktionen geschaffen werden, mit denen neue Dienste schnell und kostengünstig als Erweiterung bestehender Strukturen konzipiert und produziert werden können. Auf dieser Grundlage können Medienunternehmen den steten Wandel zur und innerhalb der

---

[33] Für eine Einführung in die iterative Entwicklung komplexer Multi-Touchpoint Applications vgl. The CoreMedia Process von Content Applications, Martin Pakendorf, in: Informatik 2001 – Wirtschaft und Wissenschaft in der Network Economy – Visionen und Wirklichkeit, Tagungsband der GI/OCG Jahrestagung 2001, 25. – 28. September 2001, Universität Wien.

Informationsgesellschaft eher als Chance denn als Bedrohung begreifen und sich entsprechend offensiv positionieren. Durch die Beachtung klarer Grundprinzipien lässt sich heute ein solides technologisches Fundament für Cross-Media Publishing schaffen, das schrittweise durch iterative Erweiterungen an Leistungsfähigkeit gewinnt.

Teil 2
Cross-Media Management
in der Praxis

Cross-Media Management in der Nachrichtenagentur – Das Beispiel dpa

Christoph Dernbach

dpa-infocom GmbH, Hamburg

1. Einleitung

Auf der Höhe des Internet-Booms in den Jahren 1999 und 2000 tauchte auf den Tagungen, Kongressen und Studien rund um die „New Economy" immer häufiger ein Zauberwort auf, das die Basis für ein funktionierendes Geschäftsmodell der neuen Online-Publishing-Welt im Netz bilden sollte: „Content Syndication". Traditionelle Medienunternehmen suchten Wege, ihre mit hohem Aufwand erstellten Inhalte mehrfach – offline und online – zu verwerten. Gleichzeitig schossen Start-up-Firmen wie 4Content, Tanto, Contonomy und iSyndicate wie Pilze aus dem Boden, um mit der Verwertung von Inhalten Geld zu machen. Manche der übermütigen „New Kids on the Block" meinten sogar, klassische Lieferanten von Inhalten wie etwa Nachrichtenagenturen im Grunde überflüssig zu machen.

Bevor die Mehrfachverwertung von Inhalten – sei es als hausinternes „Cross-Media Publishing" für verschiedene Absatzkanäle oder als „Content Syndication" Inhalten aus verschiedenen Quellen – zum großen Hoffnungsträger der Publishing-Branche im Web wurde, hatten die Marktteilnehmer jedoch schon so manche Enttäuschung erlebt: „Trotz Millionen von Nutzern bleiben die Einnahmen (im Web) gering: Abonnements sind nicht durchsetzbar, Werbung und Sponsoring bringen kaum Umsatz. Dieses enttäuschende Fazit tritt mehr als sechs Jahre nach dem Start der ersten Web-Sites immer deutlicher zu Tage", beschrieb Ingo Kohlschein von der Unternehmensberatung PricewaterhouseCoopers im August 2001 in seiner Studie „Content Syndication - Wie das Internet die Wertschöpfung der Medien verändert", die Situation im Jahr 2000 treffend. „Viele Medienunternehmen haben deshalb Content Syndication zum neuen, viel versprechenden Geschäftsmodell für ihre Internet-Aktivitäten gekürt. Denn Content ist nicht nur König, sondern auch käuflich."

2. Mehrfachverwertung von Inhalten als Geschäftsmodell

Content Syndication – ein Modell für Jedermann?

Die Hoffnungen auf einen schnellen und nachhaltigen Erfolg der Content Syndication bewahrheiteten sich jedoch nicht. Bei den großen, etablierten Playern in der Medienbranche gelang es nur in wenigen Fällen, konzernübergreifend faire und funktionierende Syndication-Modelle aufzusetzen. Und die kleinen Startups verfügten häufig nicht über Detailkenntnisse zu den (von externen Lieferanten produzierten) Inhalten, die sie in aufwändig programmierten Showcases den Interessenten präsentierten. „Das Motto ‚Content is King' scheint aktuell dem Slogan ‚Content is Konkurs' gewichen zu sein", konstatierte Carlo Velten von der Unternehmensberatung TechConsult GmbH im September 2001 in seinem Papier „Content Syndication - Market Update". „Verflogen sind die Träume von Zuwachsraten im dreistelligen Bereich, die den Handel mit web-basierten Inhalten (Content) zum neuen Wachstumstreiber der Medien- und Internetwirtschaft machen sollten."

Tatsächlich waren im Jahr 2002 die meisten der Start-up-Firmen des Content-Syndication-Marktes wieder verschwunden. Sie mussten zum Konkursrichter gehen oder gingen in klassischen Medienunternehmen auf. Vom Scheitern der Syndication-Startups auf ein Scheitern jeglicher Content-Syndictation zu schließen, greift jedoch zu kurz. Dazu gibt es genügend Gegenbeispiele – und das Cross-Media Publishing bei der Deutschen Presse-Agentur gehört dazu.

Mehrfachverwertung von Inhalten – Begriffsklärung

Unter *Content Syndication* wird allgemein die Mehrfachverwertung von Inhalten verstanden. Dabei kann der Hersteller der Inhalte (und Rechteinhaber) entweder selbst den Content mehrfach verwerten oder sich auf die Rolle eines einfachen Inhaltelieferanten (Content Provider) beschränken und den Prozess der Mehrfachverwertung einem Content Broker überlassen.

Mit dem Begriff *Cross-Media Publishing* wird das parallele Publizieren von identischen oder teilidentischen Inhalten in verschiedenen Medien bezeichnet, also beispielsweise die Veröffentlichung eines Artikels auf einer Web-Site, der gleichzeitig auch in einer Zeitung abgedruckt wird. Modernes Cross-Media Publishing setzt in der Regel voraus, dass die Inhalte strukturiert in einer Datenbank zentral vorgehalten werden.

In der Theorie des Cross-Media Publishing geht man davon aus, dass Meta-Daten der Contents (Priorität, Ressort, Stichwort, Land, Sprache) und der eigentliche, zu veröffentlichende Inhalt von einander getrennt vorliegen und in strukturierten Datensätzen gespeichert sind. Dazu werden üblicherweise Varianten der

„Extensible Markup Language" (XML) verwendet. XML ist eine Beschreibungssprache für Dokumente. Im Gegensatz zur Seitenbeschreibungssprache im World Wide Web, HTML (HyperText Markup Language), lässt sich XML aber beliebig erweitern und anpassen. XML dient vor allem den Austauschen von Daten zwischen zwei Systemen, ohne dass Metadaten verloren gehen Gleichzeitig ist es beim Umgang mit XML-Dateien leicht möglich, die repräsentierten Informationen leicht zu identifizieren. In den neunziger Jahren steckte der praktische Einsatz von XML in vielen Bereichen noch in den Kinderschuhen. Nach der Jahrtausendwende hat die Bedeutung von XML in der Publishing- und Software-Industrie aber dramatisch zugenommen. So setzt Microsoft, der weltgrößte Softwarekonzern, bei seinem neuen, netzbasierten Softwaremodell „.NET" (Dot-Net) in wichtigen Teilen auf XML-Technologie.

Bei den Nachrichtenagenturen gehört die Mehrfachverwertung von Inhalten seit vielen Jahren zum Geschäftsmodell. Um die aufwändige Infrastruktur von Korrespondentenbüros in aller Welt finanzieren zu können, arbeiten Agentur-Journalisten für mehrere Kundengruppen, vor allem für die Zeitungen und den Rundfunk. Die Radiohörer wollen rund um die Uhr auf den Punkt informiert werden, die Zeitungsleser – und damit natürlich auch die Redakteure der Zeitung als eigentliche Business-to-Business-Kunden der Agentur – verlangen dagegen auch nach einer ausführlichen Zusammenfassung der Ereignisse und einem runden Erklärstück, in dem auch die Hintergründe des Geschehnisses erläutert werden.

Die Nachrichtenspots, Überblicke, Zusammenfassungen, Korrespondentenberichte oder die Hintergrundstücke aus der heimischen Dokumentationsredaktion werden von Nachrichtenagenturen jedoch nicht nur an Zeitungshäuser, Verlage und Rundfunkhäuser geliefert, sondern erreichen über computergestützte Selektions-Profilrechner auch Kunden in Unternehmen, Organisationen, Regierungen und Parteien. Bei der Deutschen Presse-Agentur wurde diese Zweitverwertung von „Ticker"-Texten schon in den siebziger Jahren eingeführt – lange bevor das Internet massenwirksam wurde.

3. Cross-Media Publishing bei der dpa

ERNA – Der Dinosaurier des Cross-Media Publishing

Die hohe Bedeutung der Technik bei der Arbeit einer Nachrichtenagentur zeigt ein kurzer Blick zurück in die Anfänge der Deutschen Presse-Agentur: Die dpa setzte bei ihrem Start 1949 auf zwei verschiedene technische Übertragungswege, um die Nachrichten in die Redaktionen zu bringen: so genannte Hell-Funksender (einem Vorläufer des Fax) sowie Fernschreiben, die über Draht abgesetzt wurden. 1956

wurde das Drahtnetz auf 50 bit/s[1] verbessert, gleichzeitig sendeten Landwellen-
sender den Fernschreibdienst mit dieser Geschwindigkeit über Funk. Am 23. September 1973 brach dann bei der dpa mit dem Redaktionssystem «ERNA» (Elektronische Rechnergestützte Nachrichtenvermittlungs-Anlage) das digitale Zeitalter
an. Diese Entwicklung wurde Ende der achtziger Jahre mit der Einführung der Sa-
telliten-Übertragung für Text und Bild vervollständigt.

Das „ERNA"-System (ein Kontinuum-Server der Firma Stratus) gehört inzwischen zu den Klassikern der Großrechner-Szene in Deutschland. Durch ERNA
fließen aus rund 600 dpa-Außenstationen täglich rund 25 000 aktuelle Meldungen,
die Redakteure aufbereiten und über Erna wieder versenden. Fast alle Redaktionen
von Tageszeitungen, Wochenmagazinen, Radio-Stationen und TV-Sendern in
Deutschland werden seit dieser Zeit mit Textnachrichten aus ERNA (inzwischen
in der dritten System-Generation) über Nachrichtensatelliten beliefert.

Abb. 1. Blick in die Zentralredaktion der Deutschen Presse-Agentur in Hamburg, in der am
21.9.1973 die Geräte des neuen Redaktionssystems ERNA stehen, das zwei Tage später of-
fiziell in Betrieb genommen wird. (Foto: dpa)

Aus dem ERNA-System heraus bediente die dpa auch die ersten Online-
Kunden: Im Bildschirmtext, der 1984 von der damals noch staatlichen Deutschen
Bundespost Telekom bundesweit gestartet wurde, waren dpa-Nachrichten bei Zei-
tungsanbietern im Btx-System quasi von Anfang zu finden. Später kam der US-
Onlinedienst CompuServe mit seinem „Executive News Service" (ENS) hinzu,
der von ERNA mit dem Europadienst der dpa bestückt wurde.

---

[1] Bit pro Sekunde.

In der Vor-Internet-Ära landeten über Satelliten-Verbindungen dpa-Kurznachrichten auch auf den Bildschirmen der Transatlantik-Jets der Deutschen Lufthansa, die ihren Gästen an Bord mehrere Jahre lang den wegen der aufwändigen Datenverbindung sündhaft teuren Service bot (und die Wiedereinführung dieses Dienstes auf preiswerter Internet-Basis erwägt).

Mit dem World Wide Web nahm die Bedeutung des Internets immer weiter zu. Im Dezember 1995 wandte sich auch der Softwareriese Microsoft öffentlich von den Plänen eines proprietären Onlinedienstes ab und entdeckte das Internet als Online-Plattform. In Deutschland gingen die ersten Zeitungen wie die Schweriner Volkszeitung oder die Hamburger Morgenpost ins Netz und auch etablierte Nachrichtenmagazine wie Spiegel und Stern waren mit ersten Sites im Web vertreten. Zu diesem Zeitpunkt gab die Führungsspitze der dpa auch grünes Licht für die Entwicklung eines Online-Produktes für den Internet-Dienst World Wide Web.

Die Anfänge: Entwicklung von dpa-Online 1996

Der Entwicklungsredaktion für „dpa-Online" wurde schnell klar, dass News für das Web anders gestaltet werden müssen als ein Nachrichtendienst für Zeitungskunden oder Rundfunkanstalten. Web-Surfer möchten auf einen Blick erkennen, ob es sich lohnt, eine Story weiterzulesen. Daher mussten Überschriften und Nachrichtenleads kompakter geschrieben werden als bislang. Gleichzeitig ermöglichte das Web Interessierten jedoch, bestimmte Themen in einer in der Printwelt unerreichten inhaltlichen Tiefe zu erschließen. Im Gegensatz zu einer Tageszeitung kannte das Web keine Platzprobleme. Daher konnte ein „Thema des Tages" im Web deutlich umfangreicher sein, als eine Sonderseite in einer Zeitung.

Web-Nachrichten sind nicht auf reine Texte beschränkt. In einem echten Multimediadienst werden die Texte mit Fotos, Infografiken (oft als interaktive Produktionen zum Anklicken), Audio-Dateien und Video-Streams verknüpft. Dazu kommen (interne) Querverweise zu anderen Stories zum Thema sowie (externen) Links zu Inhalten im Web, etwa zur Quelle der Nachricht. Diese Anforderungen vor Augen, wurde dem dpa-Team in der zweiten Jahreshälfte 1996 schnell bewusst, dass ein multimedialer Onlinedienst nicht allein mit dem auf die Vermittlung von Textnachrichten spezialisierten Redaktionssystem ERNA gestaltet werden kann.

Für die Entwicklung des ersten multimedialen dpa-Onlinedienstes entschied sich die Deutsche Presse-Agentur im Herbst 1996 für das System „Tycoon" aus dem kleinen Hamburger Softwarehaus Higher-Order GmbH. „Tycoon" war zuvor unter anderen für ein beschränktes Cross-Media Publishing einer Hamburger Tageszeitung für die Online-Veröffentlichung von Kleinanzeigen benutzt worden. Dabei stand die Aufgabe im Vordergrund, aus den wenig strukturierten Daten des traditionellen Print-Redaktionssystems die Informationen so gut herauszulesen

(„parsen"), dass die Datensätze strukturiert gespeichert und bequem in einer Online-Datenbank durchsucht werden konnten.

Vor einer ähnlichen Aufgabe stand auch das erste Online-Redaktionssystem der dpa, bloß dass es sich nicht um beschreibende Texte von 3-Zimmer-Wohnungen in Hamburg-Eimsbüttel handelte, sondern um Nachrichten aus dem klassischen dpa-Textsystem ERNA, die mit Fotos und Grafiken aus der dpa-Bilddatenbank verknüpft werden sollten.

Von CLIPing über Tycoon zu CoreMedia

Beim gemeinsamen Projekt mit Higher-Order konnte die Deutsche Presse-Agentur auf umfangreiche Vorarbeiten zum Thema „Computergestützte Content-Verarbeitung" zurückgreifen. Zusammen mit dem Institut für Integrierte Publikations- und Informationssysteme (IPSI) beim GMD-Forschungszentrum Informationstechnik in Darmstadt sowie dem International Press Telecommunications Council (IPTC) hatte die Entwicklungsabteilung der dpa-Technik Anfang der neunziger Jahre über ein wissensbasiertes Publikationsmodell und die Werkzeuge geforscht, die nötig sind, dieses Modell zu realisieren.

Dabei ging es im Projekt „CLIPing" (1994-1996) konkret um die Frage, wie ausgesuchte, stabile Langzeitinformationen aus einem Nachrichtenfeed mit maschineller Hilfe extrahiert werden können. Gleichzeitig beschäftigte sich das Projekt mit der Frage, wie bestimmte Hintergrundinformationen wie Personen-Porträts, Ereignislisten („Die schwersten Flugzeugunglücke mit einer Boeing 747") oder andere Inhalte (Fotos, Info-Grafiken) mit der aktuellen Text-Berichterstattung verknüpft werden können. Das Know-how aus „CLIPing" und anderen dpa-Projekten floss in die gemeinsame Entwicklungsarbeit für ein neuartiges Content Management System ein, das Higher-Order dann unter dem Namen CoreMedia auf den Markt brachte. Im Jahr 2000 wurde der Name des Hauptproduktes dann zum Firmennamen, aus der Higher-Order GmbH wurde die CoreMedia AG.

Der erste web-basierte Onlinedienst der dpa wurde im Oktober 1996 auf der Medientechnik-Messe IFRA in Amsterdam vorgestellt: Dieser Dienst konnte von Medien im Internet als überregionaler Nachrichten-Teil („Mantel") eingesetzt werden, ohne dass eine eigene Redaktion für das Einstellen der Nachrichten zu sorgen hatte. Auf der einen Seite beschränkte sich die dpa auf die traditionelle Rolle eines Inhalte-Lieferanten an Business-Kunden. Auf der anderen Seite verfolgte die Redaktion von dpa-Online immer das Ziel, die Inhalte so online-gerecht und perfekt aufzubereiten, dass sie ohne weitere redaktionelle Bearbeitung vom Kunden automatisiert online gestellt werden konnten. Die dpa verzichtete jedoch darauf, sich selbst direkt mit einem Nachrichtenportal an die Endkunden zu wenden, wie dies später andere Nachrichtenagenturen wie Reuters und vwd getan haben. Strategisches Ziel der dpa war es immer, den eigenen Kunden nicht Konkurrenz zu machen.

Bei der Definition des Workflows zur Produktion von dpa-Online musste zunächst die Herausforderung bewältigt werden, die Online-Redaktion von möglichst vielen Routineaufgaben zu entlasten. Die Redakteure sollten sich damit beschäftigen, online-gerechte Themen auszuwählen, Überschriften und Texteinstiege für das Web-Medium zu optimieren und für attraktive Illustrationen der Texte zu sorgen. Mit dem Formatieren von Sport- und Wirtschaftstabellen sollten die Redakteure dagegen nichts zu tun haben. Daher beschäftigte sich die Entwicklungsredaktion lange Zeit mit der Analyse der existierenden dpa-Dienste, um alle Inhalte ausfindig zu machen, die automatisiert aus den Textfunkdiensten in dpa-Online übernommen werden konnten. Dieser Ansatz sorgte später dafür, dass gut ein Drittel der Inhalte ohne manuelles Zutun der Redaktion in dem Onlinedienst erschien.

Anfangs lieferte die dpa den Dienst nur zusammen mit einem Stück Hardware, einen Empfangsserver („dpa-Newsbox"), aus, die sich in einem frei bestimmbaren Rhythmus die Nachrichten via ISDN von den dpa-Servern in Hamburg abholte oder durch eine Satellitenverbindung fortlaufend beliefert wurde. Durch HTML-Templates auf der dpa-Newsbox konnten die Kunden das Erscheinungsbild des Dienstes komplett an den eigenen Webauftritt anpassen und die Nachrichten nach Rubriken geordnet frei auf der eigenen Web-Site verteilen.

The Wire vs. dpa-Online

Damit legte die dpa einen Gegenentwurf zum Online-Angebot der US-Nachrichtenagentur Associated Press (AP) vor, die ihren Kunden in den USA mit dem Dienst „AP – The Wire" eine multimediale, aber kaum anpassbare Onlinelösung offerierte (vgl. Abbildung 2).

Abb. 2. Der AP-Onlinedienst „The Wire" vom 20. März 2002 bei den Los Angeles Daily News

Auch im Jahr 2002 hat sich am Konzept von „The Wire" wenig geändert. Das Angebot wird zentral auf einem Server der Associated Press (wire.ap.org) gehostet. Über die URL erfährt der AP-Server, von welchem Zeitungsangebot im Web aus sich der Nutzer auf das AP-Angebot durchgeklickt hat. Früher wurden dabei das Logo der Zeitung und ein dem Medium zugeordnetes Werbe-Banner eingeblendet. Im Frühjahr 2002 verzichtete AP auf die Logos der jeweiligen Zeitungen und beschränkte sich auf die Werbe-Banner im Top-Frame des Angebots von „The Wire".

Die Kunden von dpa-Online verfügten dagegen gleich von Beginn über einen anpassbaren Dienst, der automatisiert auf eine Web-Site einlaufen konnte. Das technisch aufwändigere, aber flexiblere Konzept von dpa-Online sollte den dpa-Kunden beim Einsatz eines Agenturangebotes die Möglichkeit geben, ihre eigene Identität zu bewahren. Dieses Konzept überzeugte nicht nur die Verantwortlichen bei zahlreichen Online-Tageszeitungen, sondern auch große Web-Portale wie T-Online, Web.de, AOL, Yahoo! und Microsoft Network (MSN) (vgl. Abbildungen 3–5).

Abb. 3. dpa-InfoLine beim Bonner General-Anzeiger

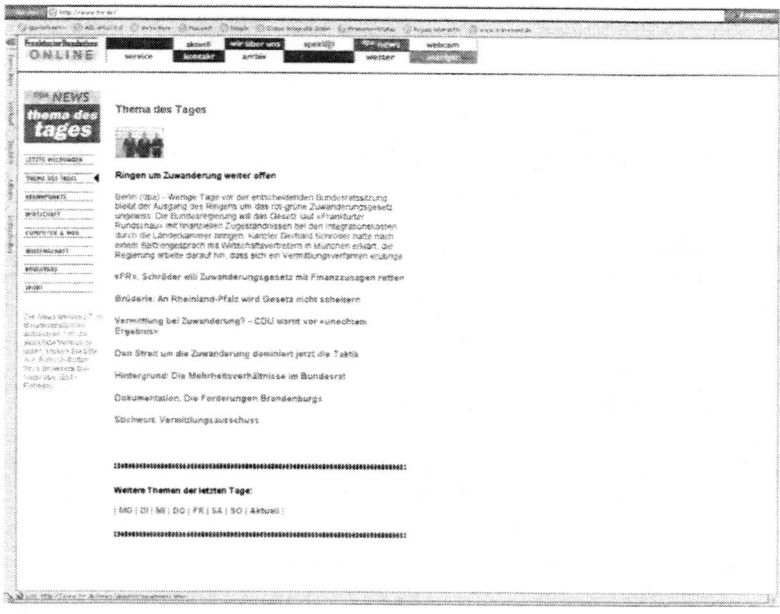

Abb. 4. dpa-InfoLine bei der Frankfurter Rundschau

Abb. 5. dpa-InfoLine bei Microsoft-Portal MSN

SGML-Format und Internet als Auslieferungsweg

Um den Spielraum für die Kunden zu erweitern und eine – im Vergleich zu häufi-
gen ISDN-Datenübertragungen oder der aufwändigen Satellitentechnik – preis-
wertere Übertragungstechnik anzubieten, entwickelte die dpa noch 1997 eine zusätzliche Liefervariante. Dabei bot die Agentur ihren Dienst nicht über die dpa-
Newsbox an, sondern als strukturierten Rohformat-Feed über das Internet. Da die
technischen Gremien der Nachrichtenindustrie im International Press Telecommunications Council (IPTC) zu diesem Zeitpunkt ihre Arbeiten zur Definition eines XML-Formats nicht abgeschlossen hatten, wählte die dpa-Technik 1997 die
SGML-Variante des News Industry Text Formats (NITF) als Auslieferungsformat
aus. Fünf Jahr später empfing die Mehrzahl der dpa-Online-Kunden die Dienste
noch immer in NITF-SGML, obwohl inzwischen die Dienste auch in der (im Prinzip leichter zu verarbeitenden) XML-Variante zu haben sind.

Das Angebot eines strukturierten Rohformat-Feeds wurde von den dpa-Kunden
rasch akzeptiert, da sie nun deutlich größere Freiheiten hatten, das Angebot ex-
trem an ihre eigenen Vorstellungen anzupassen. Die dpa wurde gleichzeitig von

den Wartungsverpflichtungen der zahlreichen dpa-Newsboxen befreit, die beim Kunden standen.

Das Datenformat NITF ermöglicht es, die für eine Sortierung relevante Metainformationen einer Nachricht wie Priorität, Ressort, Stichwort und Land mit festen „Tags" zu markieren, um eine automatisierte Verarbeitung des Feeds oder eine intelligente Vor-Sortierung des Materials zu ermöglichen. Aus dem SGML/XML-Feed kann man entweder ohne großen Aufwand direkt HTML-Seiten generieren oder die Daten in ein Content Management System beim Kunden importieren und dann weiterverarbeiten.

Konzept des „gemanagten Feeds" der dpa-Newsbox wurde auch auf die SGML/XML-Auslieferung übertragen. Dabei kann sich der Kunde darauf verlassen, dass nicht nur ständig neue Meldungen von der Agentur auf den Server geschoben werden, sondern dass stets eine nach journalistischen Kriterien „gültige" Auswahl präsentiert wird. Die Online-Redaktion der dpa hat dabei verschiedene Rubriken vor Augen wie „Thema des Tages" oder „Brennpunkte" mit den wichtigsten Meldungen aus Politik und dem brisanten Vermischten. Diese dpa-Rubriken sind stets mit einer vertraglich zugesicherten Mindestzahl von Berichten bestückt. Veraltete Meldungen werden automatisch gelöscht. Und sollte eine Berichtigung eines Berichtes notwendig sein, wird die korrigierte Version so eingepflegt, dass keine falsche Version auf dem Server zurückbleibt.

4. Das Konzept der gemanagten Online-Dienste

Bei den gemanagten Diensten übernimmt die Online-Redaktion der dpa die laufenden Aktualisierungen, so dass das Nachrichtenangebot auf den Kunden-Websites stets topaktuell ist. Den Meldungen werden Prioritäten zugeordnet und Bildverknüpfungen erstellt. Damit entsteht ein Nachrichtenangebot, das im Gegensatz zu anderen Tickerdiensten nicht nur den Zeitstempel als Sortierkriterium bereitstellt.

Der Dienst dpa-Online – egal ob via dpa-Newsbox oder als NITF-Feed – eignete sich jedoch nicht nur für die automatisierte Veröffentlichung, sondern ebenso zur Belieferung des „Eingangskorbs" einer Online-Redaktion. dpa-Online hat in den ersten Web-Jahren insbesondere den kleineren Tageszeitungen den Rücken freigehalten, damit sie sich selbst im Netz eine „Community" schaffen konnten. Die dpa liefert noch heute bei vielen Websites die überregionalen News von der Politik bis zum Sport, der Partner vor Ort sorgt für lokale und regionale Nachrichten, Dienstleistungsangebote wie Ticketservice oder Apotheken-Notdienst-Info, den lokalen Wetterdienst oder die Diskussionsforen für die eigene „User"-Gemeinde. Der Dienst dpa-Online, der nach einer umfangreichen Erweiterung der Palette der dpa-Onlinedienste im Jahr 2000 in dpa-InfoLine umbenannt wurde, umfasst nicht nur Meldungen und Hintergrundberichte, die eigens für die Präsentation im Web redigiert werden, sondern auch dazugehörige Fotos und Infografiken.

Nachdem 1999 die Zahl der deutschen Internet-Domains die Millionengrenze durchbrach, baute die dpa das Angebot an Onlinediensten gezielt aus, um die starke Nachfrage nach attraktiven Inhalten im Umfeld von E-Commerce-Aktivitäten zu befriedigen. Im Frühjahr 2000 wurden drei neue Dienste vorgestellt: *dpa-ServiceLine, dpa-StarLine* und *dpa-SportsLine*.

- *dpa-ServiceLine* deckt das redaktionelle Umfeld des lukrativen Markts der Kleinanzeigen ab und berichtet über die klassischen Servicefelder wie Reisen und Auto, Computer, Telekommunikation, Bauen und Wohnen, Garten und Umwelt, Beruf und Bildung sowie Recht und Geld.

- *dpa-StarLine* widmet sich der bunten Welt von Stars und Sternchen aus Musik, TV und Film und bietet Neuigkeiten von Prominenten, Adel und Gesellschaft. Gleichzeitig bietet der Dienst ein komplettes Online-Feuilleton. Dazu gibt es Informationen mit hohem Nutzwert: Filmkritiken, CD-Neuheiten, Tourneen, Tipps zu Kunstausstellungen, Bestsellerlisten und Buchbesprechungen.

- *dpa-SportsLine* kam pünktlich zur Fußball-Europameisterschaft 2000 in den Niederlanden und Belgien auf den Markt. Dieser Dienst berichtet in über 150 Unterrubriken über das gesamte Spektrum des Sports und beschäftigt sich dabei auch ausführlich mit Sportarten aus dem Bereich Fun- und Trendsport, die im klassischen dpa-Basisdienst kaum vertreten sind.

Am Beispiel dpa-SportsLine kann man gut aufzeigen, welche weitreichenden Auswirkungen auf den Workflow in der gesamten dpa ein umfassendes Cross-Media Publishing hat. Schon mit der Einführung von dpa-Online im Frühjahr 1997 wurden Sporttabellen in die Online-Produkte der Agentur aufgenommen. Eine Tabelle in den klassischen Tickerdiensten wurde zwar mit einem eigenen Programm innerhalb des ERNA-Programms berechnet. Bei der Aussendung im Textfunkformat IPTC 7901 gingen jedoch alle echten Tabellenstrukturen verloren. Übrig blieb ein hübsch formatierter Fließtext, der jedoch wenig mit einer strukturierten Tabelle in HTML, SGML oder XML zu tun hatte.

Bei dpa-Online übernahm ein Fließtext-Parser in der Tycoon-Umgebung die Aufgabe, aus den umstrukturierten Tabellentext eine echte Tabelle zu machen. Änderte sich etwas am ausgesendeten Format im dpa-Textfunk, musste der „hart verdrahtete" Parser wieder von einem Programmierer von Higher-Order an die neuen Verhältnisse angepasst werden. Um diese Unzulänglichkeiten abzustellen und gleichzeitig den Print-Kunden der dpa-Dienste eine bessere automatisierte Verarbeitung der Tabellen (vom Sport bis hin zu Wahlergebnissen) zu ermöglichen, entwickelte die dpa-Technik ein Zusatz-Programm zum ERNA-Bedienterminal Pen, den so genannten *Sport-Pen*.

In dieser Windows-Software können die Sport-Korrespondenten in den Stadien oder die redaktionellen Hilfskräfte in der Zentrale mit wenigen Mausklicks aktuelle Ereignisse wie Tore, Platzverweise, Auswechselungen oder Elfmeter verzeichnen und sich vom System die Ergebnismeldungen und Tabellen erstellen lassen. Die Resultate liegen in dem System strukturiert vor und können automatisiert in verschiedenen Formaten aufbereitet werden, ohne dass ein Redakteur selbst noch etwas unternehmen muss. Mit den unterschiedlichen Formaten können verschiedene „Outlets" bedient werden – von Satellitenkanälen mit dem gewöhnlichen IPTC-7901-Textfunk über einen speziellen Tabellenkanal für XML-kundige Print-Kunden über Satellit oder Internet bis hin zu den erforderlichen Formaten für dpa-SportsLine über interne Datenleitungen.

Auch die interaktive Infografiken aus der Produktfamilie dpa-interactive, die in Flash programmiert sind, werden aus dem SportPen mit aktuellen Ergebnissen versorgt. Anfang 2002 wurde bei der dpa das Gros der Ergebnisberichterstattung von den populären Sportarten – vom Fußball über Eishockey bis hin zur Formel 1 – über den SportPen abgewickelt.

Die Einführung des SportPen war aber auch mit erheblichen Aufwänden verbunden. Außenbüros mussten besser an die Netzwerk-Infrastuktur der dpa angebunden werden, um auf zentral vorgehaltene Datenbankinhalte zugreifen zu können. Programmierer aus der dpa-Entwicklung mussten komplizierte Regeln unterschiedlichster Sportarten in Software abbilden. Gleichzeitig durfte die Bedienung des Programms nicht zu kompliziert geraten, um den Schulungsaufwand bei Redakteuren und den – bei der Meinungsbildung zur Akzeptanz von technischen Systemen äußerst wichtigen – Redaktionsassistenten und Assistentinnen in Grenzen zu halten.

Gravierende Änderungen im Arbeitsablauf eines Medienbetriebs, wie sie etwa mit der Einführung des SportPen vorgenommen wurden, können nur erfolgreich vollzogen werden, wenn sich alle Beteiligten über den eigentlichen Zweck der ganzen Aktion im Klaren sind und die Vorteile für ein erfolgreiches und effizientes Cross-Media Publishing erkennen. Auf die aktive Mitwirkung der traditionellen dpa-Redaktionen war die Online-Redaktion auch bei der Einführung der jüngsten Produkte angewiesen: *dpa-RegioLine* und *dpa-Mobil*.

- *dpa-RegioLine*, ein Kurznachrichtendienst aus zwölf Landesdiensten der dpa, wird vor Ort in den Landesbüros produziert und über das zentrale Online-Redaktionssystem CoreMedia an die Kunden ausgeliefert.

- *dpa-Mobil*, ein spezieller Dienst für Mobilfunkanbieter, wird in der Nacht von der Hörfunknachrichtenredaktion der dpa-Tochter dpa/RUFA bestückt. Diese Dienste nutzen die technische Schnittstelle zwischen dem ERNA-System der dpa und dem CoreMedia-System der Online-Redaktion.

Die funktionierende Kooperation zwischen allen Unternehmen der dpa-Gruppe trug auch dazu bei, dass der Abschwung in der Online-Branche im Jahr 2001 fast spurlos an der dpa und ihrer neuen Online-Tochter vorüber ging. Um die geschäftlichen Aktivitäten der Online-Redaktion besser abzusichern, war die Online-Redaktion der dpa im Sommer 2000 in eine hundertprozentige Tochtergesellschaft der dpa Deutsche Presse-Agentur GmbH umgewandelt worden: die dpa-infocom GmbH.

Nach der Eroberung der Newssites im offenen Web machten sich die dpa und die dpa-infocom im Jahr 2002 daran, verstärkt auch Dienste für geschlossene Benutzergruppen und Intranets anzubieten. Dabei bietet die dpa nicht nur Inhalte aus der dpa-Gruppe ein, sondern integriert auch Contents von Fachverlagen. Die Einbindung von externen Content-Strömen betraf anfänglich nur kleinere Bereiche für die offenen Web-Dienste, zum Beispiel Rezepte eines Drittanbieters für den Verbraucherdienst *dpa-ServiceLine*. Im Rahmen des Konzeptes dpa-Business wurden dagegen neue Fachdienste wie *dpa-AutoNet* (Automobil-Branche), *dpa-FinanceNet* (All-Finanzdienstleistungen), *dpa-LegalNet* (juristische Themen), *dpa-ScienceNet* (Wissenschaft) und *dpa-CompuNet* (IT) gemeinsam mit führenden Fachverlagen entwickelt und vermarktet. Im Gegensatz zur klassischen Content-Syndizierung handelt es sich dabei um Gemeinschaftsprodukte der jeweiligen Partner.

Zum Konzept dpa-Business gehören weiterhin hochwertige Profildienste, mit deren Hilfe sich die dpa-Kunden aus allen dpa-Diensten einen News-Alert-Dienst oder eine spezielle Nachrichtenselektion zusammenstellen können. Abgerundet wird dies durch den Zugriff auf das digitalisierte dpa-Archiv mit über sieben Millionen Dokumenten seit 1983 sowie individuelle Dienstleistungen aus der dpa-Dokumentation. So sieht sich die Deutsche Presse-Agentur auch für die neuen Märkte außerhalb des klassischen Medienmarktes gut gerüstet.

Cross-Media Management im Medienverbund von Print und Online: Das Beispiel TV Movie

Hergen H. Riedel und Andreas Schoo

Verlagsgruppe Bauer

1. Cross-Media: Begriffsbestimmung einer neuen Strategie

Als der kanadische Medienphilosoph Marshall Mc Luhan Anfang der sechziger Jahre über die „magischen Kanäle" und das „elektronische Weltdorf" philosophierte, dachte er in erster Linie an die elektrischen Massen-Medien.Sie zwingen den Menschen, auf die Welt als Ganzes zu reagieren. Die Elektrizität, bei McLuhan ein Synonym für Fernsehen und Radio, bedeutet eine umfassende Integration des privaten und öffentlichen Bewußtseins. Mit seiner Unterteilung in „heiße" (z.B. Film) und „kühle" Medien (z.B. Schriftzeichen) unternahm Mc Luhan eine Aufgabenteilung, die viele Jahre später – mit anderer Terminologie – in Media-Mix-Theorien wieder auftauchen sollte. „Kühle" Medien sind nur gering definiert und müssen vom Nutzer ergänzt werden. „Heiße" Medien fordern vom Publikum eine geringe Vervollständigung und Interpretation der übermittelten Signale. Die „heißen" Medien lassen nur wenig persönliche Beteiligung zu.

Damals war in erster Linie von Fernsehen, Presse und Radio die Rede. Eine *Vernetzung*, wie sie heute das World Wide Web (WWW) darstellt, hätte McLuhan zweifellos noch stärker zur Kulturkritik veranlaßt. Das Internet macht endgültig jedes Individuum zum Bewohner einer digitalen Weltrepublik. Doch jenseits dieser geographischen Vernetzung spielt heute gleichfalls eine systemimmanente Vernetzung der Medien untereinander eine Rolle. Klassische Offline-Medien erweitern ihre Angebotsform. Sie suchen sich zusätzliche Distributions- bzw. Präsentationskanäle, um ihre Inhalte dem Publikum zu offerieren. Diese Diversifikation hat mehrere Motive und Ursachen. Zum einen gibt die Wahrnehmungspsychologie den wissenschaftlichen Hintergrund: Die Wirksamkeit, eine Botschaft vom Sender zum Empfänger zu übermitteln, steigt mit der Zahl der dabei genutzten Übertragungs- bzw. (Sinnes-) Wahrnehmungskanäle. Besonders die werbliche

---

[1] Marshall McLuhan (1970) Die magischen Kanäle. Understanding media, Frankfurt.

Kommunikation baut im Rahmen von Mediamix-Konzeptionen auf diese Überlegungen auf. Ökonomische Kalküle stellen das zweite Antriebsmoment dar: Wenn Inhalte ohne allzu große „Medienbrüche" produziert und distribuiert werden können, verringert dies die Gestehungskosten und gestattet eine Mehrfachverwertung ein und desselben oder nur graduell veränderten Inhaltes. In diesem Cross-Media Konzept gibt kein Medium seine Existenz auf, sondern gewinnt durch die Kooperation mit dem Online-Medium eine neue Qualität. Cross-Media soll demnach mehr sein als die Summe der einzelnen Teile. Dies bezieht sich sowohl auf die werbliche Kommunikationsformen als auch auf nicht-kommerzielle Botschaften.

Rezeption von On- und Offline-Medien

Eine nahezu Vollversorgung erreicht das Medium *Fernsehen*: 99,8 Prozent der Bevölkerung[2] werden heute mit über 40 Programmen, davon etwa 30 Free-TV-Angeboten erreicht: Etwa 66 Prozent via Kabel, 25 Prozent per Satellit, etwa 19 Prozent terrestrisch. Die Verteilung ist in Ost und West unterschiedlich. Aufgrund der wirtschaftspolitischen Förderprogramme, aber auch aufgrund der wohnungsbaulich anderen Situation in den Neuen Bundesländern spielt hier die Satelliten-Versorgung mit etwa 50 Prozent eine andere Rolle als im Westen. In absoluten Zahlen heißt das: 18 Millionen Haushalte beziehen bis zum beabsichtigten Verkauf der Netze ihre Programme durch den Monopolisten Telekom. 4 Millionen sind durch private Netzbetreiber angeschlossen.

Die *Online-Nutzung* erreicht zwar nicht mehr die Zuwachsraten wie noch vor wenigen Jahren. Sie zeigt aber weiterhin ansteigende Tendenz. Im zweiten Quartal 2001 waren bundesweit 24.8 Millionen Erwachsene ab 14 Jahren als Internet-Nutzer identifizierbar. 38,8 Prozent der Bundesbürger hatten damit entweder einen privaten und/oder beruflichen Zugang zum Internet. Weitere knapp 9 Millionen Erwachsene werden in den nächsten Monaten dazukommen.[3] Hinsichtlich der soziodemografischen Struktur zeigen sich deutliche Unterschiede: Danach sind etwa zwei Drittel der 14 bis 29jährigen online. Aber: Nur etwa ein Drittel der 50 bis 59jährigen nutzt dieses Medium. Auch das Merkmal Bildung trennt Internetnutzer von -verweigerern. 70 Prozent der formal schlechter ausgebildeten Menschen, aber nur 24 Prozent der Menschen mit Abitur oder Studium fühlen sich vom Internet nicht angesprochen.

Die Kardinalfrage „*Verdrängen oder ergänzen die Medien sich?*" wird allerdings durch solche quantitativen Daten nicht beantwortet. Indizien ergeben sich aus Untersuchungen über das Nutzungsverhalten gegenüber dem Medium Online. Hauptnutzungszeit ist das Wochenende oder die Zeit zwischen 18 und 21 Uhr. Plausibel wäre dabei, von einer Verdrängung der TV-Nutzung auszugehen. Doch Online-Nutzer glauben nicht, dass die Online-Nutzung zu Lasten der eigenen

---

[2] Vgl. Media Perspektiven (3/2000).
[3] Vgl. Media Perspektiven (2/2002).

Sehdauer geht. Menschen, die indes selbst nicht im Web unterwegs sind, gehen von eben dieser Substitution aus. 64 Prozent, so eine Studie von Ende 2000, attestieren eine stabile *TV-Nutzung* trotz starker Online-Affinität. 56 Prozent der Nutzer geben sogar an, dass sie zusätzlich zu einzelnen TV-Formaten oder Print-Ausgaben die entsprechenden Websites aufsuchen. Damit wäre die ideale Situation der Komplementarität gegeben. Jüngere Zuschauer präferieren dabei die TV-Adaptionen, ältere mehr die Zeitschriften-Sites. Und 64 Prozent der Nutzer gehen gemäß Eigenaussage davon aus, dass ihr TV-Konsum sogar steigt. Damit zeigt sich ein Trend an: Eine Auswertung vom Mai 2001 registriert eine durchschnittliche Sehdauer von 190 Minuten pro Tag. Hier sind auch die Nichtseher einbegriffen. Jeder Bundesbürger, der am Tag den Fernseher einschaltet, wenn auch nur für wenige Minuten, vereint indes eine durchschnittliche Verweildauer von 259 Minuten auf sich. Gegenüber den Vorjahren, in denen die Fernsehnutzung leicht abnahm, hat sich der Konsum 2000 wieder leicht erholt.[4]

Der kontinuierlichen Steigerung der Tagesreichweiten des Fernsehens steht eine Sättigung bei *Zeitschriften* entgegen. Von 1989 bis 1995 hat der Zeitaufwand für nicht-tagesaktuelle Medien abgenommen, bestenfalls stagniert. Bücher wurden 1980 noch 22 Minuten pro Tag gelesen, 15 Jahre später nur noch 15 Minuten. Zeitschriften notieren konstant bei 11 Minuten. Betrachtet man den Zeitraum der letzten 10 Jahre (1987 – 1997) wird die zunehmende Dominanz der audiovisuellen Medien im Zeitbudget der Mediennutzer überdeutlich. Die Printmedien (Zeitungen, Zeitschriften, Bücher) stagnieren seit Jahren zusammen bei durchschnittlich ca. 73 Minuten pro Tag, das entspricht 20 % des audiovisuellen Zeitbudgets. Deutlich wird hier, dass das neue Medium Privatfernsehen die „alten" Medien in ihrer Nutzungsdauer nicht angriffen hat. Die gesamte Nutzungszeit wurde indes ausgebaut. Doch aus der einstigen Markterweiterung wird zunehmend ein Verdrängungswettbewerb um die nun knapper werdenden Zeitbudgets.

Die *Zeitbudgets für Medien* insgesamt sind jedoch in den vergangenen 20 Jahren nahezu explodiert. 1980 wurden täglich 309 Minuten für Medien aufgewendet. 1995 waren es 390 Minuten.[5] Im Jahr 2000 verbringt der Deutsche im Durchschnitt 502 Minuten mit TV, Zeitungen, Zeitschriften, Fachzeitschriften, Buch, Video, CD, Hörfunk, Internet etc. Täglich 8,5 Stunden vom Tag sind „Medienstunden". Diese Daten sind Bruttoangaben; so weisen sie etwa Parallel-Mediennutzung nicht aus (Radiohören beim Zeitunglesen). Auf das TV entfallen hier etwa 37 Prozent, Hörfunk 41 Prozent, Internet 2,5 Prozent. Nahezu jeder Deutsche kommt einmal pro Tag in Kontakt mit den klassischen Medien Fernsehen, Radio, Zeitung. Mehr als jeder vierte schaltet täglich ein Videotext-Angebot eines TV-Senders ein. Beinahe ebensoviele Menschen gehen täglich online.[6] Leichte Verluste indes müssen die Zeitschriften verbuchen.

---

[4] Vgl. Media Perspektiven (5/2002); siehe auch hierzu den ausführlichen Beitrag von Birgit van Eimeren und Christa-Maria Ridder in diesem Band (Anm. des Herausgebers).
[5] Vgl. Media Perspektiven (10/1998).
[6] Vgl. SevenOneMedia (2001) Time Budget 1999-2001, München.

Auch das Zukunftsszenario prognostiziert eine geringere Nutzung der Printmedien, zugleich aber eine weitere Zuspitzung der Funktionsverteilung zwischen den etablierten und den nun neuen, den Online-Medien. Die Zahl der Online-Nutzer hat sich in den vergangenen drei Jahren mehr als verdoppelt. Die „alten" Medien blieben von dieser Entwicklung nahezu unberührt.

Eine Hochrechnung von 1998 (Media Perspektiven 10/1998) prognostiziert einen starken Zuwachs: Bis 2015 wird die Mediennutzungsdauer nochmals um 40 Minuten zunehmen. Die TV-Frequenz sinkt von 40 Prozent auf 35 Prozent. Das Internet steigt von heute etwa 3 Prozent auf 18 Prozent Anteil am täglichen Zeitbudget für Medien. 2015 sollen 40 Prozent der Haushalte online sein (1995: 5 Prozent). 20 % werden video-on-demand nutzen (1995: 1 Prozent). Eine Detail-Angabe signalisiert die Bedeutung von Angeboten, die selektiv nach aktiver Zuschauer-Vorgabe genutzt werden. Der durchschnittliche Bundesbürger nutzt das Video etwa 10 Minuten pro Tag.

Das Fernsehgerät zeigt hier seine Allgegenwart: 94 Prozent der Menschen nutzen es mindestens einmal pro Woche. 85 Prozent nahezu täglich. Wird sich dieses Zeitbudget im Rahmen der Online-Nutzung verändern? Angesichts fehlender langfristiger Daten geben hier subjektive Einschätzungen allenfalls Näherungswerte an: So glauben immerhin acht von zehn Deutschen, dass jeder in zehn Jahren mit dem Internet umgehen muß. 92 Prozent weisen das Internet als Vorzugsmedium für Jüngere aus. 63 Prozent der Befragten negieren Wissenszuwächse durch Online-Angebote. Und 89 Prozent der Befragten halten das Thema Internet und TV für „*nicht wirklich wichtig*". Zwei Drittel glauben, dass die Menge der Unterhaltungsangebote ansteigen wird.[7] Allerdings: Auch bei der Einführung von Kabel und Satellit standen die Bundesbürger den neuen Medien weitgehend ablehnend gegenüber, als sie noch keinen konkreten Kontakt mit den Neuen Medien hatten. Die Akzeptanz indes stieg nach den ersten Kontaktaufnahmen exponentiell an. Damit wird das *monetäre Medienbudget* des deutschen Nutzers weiter steigen: 1970 gab der durchschnittliche Arbeitnehmer/Angestelle 35 bis50 Mark für Medien aller Art aus (Beamte: 68 Mark). 1980 waren es schon 83 bzw. 200 Mark. 1995 liegen die Ausgaben bei 130 bzw. 230 Mark.[8] Hinzuzurechnen sind nun die Kosten für schnelle Internet-Zugänge wie etwa ADSL oder ähnliche technische Infrastruktur. Die Studie Medien 2006 der HypoVereinsbank und Mercer Management Consulting schreibt im Frühjahr 2002 die für Medien aufgewandten Kosten fort. 2006 sollen demnach 76,11 EURO für Medien ausgegeben werden. Trotz der steigenden Ausgaben geraten, so die Studie, die werbefinanzierten TV-Sender unter Druck. Interaktive, webbasierte Dienste könnten den Programmen Konkurrenz machen. Technisch ausgereifte Services, Werbeinseln wegzuzappen, gehen zu Lasten der Reichweite.[9]

---

[7] Vgl. Media Perspektiven (3/2001).
[8] Vgl. Media Perspektiven (7/1996).
[9] Vgl. Mercer Management/HypoVereinsbank (2002) Medien-Studie 2006. Belin/München.

Bei einer Sichtung der *inhaltlichen Präferenzen* ergibt sich ein generationsspezifisches Bild, das Hinweise für die Akzeptanz in Zukunft durch jüngere wie ältere Mediennutzer zuläßt. Alte Menschen, d.h. die vor 1935 Geborenen, betrachten das Privatfernsehen als simples „Zusatzangebot". Höchste Glaubwürdigkeit haben die gewohnten öffentlich-rechtlichen Anstalten. Je jünger die Nutzer werden, um so selbstverständlicher gehören die Formate der privaten Free-TV-Stationen zum alltäglichen Set der Medieninformation und mehr noch Unterhaltung dazu. Trotz aller inhaltlichen Angleichung (Konvergenz): Die öffentlich-rechtlichen Anstalten formulieren für sich neben dem Unterhaltungsanspruch einen klaren Informationsauftrag, den sie über non-fiktionale Formate einzulösen versuchen. Die privaten Sender fokussieren das Genre Unterhaltung, wenngleich sie als „Vollprogramme" durchaus die Informationsschienen eingezogen haben.

Eine Zunahme dieser TV-Angebote geht offenbar auch einher mit zunehmender quantitativer Online-Nutzung. Doch beide Medien werden sich, so ein breiter Konsens, nicht kannibalisieren sondern komplementär zueinander verhalten. Empirische Daten über crossmediale Verflechtungen sind noch relativ selten: Doch schon 2000 sagten 56 Prozent der befragten Nutzer, dass sie die Websites von Fernsehsender oder den Fernseh-Programmzeitschriften kennen. Jüngere ziehen dabei die Web-Angebote der TV-Stationen, ältere Nutzer die Sites der Print-Magazine vor. Offenbar funktioniert hier wie dort bereits eine Art Markentransfer. 64 Prozent der Befragten sagen zudem, dass sie durch die begleitende Online-Nutzung mehr von entsprechenden TV-Format gehabt hätten.[10]

Ob die *Internet-Nutzung* zu Lasten der Fernseh-Nutzung geht oder sich mit ihr enger verzahnt, hängt nicht zuletzt davon ab, wo das Online-Medium genutzt wird: Vier von fünf Usern gehen von zu Hause ins Internet. Zwei von fünf nutzen dafür den Arbeitsplatz. Zwei Drittel der Internet-Zeit verbringen die Deutschen aus privaten Motiven im Netz. Ein Drittel der Online-Zeit (20 Minuten pro durchschnittlichem User) geht auf das Konto beruflicher Aktivitäten.[11] Verlieren werden Tätigkeiten wie Shopping, Bankgeschäfte, Spielen. Diese Tätigkeitsbereiche korrespondieren mit jenen Funktionen, die konvergente Medien anbieten: Multimediale Datenbanken, Tele- bzw. Homeshopping, Online-Bildung, Video-on-demand.

In diesem Kontext entsteht die These von einer *medienspezifischen Funktionsaufteilung* zwischen elektronischen und gedruckten Medien. Printmedien übernehmen mehr und mehr Funktionen der Information, wenn sie Beratung und Sachinformation zur Verfügung stellen. Das TV profiliert sich – grob formuliert – als Unterhaltungsmedium. Zeitschriften übernehmen in der quasi kommunikationsökologischen Aufgabenteilung immer mehr den – zuweilen selbsterteilten – Auftrag, Nutzwert zu bieten. Sie fungieren als Ratgeber, wobei hier nicht allein die politisch-aufklärerische Dimension gemeint ist, sondern durchaus auch die alltäg-

---

[10] Vgl. Media Perspektiven (9/2000).
[11] Vgl. SevenOneMedia (2001) Time Budget 1999-2001, München.

liche Ratgeberfunktion, die sich in den News to use von Schlankheits- bis Börsentipps erstrecken kann.

Das Medium TV indes pflegt eher die medienspezifische Darstellung, die das flüchtige Medium der laufenden Bilder auszeichnet: Unterhaltung gewinnt nicht nur in den dafür ausgewiesenen Shows oder Fiktion-Formaten an Raum, sondern überformt zuweilen auch die als Informationssendungen deklarierten TV-Produkte. Die Kritik an den so genannten nachmittäglichen Talk-Formaten geht in diese Richtung. Ohne die Existenz des Informationsträgers, des Mediums TV, gäbe es manche Ereignisse gar nicht bzw. nicht in dieser Form. Medien inszenieren Wirklichkeit, zuweilen konstruieren sie diese auch. Ebenso aber trifft in diesem Umfeld die Kritik am so genannten Infotainment expliziter Nachrichtensendungen zu.

Dabei sind Zeitschriften nicht zwangsläufig von der Konkurrenz der Bilder und der damit verbundenen Ansprache des Publikums durch Bild und Ton berührt. Hier ergibt sich durchaus eine Komplementärfunktion in der Rezeption. Im werblichen Auftritt wird diese *Konvergenz von Print und elektronischen Medien* bereits genutzt. Diverse Untersuchungen über *Media Mix*-Kampagnen weisen nach, dass die crossmediale Verschränkung von Print- und elektronischen Medien wirkungsvoller ist als der monomediale Werbeauftritt. Bedeutsam wird ebenfalls für Zeitschriften indes der Wettbewerb um das Zeitbudget. Hier wird die Intensivierung der Online-Nutzung eine weiter abnehmende Zeitschriftenlektüre nach sich ziehen. Zum andern sind Zeitschriften (wie Zeitungen) eventuell dadurch tangiert, dass sich die Medienbiografien der Rezipienten anders, d.h. TV-affiner, ausbilden. Der Erwerb von Medienkompetenz, die Fähigkeit, die Botschaften von Print oder TV als solche zu erkennen, zu dechiffrieren und adäquat zu interpretieren sowie in den Lebensalltag einzubauen, ist keine unabhängige gegebene Kompetenz. Sie entwickelt sich in der individuellen Lebenswelt – zu der der Einfluss der bestehenden Medien dazugehört. Zeitschriften können in etwa ihren Marktanteil in der Mediennutzung halten. Sie werden ihn aber nicht ausbauen, obwohl die Mediennutzung insgesamt ansteigen wird. Motoren dieses Zuwachses sind auch Online-Medien. Das traditionelle TV verliert dagegen sukzessiv an Bedeutung als Massenkommunikationsmittel und rückt immer mehr in die Ecke als „Begleitmedium". Die Fragmentierung der Märkte, denen im Bereich der Publikumszeitschriften bereits die Vielfalt der über 4000 Titel entspricht, findet sich nun strukturähnlich in der Zerlegung der einst relativ homogenen Fernseh- Öffentlichkeit und ihrer Sender wieder. Vielzitiertes Beispiel ist das Angebot des Pay-TV Senders Premiere World für Jäger und Sammler, Seasons. Crossmediale Pakete verknüpfen nun wieder diese singulären Angebote.

2. Redaktion: Medienproduktion in der multimedialen ökonomischen Verwertungskette

Die Öffnung des bis 1984 von den öffentlich-rechtlichen Anstalten allein getragenen Fernsehmarktes geschah primär unter dem Postulat „mehr Vielfalt!". Der damalige TV-Markt, der damals diesen Begriff Markt kaum verdiente, teilte sich die Medienlandschaft ausschließlich mit den Printmedien. Die Formel dafür hieß "duales Medien-System". Die einstige Medienlandschaft war befriedetes Terrain. Ein öffentlich-rechtlicher Rundfunk und privatwirtschaftlich verfasste Printmedien teilten sich sowohl den Rezipienten wie den Werbemarkt. Der intermediäre Wettbewerb beschränkte sich auf ein Minimum, *Media Mix* war ein Fremdwort wie Gattungsmarketing, da der Wettbewerb unter den Verlagen in Grenzen blieb. Bis zur Deregulierung des Fernsehmarktes waren Begriffe oder gar Strategien wie Media Mix oder Cross-Media wenn überhaupt bekannt, dann von marginaler Bedeutung. Es gab ja keine Konkurrenz, und damit keine ökonomische Notwendigkeit einer gattungsübergreifenden Strategie. Dabei zeigen die Bemühungen der deutschen Zeitungsverlage, ihr publizistisches Engagement bis in das Medium Fernsehen zu verlängern, durchaus die Quellen auf, aus denen später Medienverbünde entstehen.

Die Interessen der deutschen Zeitungs- und Zeitschriftenverlage, im Rahmen etwa des ersten großen Privatisierungsprojektes der 60er Jahre „Deutschland-Fernsehen " berücksichtigt zu werden, haben zwei unterschiedliche Ursachen. Zum einen galt es, neue Märkte zu entdecken. Zum anderen sollten bereits früh mögliche Konkurrenten um Werbebudgets abgewehrt werden. Retrospektiv betrachtet mag das letztgenannte Motiv eine Rolle gespielt haben, als es um die Anstrengungen der Verleger ging, eine Alternative zur ARD zu installieren. Weitaus größere Bedeutung hatte es jedoch bei der Öffnung des Marktes für private Veranstalter. Unter dem Begriff „Verlegerfernsehen" läßt sich eine Reihe von Aktivitäten der Verlage subsumieren, die ihre Ansprüche als Veranstalter aber auch als Inhalte-Zulieferer anmeldeten. Wenn man so will ,liegt hier die Keimzelle des redaktionellen Cross-Media: Große Zeitungen wie die Süddeutsche Zeitung, Frankfurter Allgemeine Zeitung oder Neue Zürcher Zeitung bestücken (zum Teil noch heute) TV-Sender mit eigenen, primär printgestützten Formaten. Die FAZ lieferte beim Start von SAT.1 den Nachrichtenanteil. Der Verband mittelständischer Verleger unter Führung großer Verlagskonzerne wie dem Axel Springer Verlag (Aktuelle Presse Fernsehen, APF) besetzte frühzeitig Positionen bei SAT.1, um hier das Modell „Verlegerfernsehen"[12] umzusetzen. Inzwischen dürfte dieses Modell als gescheitert betrachtet werden. Im Bereich Hörfunk zeigt sich eine ähnliche Strategie. Hier sind die lokalen Zeitungsverlage eingebunden in die Träger und/oder Programmgesellschaften.

---

[12] Vgl. z.B. Hermann Meyn (1992) Massenmedien in der Bundesrepublik. Berlin. S.138ff.

Das verlegerische Engagement hat nicht nur redaktionelle Aspekte. Medienrecht-lich findet es sich als Diskussion um Meinungsmacht und damit Medienwirkung wieder. Marktanteilsmodelle sehen (bzw. sahen vor), publizistische Macht zu begrenzen. Interessanterweise unterstellen hier Medienkritiker eine Medienwir-kung, die sich aus eben dieser Zusammenstellung ergibt, die heute Cross-Media genannt wird – und die für Werbe-Strategien von Bedeutung ist. So mußten etwa die RTL-Gesellschafter CLT, UFA, Burda und FAZ ihre Anteile an RTL 2 auf insgesamt unter 25 Prozent beschränken, bevor der Sender 1993 durch die beauf-sichtigende nordrhein-westfälische Landesanstalt für Rundfunk zugelassen wurde. Die Verleger hatten zwei zentrale, miteinander verbundene wirtschaftliche Inte-ressen, am neuen Medium Fernsehen zu partizipieren. Politische Motive sollen an dieser Stelle keine Beachtung finden. Die Verleger intendierten zum einen die Abwehr des neuen *Konkurrenten um Werbeeinnahmen*. Zum anderen richtete sich ihr Augenmerk auf das generelle Prinzip der Produktion massenhafter Inhalte. Hier zeigte sich der alte Verlegertraum, aus einem medienneutralen Wissens-Pool heraus, eine nahezu unbegrenzte Zahl von Medien- und Publikationsformaten herzustellen. Dieser Gedanke treibt auch heute, in Zeiten des nahezu unentgeltli-chen und grenzenlosen Vertriebsmediums Internet, die Strategie des Cross-Media an.

Der Leitgedanke war stets, die Verwertungskette zu verlängern, ohne zusätzli-che Gestehungskosten zu haben. In der Frühzeit der multimedialen Ausweitung spekulierten etwa Musikkonzerne von der Reproduktion ihrer Inhalte auf Schall-platte, Bildplatte, Video. Medienkonzerne wie Bertelsmann, die über unterschied-liche Mediengattungen und deren Produktionsstätten verfügen, setzen so zum einen auf diese Verwertungsketten. Zum anderen formte sich mehr und mehr die Idee heraus, einzelne, jeweils souveräne Medienprodukte im Rahmen des Kon-zernportfolios zu bewerben. Für das Buch aus dem Buchverlag machte dann die Zeitschrift Werbung. Dieser Gedanke des Cross-over Marketings basiert ebenso die (unterstellten) unternehmerischen Kalküle etwa der Kirch-Gruppe, die Groß-Beteiligung am Springer-Konzern sei auch eine Maßnahme des Cross-over Marketings. BILD ist in diesem Gedanken-Modell einzusetzen als Werbeträger für die TV-Formate der Kirch-eigenen oder –nahen Sender wie SAT.1 oder ProSieben. (Ob dieser Medienverbund realiter funktionierte sei dahingestellt. Oft genug war etwa die BILD am Sonntag sehr kritisch gerade gegenüber SAT.1.)

Die Beschränktheit derartiger Cross-Media Systeme zeigte sich jedoch relativ rasch. Das einst gefeierte „Verlegermodell" mußte nahezu ausnahmslos seinen Bankrott erklären. Jüngste Indizien dafür sind die gescheiterten *Print-TV-Adaptionen*. Auf große Reichweite angelegte Formate wie Newsmaker (eine A-daption des BILD-Konzeptes) scheiterten ebenso wie Gruner+Jahrs Brigitte TV. Das Fernsehformat Stern TV arbeitet weitgehend autonom und mit eigener Redak-tion, wenngleich auch hier redaktionelle Cross-over Verflechtungen zu konstatie-ren sind. Andere Print-Formate konnten ihre TV-Diversifikation als Special-Interest und Nischenprogramm etablieren: Die Verlagsgruppe Milchstrasse, Springer oder G+J hatten sogar eigene TV-Produktionseinheiten, die zum Teil bereits wieder aufgelöst sind. Die Zeitschrift der Verlagsgruppe Motorpresse Stuttgart, Auto Motor und Sport, ist bei VOX auf Sendung, die ADAC Mitgliederzeitschrift Motorwelt komplettiert ihr bisher bereits bestehendes Print- und Online-Angebot seit kurzem mit einem eigenen TV-Format. Überraschenderweise ist es mit dem ADAC ein branchenfremdes Unternehmen, das derart rigoros auf eine konsistente Cross-Media Strategie setzt. Doch andere traditionelle Printangebote zeigten in der Vergangenheit, dass Cross-Media kein simpler Transfer gedruckter Inhalte in ein TV-Format ist. Frühe Formate wie etwa das TV-Männermagazin M (Burda) oder die TV-Adaption Playboy fanden keine Nachfolger.

Auch die wirtschaftliche Zusammenarbeit und werbliche Gegenhilfe stößt auf Grenzen. Der von Medienkritikern oft wegen seiner vermeintlichen omnipotenten Präsenz abgelehnte Medienverbund Kirch-Springer demonstrierte am Beispiel der Fußballsendung ran, dass ein Cross-over von Print (BILD), Free-TV (SAT.1, ran) und PAY-TV (Premiere) sowie Online (Sport1) äußerst beschränkt ist. Damit der hochdefizitäre Bezahlfernseh-Kanal Premiere zusätzliche Abonnenten gewinnt, wurde die Bundesligaberichterstattung bei SAT.1 auf einen späteren Programmplatz verlegt.

Nachdem anfänglich BILD diese Maßnahme publizistisch unterstützt hatte, wendete sich jedoch rasch die Stimmung. Auch die Springer Zeitung votierte nun für eine zuschauerfreundliche Platzierung im Sendeschema. Die Online-Begleitung erreichte nie eine beachtenswerte Größe. Die Online-Aktivitäten, hier Print mit Online-Angeboten zu vernetzen, etwa durch bild.de, blieben bisher in der Testphase. Ambitionierte Cross-Media Projekte, die Springer etwa mittels Streaming Video realisieren wollte, sind noch nicht zur Marktreife gelangt. Aufwändige Präsentationsformen sind zudem auf schnelle (Bild-) Übertragungstechniken wie etwa UMTS im Bereich „Mobile" angewiesen. Hier setzen allerdings die sehr hohen Refinanzierungskosten der massenhaften Anwendung die Grenzen.

Cross-Media ist jedoch keineswegs eine Einbahnstrasse von Print nach TV: Hier allerdings sind die Beispiel seltener. Das TV-Format des Nachrichtensenders ntv etwa steht Pate bei der Printadaption. Die Verlagsgruppe Handelsblatt, Anteilseigner bei ntv, bringt die Wirtschaftszeitschrift *Die Telebörse* heraus. In einem anderen Genre sind etwa die Verlag Dino oder Ehapa/Cultfish aktiv. Sie übernehmen TV-Sendungen wie *Gute Zeiten schlechte Zeiten* oder *Big Brother* und erweitern die TV-Sendungen um diverse Printprodukte. Gute Zeiten schlechte Zeiten etwa gruppiert um sich herum eine Zeitschrift, diverse Bücher und Kalender sowie Merchandising Artikel. Auf der anderen Seite machten sendereigene Boulevard-Formate wie *Explosiv* (RTL), *Blitz* (SAT.1), *Brisant* (ARD), *taff* (ProSieben) den Print-Pendants durchaus Konkurrenz. Gemeinsam mit den Daily Talks liessen sie die Auflagen thematisch naher Printmagazine aus dem Yellow-Segment abschmelzen. Auch die Ambition, BILD ins TV und Online zu übersetzen, haben hier ihre Wurzeln.

Mögliche Auflagenverluste der Print-Objekte sollen möglichst konzernintern durch entsprechende TV-Formate kompensiert werden. Doch nach Mißerfolgen (z.b. Brigitte TV, Newsmaker/BILD) bekam diese Cross-Media Strategie ein neues Vorzeichen: Aus Furcht, das Image der „Printmarken" durch unattraktive TV-Formate zu beschädigen, wurden weitere TV-Adaptionen eingestellt. Das redaktionelle Cross-Media Bündnis bekommt Risse. Die ökonomische Bedeutung der Zeitschrift läßt die Gattung Print im Wettbewerb mit TV – noch - obsiegen. Wie sieht der intermediäre Wettbewerb mit Online-Medien aus? Trotz aller inhaltlichen Parallelen (Sex, Sensationen, Spiele) präsentiert der Springer Verlag mit bild.de eher eine bisher zurückhaltende Synthese von Print und Online. Nach quantitativen Kriterien der Reichweite sind die Web-Angebote von populären Sendern wie RTL weit erfolgreicher. Hier findet eine enge Cross Promotion und Verzahnung mit TV-Programmen statt. Offenbar zeigen TV-Nutzer eine größere Affinität zu ebenfalls elektronischen Angeboten via Internet. Insgesamt jedoch, so eine Bestandsaufnahme der Unternehmensberatung Cap Gemini Telecom aus dem Frühjahr 2002, nutzen Zeitschriften, Zeitungen und TV-Sender ihr Cross-Media Potenzial nur unzulänglich aus. Lediglich die Web-Auftritte der Financial Times Deutschland, n-tv, Spiegel, Süddeutsche Zeitung, T-Online und TV Spielfilm erreichten positive Urteile der Analysten.

Hinsichtlich der „Usability" belegten FTD, Focus, ADAC, Spiegel, Kölner Express, Welt, Zeit, FAZ, Living at Home (G+J) und SZ die ersten zehn Plätze. Interaktivität, ein Spezifikum online-basierter Angebote, wiesen primär Handelsblatt, SZ, Welt, Spiegel, Zeit, ADAC, Bild, FAZ, Focus, FTD aus. In Fragen der Refinanzierung, mithin einer der zentralen Bedingungen weiterer Cross-Media Strategien, liegen FTD, Living at Home, SZ, Handelsblatt, Passauer Neue Presse, Stern, Focus, TV Spielfilm, FAZ, Welt und Zeit vorn. Die Debatte um Paid Content dürfte die weitere Cross-Media Strategie im redaktionellen Bereich entweder absichern oder zu Fall bringen. Derzeit gilt Paid Cotent als eine Refinanzierungs-Möglichkeit.

Das Zukunftsszenario setzt hier an. Medienhäuser produzieren nicht mehr medienspezifische Inhalte. Sie stellen vielmehr trägerunabhängige Contents her. Diese werden dann als „enriched content" medienspezifisch aufbereitet und über diverse „devices" dem Endkunden angeboten. Das impliziert sowohl stationäre Empfangsmöglichkeiten als auch mobile Dienste. Diese sind dann nicht mehr kostenlos, sondern tragen zur Finanzierung bei. Ob dieses Refinanzierungsmodell auf der Seite der Rezeption auf Akzeptanz stößt, ist umstritten. Ebenso strittig ist, inwieweit Inhalte derart konfektioniert werden können, dass sie in wenigen Arbeitsschritten medienindividuell zugeschnitten werden können.

Hinsichtlich der Produktion bedeutet diese Cross-Media Anlage: Kein Medium produziert einen jeweiligen Inhalt genuin für sich. Inhalte nehmen im Verlaufe ihrer Distribution unterschiedliche Gestalt an. Eine Nachricht wird fortgeschrieben und fortlaufend etwa über Internet oder WAP aktualisiert und distribuiert. Die Financial Times Deutschland formuliert hierfür den Leitgedanken „one brand – all media". Das Fazit fällt zu Gunsten der etablierten Medien, besonders der Verlage, aus: Sie bieten nicht mehr lediglich eine webbasierte Version des gewohnten Printproduktes an. Inzwischen haben sich die Online-Ausgaben von Zeitungen und Zeitschriften zum Teil von ihren Mutter-Blättern emanzipiert und generieren eigene Inhalte. Zwei Konzepte leiten dabei die redaktionelle Arbeit. So arbeitet etwa beim SPIEGEL eine eigenständige Online-Redaktion. Bei der Financial Times Deutschland wurde indes diese Eigenständigkeit wieder zurückgenommen. Die Online-Redaktion wurde re-integriert.

3. Werbung: Cross-Media als evolutionäre Fortentwicklung von Media Mix Wirkungsmodellen

Bis zum Start privatfinanzierter Fernsehprogramme machten die Mediengattungen Print und Fernsehen das vorhandene Werbebudgets der Industrie sowie das Zeitbudget der Mediennutzer nahezu ohne grosse Kontroversen unter sich auf. Die Ambitionen der Zeitungsverleger, in das elektronische Medium Fernsehen zu expandieren, blieben bis auf Ansätze folgenlos. Die nahezu historische Verteilung der Werbebudgets, hier auf die privatrechtlichen Printmedien, dort auf die öffentlich-rechtlichen Fernsehanstalten, basierte auf ordnungspolitischen Richtlinien, diese wiederum auf technischen Bedingtheiten. Die Rundfunkpolitik hatte dieses duale System festgeschrieben da die konventionelle terrestrische Verbreitung nur über eine beschränkte Zahl von Frequenzen möglich war. Diese restriktive Maßnahme blieb solange wirksam, bis neue (Kabel-) Techniken auch den Zugang neuer Betreiber ermöglichte.

Mit dem *Start werbefinanzierten Privatfernsehens* ging diese duale Balance verloren. Nach einer kurzen Anlaufphase gelingt es den privaten Sendestationen, massive Budgets der werbungtreibenden Industrie auf sich zu vereinigen. In der Folge schnellt das Werbevolumen nach oben. Die Aufwändungen für Werbung in gedruckten Medien stagnieren oder steigen dagegen weit langsamer. Die Marktanteile verschieben sich. Das TV kann Zuwachsraten verbuchen, während die Printgattung nur durch die Addition von Zeitungen und Zeitschriften in toto auf einen Marktanteilsvorsprung setzen kann.

Die Publikumszeitschriften, deren Brutto-Werbeumsätze noch vor der Gattung Zeitung den ersten Rang eingenommen hatten, verlieren ihre Vormacht-Stellung bereits 1992. Privatfernsehen sowie die öffentlich-rechtlichen Programme verweisen die Publikumszeitschriften auf Rang zwei. Ein Jahr später zeigt sich die Marktverschiebung zu Lasten der Zeitschriften noch deutlicher. In diesem Jahr sinken die Brutto-*Werbeumsätze der Publikumszeitschriften* sogar um 2.2 Prozent. Der Werbeträger Privatfernsehen vereinigt zum ersten Mal höhere Werbevolumina auf sich als die Zeitschriften. 1999 gar übertreffen die elektronischen Medien (Hörfunk und Fernsehen) die Print-Medien zum ersten Mal und erreichen einen Marktanteil von 48,8 Prozent gegenüber 48,7 Prozent am Brutto-Aufkommen der

Werbeinvestitionen. In den vergangenen 15 Jahren konnte das Fernsehen seine Werbemarktanteile mehr als verdoppeln. Zeitungen ebenso wie Zeitschriften verloren dagegen Marktanteile. Die Zeitschriften kommen Anfang 2000 auf etwa 22 Prozent. Der Wettbewerber Fernsehen liegt nach Brutto-Werbeumsätzen bei 43 Prozent.

Beim Vergleich der Werbe-Nettoeinnahmen, wie sie der Zentralverband der deutschen Werbewirtschaft (ZAW) vornimmt, profitiert das Fernsehen noch intensiver vom Werbeboom. Es kann in den neunziger Jahren seine Netto-Werbeeinnahmen (gerechnet in D-Mark) sogar verdreifachen. Der Marktanteil steigt von 12 Prozent (1990) auf 20 Prozent 2000. Die pro Jahr feststellbaren Zuwachssprünge aber fallen weit kleiner aus. 1991 legte TV noch um 34 Prozent zum Vorjahr zu. 2000 waren es noch 9 Prozent. Die weitere Akzeptanz des Werbeträgers Fernsehen wird zweifellos davon abhängen, inwieweit (oder ob überhaupt) hier Sättigungstendenzen in der Rezeption eintreten werden.

Hier setzen vornehmlich verlagspolitische Interessen und Forschungen an. Die in der Frühzeit der Konkurrenz von Fernsehen und Print gepflegte radikale Abwehrhaltung wich von Seiten der Verlage einer Strategie der Annäherung und Koexistenz. Sie findet ihre Entsprechung in einer Vielzahl von Forschungsansätzen, die sich unter dem Paradigma des Media Mix' subsumieren lassen. Auffällig ist, dass sich die Fernsehveranstalter dieser Annäherung nie angeschlossen haben. Indizien dafür sind die jüngsten Studien der Werbezeitvermarkter von RTL bzw. von ProSieben und SAT.1. In der von SevenOneMedia vorgelegten Ausarbeitung *Wer wirbt gewinnt*[13] ist von begleitenden Effekten durch Printwerbung nie die Rede. Media Mix interpretiert sich hier allenfalls als Bezug auf Kampagnen, die auch beim Konkurrenz-Kanal RTL laufen und von daher derartige intramediale „Multiplyer-Effekte" zeigen: „Die Effektivität von Kampagnen wird beeinflußt von Sendern, Zeitschienen und Fernsehintensität."[14]

Auch der auf Werbewirkung spezialisierte „Werbewirkungskompass" des Vermarkters der RTL-Gruppe, IP Deutschland, thematisiert *Media Mix* nur am Rande. Die Strategie der Verlage findet sich ausschließlich in einer differenzierten Auflistung der Werbespendings im Media-Split. Werbewirkungen wie die Awareness eines Markenproduktes werden auf Fernsehwerbung zurückbezogen. Ein intermedialer Zugang eröffnet sich allein in einem Detailergebnis. Die IP erforscht kontinuierlich die Beliebtheit der Medien. Rang 1 nimmt hier das TV ein, gefolgt von Tageszeitungen, Radio und zuletzt, den Zeitschriften. Mögliche Interdependenz von Beliebtheit und Wirkung erläutert IP so: „In Branchen, in denen überwiegend auf TV gesetzt wird, werden durchweg bessere Erinnerungswerte erzielt

---

[13] Vgl. SevenOne Media (2001) Wer wirbt, gewinnt – Neue Ergebnisse zur Wirkung von Fernsehwirkung, München.
[14] Ebenda.

als bei geringem TV-Anteil."[15] Der Werbewirkungskompass von RTL ist nur ein (renommiertes) Modell und Analyse-Instrument zum Nachweis von Werbewirkungen. Die Mehrzahl ähnlicher Tracking- und/oder Monitoring-Instrumente wurden von Fernsehveranstaltern vorgelegt. 1997 fokussieren auch die Verlage mit der „Werbewertformel" ein Instrumentarium, Werbeeffekte zu quantifizieren.

Dabei hatten deutsche Verlage bereits früh *Media Mix-Modelle* präsentiert. Dies geschah unter dem Eindruck der geschilderten Konkurrenz mit dem TV und den damit verbundenen Marktanteilsverlusten. Diese Mix-Konzepte basieren in erster Linie auf folgender Hypothese: „Werbung in elektronischen Medien besitzt im Gegensatz zu Printmedien eine hohe Sofort-Wirkung, die aber auch schnell wieder verfällt, wenn die Werbung abbricht. Demgegenüber ist Werbung in Printmedien zur Übermittlung komplexer Botschaften besser geeignet. Sie wirkt zwar langsamer als TV-Werbung, dafür aber präziser und nachhaltiger."[16]

Aus dieser Grundaussage spricht zum einen noch eine qualitativ höher bewertete Print-Leistung. Zum anderen der überkommene Antagonismus Print versus TV. Diese Basisaussage hat sich bis heute in Grundzügen erhalten. Sie ignoriert jedoch den Interdependenzprozess von TV und Print. Vielmehr geht sie von zwei unterschiedlichen Wirkungsmodulen aus, das sich jedes für sich entfaltet. Dabei entstehen Werbewirkungen im Langfristverlauf. Sie entfalten sich in einem kontinuierlichen und aufeinanderbezogenen Wechselwirkungsprozeß. Depotwirkungen finden statt, sie reichern sie via Print an, oder auch via TV. Eine Media Mix-Werbewirkung ist nicht das finale Additions-Produkt „TV+Print=Effekt" am Ende eines linearen Prozesses. Klare Zuordnungen der Verursachermedien und damit stimuli-auslösenden Quellen lassen sich gerade im Rahmen derzeit gängiger Strategien zur längerfristigen Markenentstehung, -bildung und pflege nicht ausmachen.

Die Überlegungen zum Media Mix, quasi ein Vorgänger Modell der Cross-Media Strategie, gehen auf verlagspraktische Notwendigkeiten der Werbe-Effizienzmessung und -Steigerung zurück. Die zentrale Forschungsfrage heißt: *Welche Mediengattung ist wie intensiv und zu welchem Preis einzusetzen, wenn der Werbedruck erhöht werden soll.* Erreicht ein Mehr an TV-Werbung höhere Werte hinsichtlich Erinnerung oder Markenbekanntheit? Welche zusätzlichen monetären Aufwändungen erhöhen (linear) die Reichweite, in welcher Weise wird Grenznutzen erreicht?

Das theoretische Fundament, von dem die Verlagsforscher hier ausgehen, legte der US-Psychologe Percy H. Tannenbaum.[17] Tannenbaum entstammt der Schule

---

[15] Vgl. IP Deutschland (2002): Der Werbewirkungskompass. Methodik und Ergebnisse, Köln, S. 25.

[16] Axel Springer Verlag (1993) Werbewirkungsfaktoren in Zeitschriften, Hamburg.

[17] Vgl. Tannenbaum, Percy H. (1956): Attitudes toward Source and Concept as Factors in Attitude Change. In: Public Opinion Quarterly 20. S. 413-425.

der Lern- und Verhaltenstheoretiker und erforschte die Bedingungen, unter denen sich Einstellungen bilden und umgestalten Eine seiner Erkenntnisse basiert darauf, dass sich Einstellungen am ehesten ändern lassen, wenn sie von diversen Stimuli angestoßen werden. Das heißt: Wenn eine Botschaft mehrmals über verschiedene Transportmedien an den Rezipienten gelangt und zudem noch mehrmals in ihrem Inhalt leicht variiert wird, ist die Chance am höchsten, dass sich die Einstellung modifizieren läßt. Der Gegenpol: Eine Botschaft, die nur monomedial aus einer Quelle kommt und stets das gleiche Thema unverändert perpetuiert, erzielt die schwächste Wirkung. Diverse Rechenmodelle der Verlage versuchen nun multivariate Planungsinstrumente vorzustellen, die je nach der Höhe der Werbeetats die optimale Verteilung der Werbeaufwändungen darstellen. Sie kalkulieren, welche Folgen etwa eine Veränderung der als optimal angesehenen 50:50 Verteilung zu Gunsten von TV oder Print hat. Übertragen auf die Media-Debatte bedeutet dies: Eine Werbebotschaft, die via TV und Print daherkommt, erzielt höhere Werte als eine Mono-Kampagne. Diese mehrkanalig übertragene Botschaft wird zudem noch optimiert und vernetzt mit Instrumenten der Verkaufsförderung oder der Direktwerbung.

Zweites Grundkonstrukt im Rahmen von Media Mix Konzepten ist die Annahme einer medienspezifischen Arbeitsteilung. Das Medium Fernsehen ist, so die Annahme, aufgrund der gattungsspezifischen Präsentation, eher auf die Ansprache emotionaler Reize hin angelegt. Es spricht eher die rechte Gehirnhälfte an. Das Medium Print hingegen berührt eher kognitive Momente. Es ist damit in der linken Gehirnhälfte verortet. Beide Hemisphären agieren nicht voneinander getrennt, sondern miteinander in Wechselbeziehung. Diese Logik speist eine Idee des Media Mix'. Wird eine der beiden Gehirnhälften nicht angesprochen, driftet die Balance zwischen Vernunft und Gefühl auseinander. Es fehlt ein wichtiger Bestandteil im dual aufgebauten menschlichen Haushalt aus *Emotion und Kognition*.

Mediatechnisch gesprochen: Eine der Mediengattungen bleibt unberücksichtigt. Zu diesen verschiedenen Aktivierungs-Bereichen kommen unterschiedliche Rezeptionsbedingungen. Print gibt jedem Leser die Möglichkeit, die Rezeptionsgeschwindigkeit seiner kommunikativen Kompetenz anzupassen Auch Wiederholungen gleicher Print-Sequenzen sind möglich. TV hingegen ist derart individuell nicht auszusteuern. Es bietet zudem leichter die Gefahr, als Sekundärmedium („Hintergrund-Musik") eingesetzt zu werden. Im Mehr-Kanal-Medium TV sekundiert dafür die Bewegt-Bild-Kommunikation die sprachbasierte Informationspräsentation. In diesem Zusammenhang bedeutet der zusätzliche Einsatz von Print neben TV dann kein Media Mix im Sinne des Multiplying-Effektes, wenn er nur auf einen quantitativen Zuwachs im Reichweitenaufbau abzielt. Diese Media-Strategie nutzt nicht die Potenziale, emotionale wie kognitive Momente miteinander zu verschränken. Dabei ergibt sich ja aus dieser Symbiose von TV plus Print nicht nur eine additive Dopplung. Es entsteht vielmehr eine Gesamtwirkung, die mehr ist als eben die Summe der beiden Teile. TV, so die Verlagsforscher, ist primär für den Transport emotionaler Impulse geeignet, da es weniger logisch-rationale Denkstrukturen als Gefühlsbilder anspricht.

Print dient vornehmlich zur rationalen Beeinflussung, da es die rational-logische Verarbeitung von Inhalten fördert.[18]. In die Mediapraxis übersetzt heißt dies: „Elektronische Medien schaffen Kaufanstöße durch schnelle, aber nicht sehr stabile Aufmerksamkeitseffekte. Diese sichern das Wiedererkennen am Regal. Und zwar auch bei Nicht-Produktinteressierten. Bei Markenwerbung in Printmedien entstehen langsamere, aber nachhaltige Absatzbewegungen durch Überzeugungseffekte, die die Markentreue erhöhen."[19] An diversen Beispielen bemüht sich etwa der Verband Deutscher Zeitschriftenverleger VDZ, die Potenz von Media Mix Konzepten und ihre multiplen und crossover-wirksamen Effekten nachzuweisen.[20]. Diese Analysen gehen inzwischen weit über die pure Darstellung unterschiedlicher Effekte von Print oder TV hinaus. Sie unterscheiden etwa zwischen advertising- awareness und brand-awareness und den Anteilen an Werbewirkung, die die jeweiligen Mediengattungen daran haben.[21]

Die mehrkanalige Ansprache bedeutet insofern, dass die Aufmerksamkeit steigt, zusätzliche Informationen angeboten und damit höhere Lerneffekte beim Nutzer erzielt werden. Mix-Kontakte sorgen für einen Glaubwürdigkeitstransfer. Anzeigen mit hohem Informations-Impact können emotional-basierte TV-Spots optimieren, indem sie aus dem Affekt eine Handlungsanweisung machen. Das eingängige Fazit lautet: Mix ist besser. „Mix-Kontakte sind generell wirksamer als Mono-Kontakte, und zwar auf verschiedenen Wirkungsebenen und in unterschiedlichen Kontaktklassen", stellt etwa 1997 der Axel Springer Verlag in einer Studie fest.[22] Das Gruner+Jahr Werbe-Wirkungspanel geht sogar davon aus, dass „darüber hinaus Mixkontakten eine besondere Wirkung zuzukommen scheint".[23] Sie ergänzen sich eben nicht pur additiv, sondern funktional. Diese Multiplying-Effekte, also die wechselseitigen Verstärkungen im Medienverbund von TV und Print lösen sukzessive die bisherigen Annahmen von einer kumulativen Zusammenwirkung bzw. Arbeitsteilung Print und TV ab.

Im Rekurs auf die *Zwei-Gehirnhälften-Annahme* ergibt sich damit, dass Media Mix eine „whole brain communication" fördert. Derartige Gedankenmodelle lassen sich aus ihrer bisher bipolaren Media Mix-Verankerung lösen und um eine online-Dimension erweitern. Diese neue Rolle, in die Online-Medien hinein wachsen können, müssen jedoch auf (derzeit) verfügbare Reichweite, Nutzungsgewohnheiten und Nutzerdemografie hin geprüft werden. Bislang hat das Internet keine ökonomische Relevanz im Media-Set. Ebensowenig spielt sie derzeit eine Rolle in der Verteilung des Zeitbudgets für die Mediennutzung. Online-Nutzung geht offenbar nicht zu Lasten der TV-Rezeption. Massivere Bedrohung der gewohnten Werbestrukturen im TV dürften eher aus den neuen Empfangstechniken

---

[18] Vgl. Axel Springer Verlag (2000) Media Mix Strategien, Hamburg.
[19] Ebenda.
[20] VDZ (1999) Take a fresh look at Print, Bonn.
[21] VDZ (2000) Media Mix – eine Fallstudie, Bonn.
[22] Vgl. Axel Springer Verlag (1997) Instrumente der strategischen Planung, Hamburg.
[23] G+J (2001) Werbewirkungspanel, Hamburg.

erwachsen, die unter den Stichworten *Fernsehfee* bekannt sind. Fernsehwerbung wird hier durch den Einsatz von zwischengeschalteten Speichermedien ausgeblendet. Crossmediale Verbindungen bekommen damit eine neue Qualität.

Eine Konkurrenz durch das Medium Internet im Bereich Werbevolumen ist in keiner Weise zu konstatieren. Hier liegen die realen Zahlen zum Aufkommen noch sehr weit hinter konventionellen Medien zurück. Die erste Bestandsaufnahme von *Online-Werbung* datiert aus dem Jahr 1996 und registriert Netto-*Werbeeinnahmen* von 2,5 Millionen EURO oder gerade einmal 0,01 Prozent Marktanteil. 1997 sprang dieses Volumen um 400 Prozent auf 13 Millionen EURO. Im Jahr 2000 liegt es bei 153 Millionen EURO. Der Markanteil rangiert 0,66 Prozent und ist damit marginal im Vergleich zu den etablierten Medien zu nennen. Die Zuwächse der Online-Werbung sind zwar weitaus größer (100 Prozent) als die von Print und TV. Doch die absoluten Zahlen lassen Online-Werbung derzeit nur als Rand-Werbeträger erscheinen. Das Ende des Börsen-Booms sowie der Zusammenbruch der Netzwirtschaft haben im dritten Quartal 2000 sogar zu einem ersten Rückgang der Online-Werbeaufwändungen geführt, wie das Internet Advertising Bureau mitteilen (IAB) mußte.[24] 2001 sollen laut A.C. Nielsen 211.6 Millionen EURO in die Online-Werbung geflossen sein.[25]

Die Marktforscher von Jupiter MMXI mußten jedoch parallel einen rapiden Verfall der Preise für Online-Werbung konstatieren. Zum Teil gingen die Preise um 30 Prozent nach unten. Auch die Wirksamkeit von Online-Werbung sinkt. So registrierte das IAB um 1996 noch eine Klickrate von acht Prozent. Sie sank auf 0,25 Prozent. Das heißt: Heute wird nur noch jeder 400ste Banner angeclickt. Das Internet ist damit noch weit davon entfernt, effektiv als Werbeplattform eingesetzt werden zu können. In einer Befragung der Fachzeitschrift Horizont rangiert das Internet in der Liste der glaubwürdigen Medien auf dem vorletzten Rang, nur noch vor den Postwurfsendungen der Direktwerbung. Nur ein gutes Drittel bewertete Internetwerbung als glaubwürdig. Printmedien, besonders die Tageszeitung, notieren in der Kategorie „Glaubwürdigkeit" ganz vorn.

Die Frage wird hier sein, ob das klassische *Werbebanner* um neue Werbeformen ergänzt werden kann. Hier werden e-Werbemittel wie Interstitials oder das Permission Marketing in Form von E-mail-Newsletter neue Pfade zum nun individuell erreichbaren Werbe-Rezipienten und Endkunden suchen. Als eigenständiges Medium, das ohne Markenbindung, -bezug und -unterstützung als Werbeträger agiert, wird sich das Internet nur sehr schwer gegen etablierte und kommunikativ gelernte Massenmedien durchsetzen können. Die Chance, so auch der ZAW, liegt in der crossmedialen Verzahnung mit konventionellen redaktionellen und werblichen Botschaften. Hier wird die weitere technische Entwicklung in Richtung auf mobile Anwendungen weitere Felder erschließen.

---

[24] Vgl. Media Perspektiven (6/2001).
[25] Vgl. A.C. Nielsen Werbeforschung S+P (2002) Online-Bruttowerbeaufwendungen des Jahres 2001. Hamburg.

Die Perspektiven für eine Integration der Online-Medien in das bestehende Werbeträger-Repertoire werden durchaus als positiv bewertet. 70 Prozent der werbetreibenden Unternehmen wollen das Internet in das Marketing-Mix einbeziehen. Drei Viertel glauben, dass durch diesen neuen Mix die Kunden weit besser angesprochen werden. An eine Substitution glaubt zwar weniger als ein Drittel, doch immerhin 44 Prozent der Befragten gehen davon aus, dass das Internet zur Hauptinformationsquelle aufrücken könnte. Cross-Media Entwürfe verfeinern zum einen die Möglichkeiten, visuelle Reize einzusetzen, um kognitive Denkprozesse anzustoßen und zu beschleunigen. Zum anderen bieten sie die Chance, derartige Media Mix Überlegungen aus ihrer massenkommunikativen Begrenzung herauszulösen. Cross-Media ist die Individualisierung des Media Mixes per Internet.

4. TV Movie als redaktionelles Cross-Media Produkt im Markt der Programmzeitschriften

Die Programmzeitschriften spielen innerhalb der Medien-Gattung der Printmedien eine besondere Rolle: TV-Zeitschriften (wöchentliche wie vierzehntägliche) haben ein einzigartiges Marktvolumen. Sie erreichen etwa eine Gesamtauflage von ca. 20 Millionen Auflage pro Erscheinungsintervall. Damit ist etwa ein Sechstel der gesamten Auflage der Publikumszeitschriften diesem Genre zuzurechnen. Wird nochmals die Auflage der Publikumszeitschriften um die Verbandsorgane wie ADAC Motorwelt und Das Haus gemindert, so zeigt sich die Stärke des Segmentes noch klarer. Jede vierte Zeitschrift, die über den Handel oder per Abonnement verkauft wird, ist eine Programmzeitschrift. Das monetäre Umsatz-Volumen liegt bei etwa 1,3 Milliarden EURO, das sich derzeit 20 Zeitschriften mit unterschiedlich großer Marktbedeutung teilen. Während etwa ein hochauflagiger Titel wie *TV Movie* aus dem Bauer Verlag stark vom Anzeigen- und Vertriebsgeschäft partizipiert, konzentrieren sich niedrigpreisigere Zeitschriften wie *auf einen Blick*, *TV 14* oder *TV klar* primär auf Vertriebserlöse. In beiden Märkten, vornehmlich im Lesermarkt, stößt das Segment an Sättigungsgrenzen.

Die Gattung ist daher von einem starken *Verdrängungswettbewerb* geprägt. In einer ersten Innovationswelle wurden die klassischen hochpreisigen Titel der Verlage Bauer und Springer (Hörzu, TV Hören und Sehen) sowie die Zeitschriften im Mittelpreissegment, Fernsehwoche, Funkuhr mit preiswerten Wettbewerbern konfrontiert. Bauer brachte mit *auf einen Blick* einen Titel mit Doppelnutzen auf den Markt. Das gleichzeitig gestartete Objekt des Gong Verlages, *die zwei*, drückt diese Strategie, Frauen- und Programmzeitschrift zu sein, ebenfalls aus. Springer büßte in der Folge 1984 seine Marktführerschaft ein. Bauer übernahm sie und hält sie bis heute.

Doch die Preisbrecher von damals bekamen neue Konkurrenz, die sich erneut wiederum als preisgünstigere Alternative interpretierte. TV klar (Bauer) und TV neu (Springer) griffen die bestehenden Titel in der Preishierarchie von unten an.

Diese preisgetriebene Marktlogik erhält sich bis heute. Die erst vor kurzem auf den Markt gebrachten Zeitschriften TV 14 (Bauer) sowie TV direkt (Gong-Verlag) setzen beide das Marketinginstrument "Niedrigpreis" ein. Damit hatten zuvor Titel wie *auf einen blick* oder später *TV klar* und *TV* den etablierten Titeln wie *Hörzu* oder *TV Hören und Sehen* Konkurrenz gemacht. Diese neuen Zeitschriften führten zwar zu Verschiebungen der Marktanteile. Mit Blick auf die Geschichte der Gattung konnte der Markt ausgeweitet werden

Klare *Profiteure des Privatfernsehens* waren die wöchentlichen Programmzeitschriften. Sie erreichten 1991 eine Auflage von 18 Millionen Exemplaren. Danach aber folgte der Einbruch. Die neue Konkurrenz durch die Spielfilmtitel reduzierte die Auflage auf 12 Millionen Exemplare in 1999. Ende 2001 erreichen die Wochentitel noch knapp die 10 Millionen-Grenze. Doch auch die vierzehntäglichen Titel *TV Movie* und TV Spielfilm konnten nach raschen Zuwächsen die angepeilte 3 Millionen-Hürde nicht mehr überwinden. Als 1998 *TV direkt* und etwa später *TV 14* auf den Markt kamen, führte der über den Copypreis ausgetragene Wettbewerb zu massiven Einbußen. Das Segment wuchs dank der neuen preiswerten Titel auf 8.8 Millionen Exemplare.

Der Markt wird zudem bedient durch TV-Supplements wie beim Stern oder durch die Programmbeilagen der Tageszeitungen, die ebenfalls eine Auflage von 15 Millionen Exemplaren erreicht. Zusätzlich erproben bisher Branchenfremde den Marktzutritt, um mit Hilfe von unentgeltlichen TV-Informationen zusätzliche Kaufimpulse zu schaffen. Programmzeitschriften werden so zum Bestandteil der klassischen B2C-Verkaufsfördermaßnahmen. Tschibo liefert seinen Kaffee-Kunden seit kurzem ein TV-Programm-Magazin im Rahmen seiner Produkt-Broschüre bzw. seines Instore-Magazins.

Diese generelle *publizistische wie wirtschaftliche Rolle der Programmzeitschriften* spiegelt sich wider in der Relevanz für einen einzelnen Verlag wie den Bauer Verlag. Er publiziert sieben Titel in diesem Segment. Jede 13. in Deutschland verkaufte Zeitschrift ist eine Programmzeitschrift aus dem Haus Bauer. Jede sechste verkaufte Zeitschrift ist eine Programmzeitschrift. *TV Movie* ist dabei das auflagenstärkste Verlagsobjekt – und Europas meistverkaufte Zeitschrift. *TV Movie* steht im direkten Wettbewerb mit TV Spielfilm (Verlagsgruppe Milchstrasse) sowie TV Today (Gruner+Jahr). Alle drei Titel sind publizistische Reaktionen auf die deregulierte Fernsehlandschaft, die mit dem Privatfernsehen eine Vielzahl neuer Formate brachte. Die inhaltlichen Präferenzen lagen eindeutig auf massenattraktiven Inhalten. In der Startphase des Privat-TVs speiste sich daher das Programm in erster Linie durch kostengünstige Unterhaltungs-Formate und Spielfilme. Die Refinanzierung allein durch Werbeeinnahmen machte eine klare Fokussierung auf den Geschmack eines jüngeren Zielpublikums erforderlich. Während die öffentlich-rechtlichen ihren universellen Programmauftrag erfüllen mußten, konnten sich in der Folge Sender mit einer klar begrenzten Zuschauerschaft herausbilden. Ein Sender wie Pro Sieben richtet sein Spielfilmprogramm ausdrücklich auf eine junge Zielgruppe aus. Das inhaltliche Angebot verfielfacht sich. In den Vordergrund bei den Privaten rücken fortan fiktionale Formate, besonders US-Serien und Spielfilme.

Am Nikolaustag 1991 reagierte der Bauer Verlag auf diesen Programmwechsel. *TV Movie* erweitert als zweites Objekt das zuvor von TV Spielfilm eröffnete neue *Segment der 14täglichen Programmzeitschriften*. Die Spielfilm-Orientierung macht sich in der Titelbild-Optik bereits deutlich. Marilyn Monroe, James Dean und Mickey Mouse sind die ersten Cover-Motive. Sie signalisieren „neue", junge Inhalte und differenzieren damit dieses neue Genre von den traditionellen Magazinen. Auch der Programmteil unterscheidet sich von den klassischen Titeln. Mit durchschnittlich zehn Seiten pro Tag, auf dem alle 22 Sender gelistet werden, ist die Programmvorschau weit umfangreicher als bei den Wochentiteln. Damit verbunden ist die konzeptionelle Innovation: Alle Spielfilme des Tages werden besprochen und bewertet. Anders als in den „neutralen" Beschreibungen gibt der MovieStar subjektive Empfehlungen. Der Mantel korrespondiert mit den (Freizeit- und Medien-) Interessen der jüngeren, etwas männlicheren Zielgruppe. Hier finden sich nicht mehr die klassischen Rezepte und Gesundheitstipps, sondern Themen aus dem Bereich Entertainment wie Kino, Computerspiele, Video, Musik.

Im ersten Quartal verkauft *TV Movie* bereits 1.435.429 Exemplare. 1994 überwindet das Magazin die Zwei-Millionen-Grenze. Im November 1998 kann *TV Movie* zum ersten Mal über drei Millionen Exemplare absetzen. Bis heute wurden über 600 Millionen Hefte verkauft. Doch mit dem redaktionellen Konzept gelingt es nicht nur, *TV Movie* zu einer erfolgreichen Printmarke zu machen. Die Markenführung bekommt sukzessiv auch intermediäre Züge und integriert im Cross-over zunehmend auch elektronische Medienformen. *TV Movie* setzt schon seit 1995 auf ein Cross-Media Angebot: *TV Movie* ist die erste Programmzeitschrift im Internet. Am 21. Juni 1995 geht der Titel unter der Adresse *tvmovie.de* online. Parallel dazu erkennt *TV Movie* bereits die Potenz des Internets als Motor neuartiger inhaltlicher Angebote. *TV Movie* verleiht 1995 zum ersten Mal den *TV Movie* Internet Award. Fünf Jahre später kann der Wettbewerb bereits auf eine hohe Akzeptanz verweisen. Über 900 Internet-Sites bewerben sich um die Auszeichnung. Nur ein Jahr später, 1996, vollzieht *TV Movie* den logischen Schritt der *multimedialen Diversifikation* in das nächstliegende Medium. Das TV Format *Movie 1* wird über RTL, den mittlerweile umfirmierten Sender TM3 sowie das Metropolfernsehen Hamburg 1 ausgestrahlt. Derzeit stellt die *TV Movie* redaktionelle Inhalte für den Musiksender mtv sowie ein TV-Format auf NTV her. Einmal pro Woche präsentieren die *TV Movie News* die Kino-Starts und Film-Informationen. Die Kooperationen im nicht-redaktionellen Bereich reichten und reichen weiter. Im März 2000 ist *TV Movie* Medienpartner der Verleihung des Musikpreises ECHO. Zudem geht *TV Movie* eine langfristige Medienpartnerschaft mit RTL unter anderem für die Bereiche Champions League und Formel Eins ein. Im gleichen Jahr ist *TV Movie* deutscher Fernseh-Partner der olympischen Spiele in Sydney.

Auf der Internationalen Funkausstellung 1998 unternimmt *TV Movie* einen weiteren Schritt der Medienvernetzung: *TV Movie* stellt den ersten elektronischen

Programmführer vor, der auf internetfähige Fernsehgeräte abgestimmt ist. Ab Oktober ist der EPG (Electronic Programm Guide) über das Internet verfügbar. Mit diesem Online-Engagement reagiert *TV Movie* auf technisch neue Möglichkeiten der Programmvorschau – und neue Wettbewerber. Denn EPGs, elektronische Programmzeitschriften, werden auch von der ARD und privaten Stationen erprobt oder bereits genutzt. Sie übernehmen die Funktion, medienimmanent, d.h. auf dem Bildschirm, durch das Programm zu navigieren. Diese Zusatzleistungen werden an Bedeutung gewinnen, wenn eine weitere Vervielfachung der Fernsehprogramme technisch wie wirtschaftlich möglich ist. Für 2010 ist das Ende der analogen Übertragung bereits festgelegt.

Derzeit wird die *Digitalisierung* der Programmübertragung forciert. Die ebenfalls anvisierte Nutzung des Breitbandes indes stößt derzeit auf ökonomische und kartellrechtliche Grenzen. Die Übernahme noch nicht privatisierter Kabelnetze der Telekom durch den US-Medienkonzern Liberty wurde durch die Wettbewerbsaufsicht untersagt. Doch das einst ausschließlich von der Telekom gehaltene flächendeckende Netz ist bereits in Inseln mit unterschiedlichen Betreibern zerschnitten. Es findet eine Verschiebung der Hoheiten statt. Die Netzbetreiber bekommen größere Marktmacht, sie drängen die Programmzulieferer, die Sender, zurück. Das kann dazu führen, dass der deutsche TV-Markt fragmentiert und sich regional unterschiedliche Programme herausbilden. Die Strategie des Netzbetreibers Primacom, in seinem Hoheitsgebiet nur ausgewählte Programme zu einem Bouquet zu bündeln, geht in diese Richtung.

Doch auch branchenfremde internationale Anbieter drängen in das bisher den Verlagen vorbehaltene Terrain der TV-Programminformation. Unternehmen wie der Suchkatalog *Yahoo* offerieren ebenfalls TV-Informationen. Gegenüber diesen Anbietern aus der Netzwirtschaft kann *TV Movie* jedoch seine genuine Kompetenz ausnutzen. Sie manifestiert sich zum einen in der Stabilität und Tradition der bekannten Marke *TV Movie*. Ihre Bekanntheit in der Zielgruppe der 18 bis 39jährigen liegt bei über 90 Prozent. In bis zu den 49jährigen Lesern ausgeweiteten Gruppe liegt sie nur knapp unter 90 Prozent. Um diesen hohen Bekanntheitsgrad auf hohem Niveau zu halten investiert der Bauer Verlag pro Jahr etwa 20 Millionen EURO. Die zweite Stärke der Zeitschrift *TV Movie* liegt in der redaktionellen Kompetenz. Eine Redaktion mit etwa 100 festangestellten und circa 300 freien Mitarbeitern verfügt über redaktionelle Ressourcen und Infrastrukturen in Text und Bild, die derzeit von branchenfremden Anbietern nicht erreicht werden. Sie sind auf Content-Zukäufe angewiesen.

Doch auch der Bauer Verlag reduziert seine Aktivitäten nicht auf eine monomediale Ausrichtung von *TV Movie*. Auch hier finden sich die Interessen einer *Multi-Channel Verwertung*, wie sie ein Medienverbund gewähren soll. Vor diesem Hintergrund hat auch *TV Movie* eine *Plattformstrategie* eingeschlagen, um so ein crossmediales Produkt anbieten zu können. Dabei ist es sekundär, auf welcher Plattform produziert wird. Derzeit bildet die Printausgabe noch die ökonomisch bedeutendste Plattform. Alle anderen „line extensions in gedruckter oder digitaler

Form sind zwar kostendeckend, reichen aber bei weitem nicht an die Erlöse aus dem Stammgeschäft Print heran. Beispiele dafür sind das *TV Movie* Extra, das über Kinos vertrieben wird, oder die Website. Diesen Internetauftritt realisiert eine kleine Redaktion, die eng mit der Printredaktion verwoben ist. Der Kostenansatz ist stark reduziert, um auch hier kostendeckende Erlöse zu erwirtschaften. Der Nutzer kann hier zugreifen auf Filmkritiken und -bewertungen, Starportraits, O-Töne von Darstellern oder Kinotrailer. Zusätzlich bietet tvmovie.de zielgruppennahe Entertainment-Angebote wie CD-Tipps inklusive Soundfiles oder PC-Spiele. Eine weitere Applikation ist der *TV Movie Clickfinder*. Der Nutzer kann diesen Desktop EPG auf seinen persönlichen Computer herunterladen und so auf das aktuelle Fernsehprogramm zugreifen. Derzeit wird der Clickfinder über 200.000 Downloads regelmäßig genutzt. Eine andere Anwendung hatte zwar einen vergleichbaren avantgardistischen Anspruch. Sie demonstrierten aber, dass auch der Fortschritt der crossmedialen Vernetzung von Trial and Error Verfahren geprägt ist. Inhalte auf einer WAP-basierten Plattform stießen auf keine Akzeptanz, weder beim Endverbraucher noch im Werbemarkt.

Die jüngste Entwicklung ist der Programmführer *TV Movie Digital*. Er kann über das digitale Fernsehen empfangen werden. Mit *TV Movie Digital* stellt sich der Bauer Verlag frühzeitig auf potenzielle Gefährdungen seines Stammgeschäftes ein, die sich bei einer Digitalisierung des TV-Systems ergeben könnten. Sollten mehrere Hundert einzelne Kanäle via Kabel distribuiert werden, müßte eine dazu passende Programmzeitschrift die Umfänge eines Telefonbuches annehmen, will sie alle Programme komplett abbilden. Eine Lösung sieht *TV Movie* im Angebot eines digitalen Selektionsmechanismus. Er funktioniert wie eine Suchmaschine, die aus der möglichen unüberschaubaren Vielfalt von Kanälen individuelle Programme zusammenstellt. Der Nutzer versieht dabei seinen Programmnavigator lediglich mit seinen Präferenzen. Der Navigator erstellt ein Profil und bietet quasi eine individuelle Programmzeitschrift auf dem Bildschirm an.

5. Mehrwert durch Cross-Media Marketing: TV Movie als crossmediale Werbeplattform

Die redaktionelle Vernetzung sieht *TV Movie* als Kern einer vernetzten redaktionellen Produktion von Inhalten vor, die plattformunabhängig präsentiert werden können. Sie werden über verschiedene Kanäle distribuiert. Dabei ist derzeit die Print-Plattform der stärkste Channel. Er dominiert sowohl in seiner Funktion als Ratgeber- und Informationsmedium als auch als Werbeträger. Mit seiner multimedialen Ausrichtung zeigt *TV Movie* jedoch bereits, dass die Zeitschrift sich auf diverse Nutzungsoptionen der Nutzer eingestellt hat. Die verfügbaren Medienkanäle haben sich nicht nur – wie einst bei der Einführung des Privatfernsehen – vervielfältigt. Durch die Verflechtung mit Online-Medien haben sich die Mediengattungen auch neu vermischt und kombiniert. Früher wurde das Telefon ausschließlich genutzt, um zu telefonieren. Der Computer diente ausschließlich dazu,

Informationen herzustellen. Mit der Verschmelzung beider Medien, Konvergenz genannt, ergab sich nicht nur das neue Medium Internet. Es wurden auch neue Nutzungsmöglichkeiten entwickelt. Die vormalige Einbahnstrassen-Massenkommunikation bekam eine individuelle Prägung. Sie ist sogar durch interaktive Momente zu ergänzen. Schrift, Bild und Ton sind eine Symbiose eingegangen. Diese verändert nicht nur die Sinneswahrnehmung, sondern auch die traditionellen Medien- und Werbeauftritte.

Dies kann sich nicht nur die intentionale Kommunikation, die über Medien aufklären, bilden, informieren will, zunutze machen. Auch die Werbung verfügt über ein gänzlich neues Repertoire der Konsumentenansprache. Wurde das Fernsehen als Werbeträger bisher geschätzt, weil es sehr schnell große Reichweiten aufbauen konnte, so wird dem Medium in letzter Zeit immer öfter der Vorwurf gemacht, das Zielpublikum nur noch sehr ungenau zu erreichen. Der Vorteil der Printwerbung, Zielgruppen genauer zu erreichen und nachhaltigere Wirkungen zu erzielen, unterliegt der Kritik, dass Print nur sehr beschränkt emotionale Effekte auslöst und nur sehr langfristig Reichweiten installiert. Je kleiner die Zielgruppe, die eine Werbebotschaft erreichen soll, um so schwieriger ist die selektive Ansprache.

• Die (verlagsseitigen) Argumente pro Print lauten: *Printwerbung* ist Teil einer selbstbestimmten Medienrezeption. Im Unterschied dazu wird TV-Werbung oft als Unterbrechung empfunden. Printwerbung wird damit nie einen Werbedruck erreichen, der von Rezipienten als zu hoch und bedrückend empfunden wird, weil er die Dosis durch die eigene Selektion von Inhalten ja selbst aussteuert.

• Argumente pro TV-Werbung lauten: *Fernsehwerbung* wird als unterhaltend und entspannend empfunden. Sie verbindet Bild und Ton und erzielt so durch die mehrkanalige Ansprache eine weit nachhaltigere Wirkung auf den Rezipienten. Dieser wird zudem auch dann erreicht, wenn er anders disponiert ist, da er TV-Spots nicht ungelesen überblättern, sondern allenfalls wegzappen kann.

Beide Argumentationsstränge werden in Media Mix-Strategien bereits miteinander verwoben. Die Hypothese dazu lautet: Im synergetischen Zusammenspiel ist so der aufmerksamkeitsschwache Rezipient, der von TV Spots übersättigt und von informationslastigen Printanzeigen gelangweilt und überfordert ist, eingefangen. Die *Media Mix* Strategie reagiert damit auf ein verändertes Kommunikationsverhalten. Das kommunikationsökologische Gleichgewicht zwischen dem Medien-Angebot und der Fähigkeit, dieses emotional und kognitiv zu verarbeiten, ist gestört. Rezipienten reagieren mit Ablehnung, Wegzappen, Desinteresse, Berieselung. Das TV übernimmt sukzessive Funktion des Radios, das mehr und mehr als Medium der Hintergrundmusik eingesetzt wird. Printmedien verlieren mehr und mehr ihre Akzeptanz, da die Lesewilligkeit und –kompetenz abnimmt. Dies betrifft auch und insbesondere die werbliche Kommunikation, die via Werbeentgelte Privatfernsehen oder Publikums-Zeitschriften erst refinanzierbar macht. Geringere

Markentreue oder sinkende Awareness bei Produktkampagnen sind nur einige der Folgen dieser zunehmenden Individualisierung der Kommunikation.

Hier indes setzt die Media Mix- bzw. Cross-Media Logik an. Eine Information, die aus vielen unterschiedlichen Quellen bestätigt wird, hat eine andere Glaubwürdigkeit als eine monoton-uniforme Botschaft. Eine Geschichte, die aus mehreren Blickwinkeln erzählt und über verschiedene Kanäle präsentiert wird, verfügt über eine höhere Glaubwürdigkeit als ein monomedialer Inhalt. Cross-Media Pakete übersetzen diese Erkenntnisse in Kampagnen, die sowohl auf Print als auch auf TV setzen. Hier allerdings vollzieht sich in erster Linie eine Addition beider Medienformen, die sich durchaus in Wechselwirkungen auswirken kann. In der Erweiterung des Media Mixes indes baut die Cross-Media Logik nicht auf eine Addition der Mediengattungen, sondern auf deren Vernetzung. Sie fügt nicht nur folgende Module zueinander: „Print für den Geist", „Fernsehen für das Gefühl", „Online für die Interaktion". Die Cross-Mediale Logik versucht vielmehr von vornherein, alle drei Welten miteinander zu verweben und aufeinander zu beziehen. „The Medium is the message", sagt Marshall Mc Luhan. Das heißt für die einzelnen Medienformen:

- Die *Tageszeitung* gilt als sehr glaubwürdiges Medium, das zudem über eine hohe Leser-Blatt-Bindung, Aktualität und hohe Disponibilität verfügt.
- Das *Fernsehen* gilt als authentisches Medium mit hoher (affektiv-gesteuerter) Informationskraft, Unterhaltungspotenz und Aktualität.
- *Zeitschriften* werden eingeschätzt als Ratgeber, Informations- und Unterhaltungsmedium. Sie haben eine hohe Disponibilität, ihre Lektüre ist also orts- und zeitunabhängig. Sie sind stark individualisiert, je nach kommunikativer Kompetenz zu nutzen.
- Der *Hörfunk* gilt als sehr aktuell, unterhaltsam und beliebig zu empfangen.
- *Online-Medien* verfügen über das wohl höchste Maß an Aktualität und globaler Bezüglichkeit. Sie gestatten zudem - anders als die Massenmedien TV und Hörfunk – den interaktiven Zugriff oder die interaktive Partizipation.

In dieses Set hinein ist eine Werbekampagne einzufügen, wenn sie die crossmedialen Potenziale einsetzen will. Da der Konsument seinen Lebensalltag in verschiedenen emotionalen und kognitiven Dispositionen erlebt, steigert sich eben durch die mehrkanalige Ansprache die Chance, ihn im „rechten Moment" adäquat anzusprechen. Eine Printwerbung berührt seine mentale Lage, ein TV-Spot aktiviert seinen emotionalen Haushalt, die Online-Werbung reagiert auf das Bedürfnis, aktiv nach Informationen zu suchen. Jeder Nutzer ist in seinem spezifischen Medienumfeld aufzusuchen, um ihn optimal als Konsument zu erreichen. Ältere Nutzer sind primär über eine bestimmte Zeitschrift zu aktivieren, jüngere Konsumenten rücken über eine online-getriebene Werbung exakter in den Fokus. Wenn eine Werbekampagne sich über alle diese Mediengattungen ausbreitet, besteht indes eine Gefahr: Sie diffundiert in verschiedene Bereiche, so daß die Kernaussage eventuell immer unschärfer wird. Der Markenkern eines Mediums wird umso wichtiger, je vielzähliger die Medienkanäle der Botschaft sind. Die Kernaussage bündelt diese mehrfach variierten inhaltlichen Auftritte und macht sie unter einem Markendach des Grund-Werbeträgers wiedererkennbar. Die Medienbotschaft bleibt dann konsistent, auch wenn sie crossmedial auf diversen Plattformen angeboten wird.

TV Movie bietet in diesem Zusammenhang seit September 2000 ein *Cross-Media Paket* an. Plattform ist das Print-Medium, das über eine Reichweite von 6.8 Millionen Lesern verfügt. Zum Future Package gehören Anzeigen-Seiten in *TV Movie* Print, Banner im *tvmovie.de*, Sponsoring-Plätze und ein tagesaktueller E-Mail-Newsletter. Im Rahmen des Future-Packages kann jedes Modul pro Auftrag nur einmal genutzt werden.

- Die *Anzeigenseite* wird zum Beispiel in der Heftrubrik „media planer" platziert. Hier findet sie ein werbeaffines redaktionelles Umfeld zu den Themen Video, Internet, Musik und Technik.
- *Online* ist ein Frame-Switch-Sponsoring in der Rubrik Kino sowie in den tvmovie.de-Specials etwas zur CeBit oder zur Formel Eins möglich. Im Wechsel wird dazu der Kinotipp und der Sponsoren-Name genannt. Neben den klassischen Bannern sind ebenfalls PopUps oder electronic billboards möglich. Besonders diese digitale Werbeform eignet sich besonders gut für Branding-Kampagnen.
- *Offline* besteht die Möglichkeit zur Insertion beim *TV-Movie Clickfinder*. Die Programm-Suchmaschine wird wöchentlich von tvmovie.de heruntergeladen, so dass sich hier eine der wenigen Werbemöglichkeiten eröffnet, den Nutzer auch am heimischen Computer zu erreichen. Spezielle Suchfunktionen dieser kostenlosen Software zeigen das Programm nach Zeit oder Sender geordnet. Wenn der Nutzer über diese digitale Programmzeitschrift zusätzliche Informationen sucht, führt ein Click auf die entsprechende Sendung via Link in das Webangebot von tvmovie.de.
- Zusätzlich bietet *TV Movie* an, die Werbemaßnahme, den *WAP-Tagestipp* sowie weitere Applikationen zu sponsern, die von mobilen Empfangsgeräten wie *PDAs* einzusetzen sind.

Wie wirkt nun diese mehrkanalige Angebot? Multiplyer-Effekte als Folge des Media Mix' von TV und Print wurden bereits vielerorts nachgewiesen. Untersuchungen zu zusätzlichen Wirkungen, die sich aus der Vernetzung von TV und Online ergeben, liegen nur vereinzelt vor. *TV Movie* hat daher eine Studie durchgeführt, um eben jene zusätzlichen Effekte von vernetzten Werbeanstößen zu analysieren.[26] Am Beispiel von vier Werbekampagnen wurden Multiplyer-Effekte nachgewiesen. Die Fallstudien beziehen sich jeweils auf Produkte unterschiedlicher Kategorien. Die Werbung für Krombacher Pils zielt auf eine sehr breite Verwenderschaft und ist stark imagegeladen, die Werbung für Davidoff fokussiert exklusive Nutzertypen, die Anzeigen des Herstellers von PC-Peripheriegeräten

---

[26] Bauer Media (2002):TV Movie Future Package Test: Multiplying Effekt Print/Online, Hamburg.

baut auf einer Verbindung von High Tech und Convenience auf. Das Produkt einer Versicherung ist stark erklärungsbedürftig. Die Kampagnen setzen in unterschiedlicher Weise visual links und interaktive Mittel ein.

Im Rahmen der Werbung für *Krombacher Pils* setzt die Print-Anzeige das Produkt Bier in einer Natur-Optik in Szene. Ein Banner promotet ein Gewinnspiel zum Fußball-Europapokal. Beide Werbebotschaften sind zueinander komplementär. Allein auf der Basis der Print-Anzeige konnten sich knapp über 20 Prozent der Befragten an die Werbung erinnern. Im Mix mit Online stieg dieser Wert auf über 40 Prozent. Online-Werbung allein löste bei unter 20 Prozent der Befragten eine Erinnerung aus. Auch im Detail steigt die Bekanntheit von Attributen, mit denen die Krombacher Brauerei ihr Produkt auszeichnet. Dass etwas das Bier „frisch, rein, natürlich" ist, war jenen Nutzern intensiver in Erinnerung, die den Kombi-Auftritt von Krombacher Pils in Print und Online genutzt hatten. Die produktgestützte Markenbekanntheit konnte somit erhöht werden. Ebenfalls wurden im Fall Krombacher einzelne Details des generellen Auftritts besser erinnert und stärkere Lerneffekte ausgelöst, dass es sich bei Krombacher um ein qualitativ hochstehendes, natürliches Bier handelt. Über vergleichbare Ergebnisse berichtet die *TV Movie* Studie auch am Beispiel von Kampagnen anderer Genres. So erzielt die Cross-Media Kampagne für *Davidoff-Zigaretten* ebenfalls höhere Recall-Werte als monomediale Auftritte in Print oder Online. In diesem speziellen Fall gelang es nachzuweisen, dass besonders die Bewertungen „Elegant, exklusiv, gehobener Anspruch" nachhaltiger erinnert wurden und damit vermittelt werden konnten.

Im dritten Beispiel steht *Allstate Direct* im Mittelpunkt. Auch bei diesem erklärungsbedürftigen Produkt erzielt der Cross-Media Ansatz bessere Resultate als jede einzelne seiner Komponenten. Auch hier erinnerten sich mehr Menschen an Allstate, wenn sie zuvor mit dem Cross-Media Mix aus Print und online konfrontiert worden waren (+148 Prozent). Das informationshaltige Angebot der Versicherung wurde effektiver erläutert.

Den höchsten gemessenen *Mehrwert an Werbewirkung* erzielt die Kampagne für das IT-Produkt einer kabellosen Maus und Tastatur. Hier zeigt sich, dass gerade Internet-affine Nutzer durch crossmediale Kampagnen weit besser erreicht werden als durch monomediale, konventionelle Auftritte. Bei *LogiTech* lag die Steigerungsrate der Erinnerung bei 252 Prozent. Nur-Print oder Nur-Online kam auf einen Wert von 25 Prozent Recall. Auf der Basis des Werbe-Mixes konnten sich jedoch 88 Prozent der Befragten an das beworbene Produkt erinnern. Damit liegen Indizien dafür vor, dass die mehrkanalige Ansprache durch Online und Print Multiplyer-Effekte hervorbringt. Beide Medienformen befruchten und verstärken sich gegenseitig. Der Mediennutzer erinnert sich zum einen besser an das Produkt als Marke, wenn er von beiden Werbekanälen erreicht wurde. Zum anderen kann er ex post weit mehr Details identifizieren, die der Marke zugeordnet werden. Der Nutzer „lernt" die Marke und ihre Attribute nachhaltiger. Das heißt: 1+1= 3.

Literatur

A.C. Nielsen Werbeforschung S+P (2002). Online-Bruttowerbeaufwendungen des Jahres 2001. Hamburg

ARD/ZDF-Arbeitsgruppe Multimedia (1999): ARD/ZDF-Online-Studie 1999: Wird online Alltagsmedium? In: Media Perspektiven 8/1999

ARD/ZDF-Online-Studie 2000 (2000): Gebrauchswert entscheidet über Internetnutzung. In: Media Perspektiven 8/2000

ARD/ZDF-Online-Studie 2001: Internetnutzung stark zweckgebunden. In: Media Perspektiven 8/2001

Axel Springer Verlag (1991): Multiplying – Mediamix. Hamburg

Axel Springer Verlag (1993): Medienwirkungsfaktoren in Zeitschriften. Hamburg

Axel Springer Verlag (1993): Multiplikator-Effekte im Mediamix. Hamburg

Axel Springer Verlag (1996): Wie Werbung wirkt. Hamburg

Axel Springer Verlag (1997): Instrumente der strategischen Mediaplanung. Hamburg

Axel Springer Verlag (1998): Quo vadis Mediennutzung. Hamburg

Axel Springer Verlag (1998): Komplementaritäten. Die Mischung macht's. Hamburg

Axel Springer Verlag (2000): Der Multiplying-Effekt. Hamburg

Axel Springer Verlag (2000): Mediamix Strategien. Hamburg

Bauer Media (Heinrich Bauer Verlag) (2000): Die 10 Stärken von Zeitschriften im Media-Mix. Hamburg

Bauer Media (Adrian Weser) (2001): Werbewirkung in Zeitschriften. Hamburg.

Bauer Media (2002): Future Package 3.0. Hamburg

Bauer Media (2002): TV Movie Future Package Test: Multiplying Effekt Print/Online. Hamburg

Burda Advertising Center B.A.C. (2000): Die Wirkungspotentiale der Medien. München

Cap Gemini Telecom Media & Networks / Darestep (2002): Online Media Studie 2006. Bad Homburg

Darschin, Wolfgang (2001): Tendenzen im Zuschauerverhalten. In: Media Perspektiven 4/2001

Frey, Gerlinde u.a. (2002): Daten der Mediennutzung in Ost- und Westdeutschland. In: Media Perspektiven 2/2002

Fittkau & Maaß (2002): WWW-Benutzer-Analyse Oktober/November 2001. Werbung und Kommunikation im WWW. Hamburg

Gruner+Jahr (2001): Das Gruner+Jahr-Werbewirkungspanel. Ein neuer Ansatz zur Untersuchung der Wirkung von Print im Mediamix. Hamburg

IP Deutschland (2001): TV-Mediafakten. Köln

IP Deutschland (2002): Der Werbewirkungskompaß. Methodik und Ergebnisse. Köln

Mercer Management/HypoVereinsbank (2002): Medien-Studie 2006. Zukünftige Trends in der Medienlandschaft. München/Berlin

Oehmichen, Eckehardt (2002): Offliner 2001 – Internetverweigerer und potenzielle Nutzer. In: Media Perspektiven 1/2002

Ridder, Christa-Maria und Bernhard Engel (2001): Massenkommunikation 2000: Images und Funktionen der Massenmedien im Vergleich. In: Media Perspektiven 2/2001

Seven One Media (2001): TimeBudget 1999-2001. München

Seven One Media (2001): Werbewirkungsforschung. München

Seven One Media (2001): Wer wirbt gewinnt. Neue Ergebnisse zur Wirkung von Fernseh-werbung. München

Schlottau, Christian: Cross Media. Kommunikation in Netzwerken. In DER SPIEGEL, Anzeigentrends (Hg. Von Peter Wippermann, Trendbüro). S. 242-250

Verband Deutscher Zeitschriftenverleger (1999): Take a fresh look at print. Internationale Studien über die Effizienz von Printwerbung. Bonn

Verband Deutscher Zeitschriftenverleger (2000): Media Mix. Eine Fallstudie. Bonn

Vogel, Andreas (2001): Onlinestrategien der Pressewirtschaft. In: Media Perspektiven 12/2001

Zimmer, Jochen (2001): Werbeträger Internet: Ende des Booms oder Wachstum aus der Nische? In: Media Perspektiven 6/2001

Zweit- und Mehrfachverwertung von Content – Erfahrungen und neue Lösungen

Reinhold Gokl, Wolfgang Scheuren, Yüksel Sirmasac, Timo Wasmer

GENIOS Wirtschaftsdatenbanken[1]

1. Einleitung

Wer sich in der Verlags- und Medienbranche auf die Suche nach dem "Stein der Weisen" für eine kommerzielle Verwertung von Qualitätsinhalten macht, übersieht, dass die Möglichkeit, gutes Geld mit verfügbaren Online-Inhaltsangeboten zu verdienen, nicht erst eine Erfindung des Webzeitalters ist. Jahrzehntelange Erfahrungen im wirtschaftlichen Umgang mit verkaufsfähigen, gespeicherten Inhalten können heute Anbietern und Nutzern helfen, mit attraktiven Instrumenten und einem wohl organisierten Verkaufsprogramm rationell und effektiv ins Content-Business einzusteigen.

Spätestens seitdem die Rechner miteinander zu kommunizieren begannen und online Informationen austauschen konnten, brach das Content-Zeitalter und mit ihm die Geburtsstunde der Content-Verwertung mit Hilfe von intelligent gesteuerten und über eine digitale Leitung erreichbaren Datenbanken an. Denn ohne ein funktionierendes Speichersystem und eine erprobte Retrieval-Technik ist eine gezielte sowie effektive Vermarktung von Artikeln, Aufsätzen, Einträgen, Business-Grafiken und Illustrationen nicht möglich. Allerdings ist diese Technologie allein noch nicht geeignet, den "Stein der Weisen" auszumachen sondern nur in Verbindung mit einem ausgeklügelten Content-Marketing und -Vertrieb sowie einem angemessenen kommerziellen Instrumentarium, das sich an den Fortschritten der Telekommunikation und der digitalen Anwendungstechnik (SMS, WAP, Micropayments usw.) orientiert.[2]

Die GENIOS Wirtschaftsdatenbanken haben sich mit Gründung im Jahre 1985 intensiv mit dem Thema (Mehrfach)-Verwertung von digitalem Content auseinandergesetzt. Insbesondere stand bei der Gründung des mittlerweile größten Con-

---

[1] Siehe Kurzporträt am Ende des Beitrags.
[2] Vgl. dazu auch den Beitrag von Sören Stamer in diesem Band (Anm. des Herausgebers).

tent-Sales-Centers im deutschsprachigen Raum das Ziel im Vordergrund, mit Hilfe einer auf Breitenwirkung abzielenden Angebotstechnik und einer reichhaltigen Auswahl von nutzwertigen Inhalten beachtliche Umsätze zu erzielen.

Schon Ende der 60er Jahre sorgte die Deutsche Bundespost mit Datex P (die Datenverbindung für die Professionals) und BTX / Datex J (die Datenverbindung für Jedermann) für die Möglichkeit, sich sowohl per Decoder und TV-Gerät über eigene Miniterminals (den noch heute in Frankreich benutzten Minitels nicht unähnlich) oder auch per Akustikkoppler (später Modem und Zugangssoftware) und Personal Computer individuell in das gehostete Inhaltsprogramm bei GENIOS einzuloggen und interessante Beiträge bzw. Artikel auf den PC zu holen – zum Anschauen, Ausdrucken oder Abspeichern.

Der von GENIOS entwickelte Windows-Client InMedia erfreut sich noch heute bei den Research-Profis einer unverwüstlichen Beliebtheit, zumal so manches Feature enthalten ist, das eine schnelle und umfassende Suche nach bestimmten Inhalten gestattet. Heute besteht eine ganze Palette an Zugangs- und Nutzungsmöglichkeiten – vom 1997 eingeführten GENIOS Internet-Recherche Angebot WebSearch bis zur firmenspezifischen Intranet-Lösung mit Content-Input.

Vom Zweitverwertungsanbieter zur Content-Sales Plattform

Welche Motive bewogen bereits in den 80er Jahren des letzten Jahrhunderts die (Print-) Inhaltsanbieter, beim ergänzenden Online-Vertriebsmarkt die Zusammenarbeit mit GENIOS zu suchen? Da war zunächst einmal der Wunsch vieler Verlage nach einem eigenen elektronischen Inhaltsangebot im Bereich New Media, das mit Hilfe von BTX und CEPT-Standard neben dem Videotext der TV-Anstalten für neue, zahlbereite Rezipienten sorgen sollte. Denn BTX war von Anfang an eine entgeltliche Veranstaltung, die obendrein den Content-Anbietern den Vorteil bot, über die Telefonrechnung der Bundespost bzw. später der Telekom, das Geld für die Inhaltsangebote komfortabel einzusammeln. Dies war das erste und bislang einzige erfolgreiche Micropayment (Zahlverfahren für Kleinbeträge) mit einer gewissen Breitenwirkung, das mit dem Ende des CEPT-Standards zum Bedauern vieler Verlage eingestellt wurde, nun aber unter neuen Rahmenbedingungen wieder eingeführt werden soll.

Über eine Bereitstellung der eigenen Inhalte auf dem GENIOS-Host hinaus, waren keine weiteren Aufwendungen für Technik oder Vertrieb nötig. So konnte GENIOS seine Plattform für digitale Verlags- und Informationsinhalte nach und nach mit zahlreichen Contentpartnern ausbauen und die jeweiligen Online-Standards für den Content-Verkauf für die Pooldatenbanken nutzen. Sowohl Datex-P-Anwendung als auch die BTX-Lösung (Datex J) spielten - je nach Quelle, bevorzugt Firmendatenbanken und Wirtschaftspresse-Archive - mehrstellige Erträge ein. Der Start des Internet, speziell des World Wide Web, bot eine zusätzliche Anwendungsplattform mit neuen Angebotsformen. Stets jedoch unter der Maßgabe: Content gegen Cash.

Mittlerweile ist nicht mehr so sehr die Frage, ob sondern vielmehr wie mit Inhalten in der Zweit- und Mehrfachverwertung zusätzliche Einnahmequellen zu erschließen sei das beherrschende Diskussionsthema. Denn selbst die härtesten Marketer und Reichweiten-Verehrer im Online-Business haben inzwischen einsehen müssen, dass Gratis-Inhalte als vermeintlicher Treiber für Online-Werbe-Einnahmen nicht den gewünschten nachhaltigen wirtschaftlichen Erfolg gebracht haben. Deshalb suchen besagte Marketer mittlerweile nach neuen Erlösquellen auf Basis vorhandener Marken und Inhalte. Neue Chancen ergeben sich für Verlage als Anbieter von attraktiven Contents dabei durch moderne Syndication-Instrumentarien.

2. Wo Content bereits erfolgreich verkauft wird: Der Markt für elektronische Geschäftsinformationen

2.1 Digitalisierte Informationsquellen

Als **Content** werden allgemein elektronische Inhalte und Informationen jeglicher Art und jeglichen Formats verstanden. Dabei handelt es sich oft um Texte, Grafiken, Bilder, Tabellen, Animationen, Aktienkurse, Spiele, Cartoons, Erotikangebote, Audio- und Videofiles. Von besonderer Bedeutung für erfolgreiche, ertragsrelevante Content-Verwertung ist der Markt für elektronische Geschäftsinformationen. Er bietet Informationen, die einer zahlungswilligen Zielgruppe zur Verfügung gestellt werden, um bessere Entscheidungen im Geschäftsalltag treffen zu können. Typische Geschäftsinformationen sind z.B.:

- Zeitungs- und Zeitschriftenartikel (Pressedatenbanken)
- Fachartikel aus speziellen Branchenpublikationen
- Ticker- und Agenturmeldungen
- Marken- u. Patentinformationen
- Firmenprofile, Bonitätskennzahlen, Bilanzen, Gesellschaftsstrukturdaten, Produkte, Lieferanten, Kurse (Firmendatenbanken)
- Fakten: Statistiken, Wirtschaftstabellen, Grafiken, Marktdaten, Studien
- Bibliographien
- Messeplaner, Ausschreibungen, Termine (Service-Datenbanken)
- Newsletter
- Inhalte von Online-Redaktionen

Der Content wird in erster Linie in Form von Informationen im Text- und Grafik-Format ausgegeben. Technologisch werden diese Informationen über Datenbanken zur Verfügung gestellt, nicht zuletzt um Informationen jederzeit gezielt und schnell aus einer Vielzahl von Dokumenten herausfinden zu können.

2.2 Marktdefinition

Der Markt der kommerziellen Zweit- und Mehrfachverwertung von elektronischen Geschäftsinformationen kennt aufgrund seiner Komplexität von Angebot und Nachfrage folgende Marktakteure: Content-Provider, Content-Aggregator und Content-Subscriber.

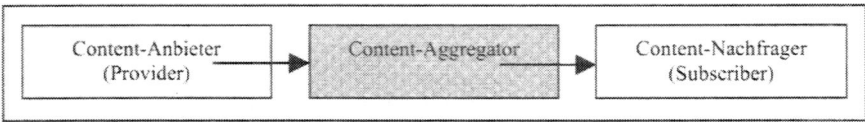

Abb. 1. Marktakteure im Bereich elektronische Geschäftsinformationen, Quelle GENIOS 2002

- **Content-Provider** sind vor allem Verlage, Nachrichten-Agenturen, Auskunfteien, Dokumentationseinrichtungen oder Online-Redaktionen von Internet-Providern. Anbieter können aber auch Unternehmen, Vereine, staatliche oder multinationale Organisationen sein. Für die Content-Provider stellt der Vertrieb digitalisierter Print-Inhalte über marktrelevante Content-Sales-Plattformen in erster Linie eine zusätzliche, neuerdings bei wissenschaftlichen Verlagserzeugnissen sogar eine substitutive Erlösquelle dar. Grundsätzlich stehen dem Content-Provider in der elektronischen Vermarktungskette neben dem Vertrieb in Eigenregie inklusive aller technischen und administrativen Leistungen (z.B. Passwortvergabe, Abwicklung, Service, Abrechnung) auch der Vertrieb über geeignete Content-Sales Plattformen bei Aggregatoren zur Verfügung. Da aber viele Anbieter nicht die personellen und technischen Ressourcen für dieses Engagement aufbauen wollen, bietet sich die Distribution ihrer verkaufbaren Online-Inhalte über am Markt tätige Content-Aggregatoren oder Content-Broker an.

- **Content-Aggregatoren** – wie z.B. GENIOS – bilden die Schnittstelle zwischen Anbietern und Abnehmern digitaler Inhalte. Primäre Funktion der Content-Aggregatoren ist es, die originären Inhalte der Content-Provider gebündelt, systematisiert und in veredelter Form an die Content-Subscriber zu distribuieren. Er regelt zudem die rechtlichen, technischen und vertrieblichen Fragen der Content-Distribution.

- **Content-Subscriber** von elektronischen Geschäftsinformationen sind Einzelpersonen, Abteilungen, Firmen und Organisationen, die elektronische Informa-

Zweit- und Mehrfachverwertung von Content – Erfahrungen und neue Lösungen   171

tionen in erster Linie für berufliche Zwecke benötigen (elektronische Geschäftsinformation). Als Zugangsplattformen für die digitalen Inhalte werden zunehmend Unternehmensportale, Branchen- und Fachportale (vertikale Portale), sowie Intranet und Extranets genutzt. Neuerdings entwickeln sich auch Mobile-Portale (zugrundeliegende Technologien: WAP, GPRS, i-Mode, UMTS) zu möglichen Distributionsplattformen von Geschäftsinformationen. Horizontale Portale (z.B. T-Online oder AOL) werden aufgrund ihrer Funktion als Internet-Provider auch als „Informationsportale" gegenüber klein- und mittelständischen Unternehmen sowie Privatpersonen bedeutender.

Innerhalb der B2B-Nutzerschaft sind folgende Abteilungen und Bereiche Nachfrager von kostenpflichtiger elektronischer Information festzustellen:

- Strategie- und Marketingabteilungen
- Pressestellen
- Forschung und Entwicklung, Patentwesen
- Stabstellen (z.B. Unternehmensentwicklung und -kommunikation)
- Information-Broker und -Researcher (z.B. in Unternehmensberatungen oder Wirtschaftsprüfungsgesellschaften)
- Rechts- und Steuerabteilungen
- Rechnungswesen und Finanzwesen
- Redaktionen

2.3 Marktvolumen und Marktwachstum im Bereich elektronischer Geschäftsinformationen

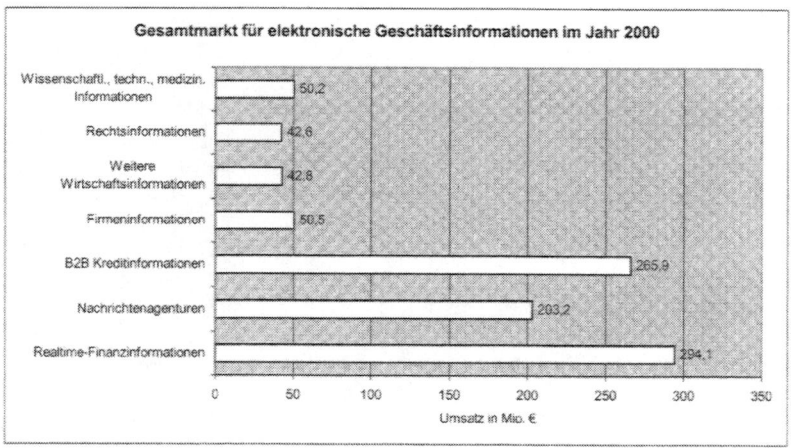

Abb. 2. Gesamtmarkt für elektronische Geschäftsinformationen 2000[3]

---

[3] Quelle: Passwort 12/2001, Institute for Information Economics, Hattingen.

Nach einer Erhebung des Institute for Information Economics (Hattingen) erreichte der Gesamtmarkt elektronischer Geschäftsinformationen im Jahr 2000 in Deutschland bereits ein Volumen von 949,32 Mio. €. Es wurde dabei ein Marktwachstum von 6,5 % gegenüber dem Vorjahr ermittelt. Die Teilmärkte sind nach Content-Kategorien bzw. Nachfrageschwerpunkten klassifiziert. Die Teilmärkte Realtime-Finanzinformationen, Nachrichtenagenturen und B2B Kreditinformationen werden von spezialisierten Dienstleistern wie Reuters, Bloomberg und dpa bedient. Im Bereich Firmen- und Kreditinformation stellen Anbieter wie Creditreform, Hoppenstedt oder Dun&Bradstreet z.T. weltweit bekannte „Infomarken" dar. Die Content-Aggregatoren sind meist auf folgende Märkte fokussiert:

- Firmeninformationen
- Wirtschaftsinformationen
- Rechtsinformationen
- Wissenschaftlich, technisch und medizinische Informationen

Der Gesamtmarkt dieser vier Teilmärkte des Aggregatoren-Marktes wird auf 186,1 Mio. €. im Vergleichszeitraum geschätzt. Das durchschnittliche Marktwachstum in diesen Teilmärkten beträgt gegenüber dem Vorjahr 12,9 %.

2.4 Übersicht zu Aggregatoren auf dem deutschen Markt

Neben GENIOS sind die wichtigsten Aggregatoren aus dem Bereich Firmen-, Wirtschafts- und Rechtsinformationen auf dem deutschen Markt:

Tabelle 1. Content-Aggregatoren auf dem deutschen Markt

Anbieter	Hauptsitz	Fokus	# Quellen	# MA
Factiva (Dow Jones/ Reuters) www.factiva.de	Princeton, USA	Wirtschafts- informationen, Content-Lösungen	ca. 8.000 aus 118 Ländern, vor allem englisch	ca. 750
GBI www.gbi.de	München, D	Wirtschaft, Presse, betriebswirtschaft- liche Fachliteratur	ca. 200 Quel- len, vor allem deutsch	ca. 30
Dialog (Thomson Company) www.dialog.com	Cary, USA	Wissenschaft, Technik und Medi- zin, Wirtschaft, News	ca.7.000, vor allem englisch	ca. 1.000
Lexis Nexis (Read Elsevier) www.lexisnexis.de	London, UK	Recht, Wirtschaft und Steuern	ca. 31.000, vor allem englisch	ca. 12.000
PMG www.pressemonitor.de	Berlin, D	Elektronische Pressespiegel, Lizensierung von Presseinhalten	ca. 100	k.A.

Quelle: GENIOS 2002

3. Das GENIOS Geschäftsmodell: Vom Datenbankhost zur Content-Vertriebs-Plattform

3.1 GENIOS Produkte & Services

Die nachfolgende Tabelle zeigt das Produkt- und Dienstleistungs-Portfolio, mit dem GENIOS[4] gegenwärtig nach erheblicher Ausweitung seines Geschäftsfeldes im Markt agiert. Ziel des Unternehmens – als Profit-Center innerhalb der Fachmedien der Verlagsgruppe Handelsblatt aufgestellt – ist es, die unterschiedlichsten Kundenbedürfnisse nach Wirtschafts-, Presse- und Fachinformationen zu befriedigen. Dies reicht von der Recherche eines unerfahrenen oder professionellen Anwenders bis hin zur individuellen Integration von Inhalten und Werkzeugen in Unternehmensportale oder Intranets (vgl. Tabelle 2).

Tabelle 2. GENIOS Produkte und Services(Stand 2002)

Produkt	Beschreibung	Zielgruppe(n)
	Standard-Produkte	
Web-Search	Internet-basierte Recherche im GENIOS-Datenbankpool	Einzelpersonen zur überwiegend beruflichen Nutzung
News-Break	E-Mail-Alert-Service aus den indexierten GENIOS-Pressequellen zu vorgegebenen Themenbereichen	Einzelpersonen zur überwiegend beruflichen Nutzung
InMedia/Trip	Client-basierte Software zur Recherche im GENIOS-Datenbankpool	Professionelle Rechercheure
Content4Portals	Content-Syndication – Lieferung von aktuellen Headlines zu verschiedensten Themengebieten	Portal- und Website-Betreiber
Infodienst	Recherchen im Kundenauftrag	Einzelpersonen und Unternehmen
	Individualisierungen	
Intranet/Portal-Integration	Individuelle Kombination und Integration von Inhalten und Werkzeugen in Unternehmensportale und -Intranets	Überwiegend größere Unternehmen mit vielen Nutzern
	Intranet-Search Web-basierte Recherche für geschlossene Nutzerbereiche (s. Web-Search)	Geschäftsleitung, Fachabteilungen (Research, Marketing, Controlling etc.)
	Intranet-Personal Mail Individueller E-Mail-Alert-Service nach Kundenvorgaben (s. News-Break)	Geschäftsleitung, Fachabteilungen (Research, Marketing, Controlling etc.)

---

[4] Vgl. dazu auch das Kurzprofil zu GENIOS am Ende des Beitrags.

Tabelle 2. (Fortsetzung)

	Intranet-Dossiers	Individuell definierbare Suchprofile (Linkliste), die in geschlossene Nutzerbereiche integriert werden.	Geschäftsleitung, Fachabteilungen (Research, Marketing, Controlling etc.)
	Content4Portals	Individuell definierbare XML- oder Javascript-basierte Content-Feeds für geschlossene Nutzerbereiche	Geschäftsleitung, Fachabteilungen (Research, Marketing, Controlling etc.)
Archivlösungen	Konzeption und Outsourcing von digitalen Pressearchiven		Verlage/Informations-Anbieter

Quelle: GENIOS 2002/ GENIOS Produkte & Services

3.2 Content-Veredelungsprozess

Viele Nutzer von Online-Datenbanken, aber auch zahlreiche Verlage, die zum ersten mal mit GENIOS zusammenarbeiten, ahnen oft nicht, welch aufwändiger und komplexer Aufbereitungsprozess notwendig ist, um beispielsweise eine gedruckte Tageszeitung für die oben genannten digitalen Anwendungsformen nutzbar zu machen. Die nachfolgende Grafik veranschaulicht die Module des sogenannten Content-Veredelungsprozesses (vgl. Abbildung 3):

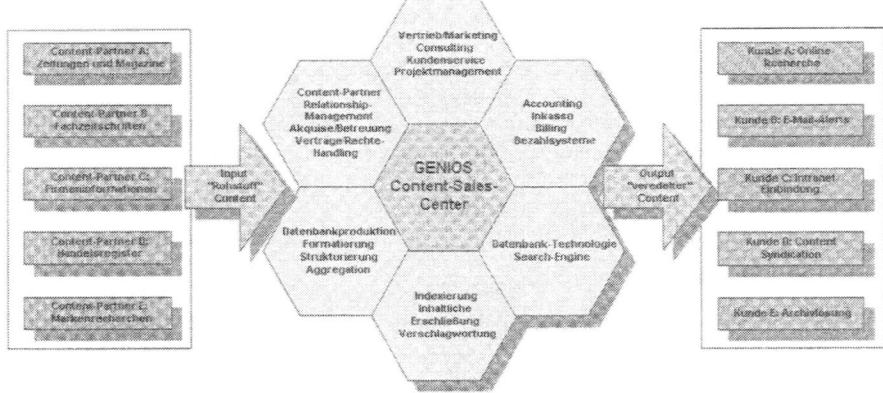

Abb. 3. Module des Content-Veredelungsprozesses, Quelle GENIOS 2002

3.3 Content-Sales Center

Das Content-Sales Center ist das eigentliche Herzstück von GENIOS. Durch seinen Fokus auf Business-to-Business-Märkte und Kunden sowie die Kombination aus unterschiedlichsten Quellen wie z.B. Tagespresse, Fachzeitschriften, Firmeninformationen und Markendatenbanken erzielt es sowohl für die Nutzer als auch die Content-Partner große Synergieeffekte. Der Nutzer hat alle geschäftsrelevanten und verlässlichen Informationen unter einer Oberfläche in direktem Zugriff. Verlage und Informationsanbieter erzielen durch das Content-Sales Center für ihre Publikationen zusätzliche Erlöse über ihre Kernzielgruppe hinaus.

3.4 Content-Partner Relationship-Management

Im Laufe seines Bestehens hat GENIOS mit über 200 nationalen und internationalen Verlagen und Informationsanbietern umfangreiche Nutzungs- und Lizenzverträge geschlossen. Diese sogenannten Poolverträge legen einen eindeutigen Rahmen fest, in dem die Inhalte für unterschiedliche Dienste und Anwendungen verwendet werden dürfen. Am Beispiel des Geschäftsbereichs Content-Syndication wird deutlich, wie eng der rechtliche Handlungsspielraum für GENIOS bezüglich der überlassenen Daten ist. Da hier nicht der Einzelnutzer Kunde sondern der Portalbetreiber ist, sind hierzu gesonderte Nutzungs- und Lizenzverträge notwendig. Insgesamt wurden die Poolverträge in Hinblick auf Copyright und Urheberschutz entsprechend weiterentwickelt, so dass den Content-Partnern zunehmende Erträge bei eindeutiger Rechtssicherheit zufließen.

3.5 Indexierung

Ein nicht unerheblicher Teil der GENIOS-Pressedatenbanken, wie z.B. das Handelsblatt, Horizont oder die Lebensmittelzeitung, wird manuell nach dem einheitlichen GENIOS-Thesaurus indexiert (verschlagwortet). Die Indexierung liefert den professionellen Nutzern schnell relevante Ergebnisse. Insbesondere intensiv nutzende Kunden aus dem Finanz- und dem Consulting-Sektor schätzen den großen Zeitsparniseffekt, der dank der Indexierung bei der Recherche entsteht. Die auf diese Weise erschlossenen Datenbanken können über den Volltext hinaus gezielt nach Unternehmen, Personen, Ländern und Regionen, Länderfacetten, Sachgruppen, Branchen und Themen durchsucht oder für Push-Dienste eingesetzt werden.

3.6 Datenbankproduktion

In der Regel sind gedruckte Zeitungen oder Nachschlagewerke nicht für die Nutzung in digitalen Archiven vorgesehen. Die Daten stehen meistens nur in Formaten für die digitale Druckverarbeitung wie z.B. QuarkXpress zur Verfügung. Hieraus müssen sie zunächst in ein strukturiertes und lesbares Dateiformat wie ASCII oder zunehmend auch XML umformatiert und konvertiert werden. Bei Bedarf werden entsprechende Subunternehmen herangezogen. Die so aufbereiteten Daten werden auf den GENIOS-Host geladen, um anschließend strukturiert und in die entsprechenden Menüs, Navigationsstrukturen und Datenbankgruppen eingepflegt werden zu können. Die aggregierten Datenbanken und Quellen konstituieren in ihrer Gesamtheit das Content-Sales Center.

3.7 Datenbanktechnologie

Die zentrale Schnittstelle der GENIOS Such- und Datenbanktechnologie ist der Kommunikationsserver, der die Kommunikation zwischen den Clients (hierzu gehören die Produkte Web-Search, InMedia, Terminal) und der Volltext-Suchmaschine TRIP steuert, die auf große Datenbanken optimiert ist (vgl. Abbildung 4). Eine Anfrage vom Client – z.B. in Form einer Suche – wird direkt an den Kommunikationsserver geschickt, der anschließend die Anfrage in ein für die Volltext-Suchmaschine verständliches Format umwandelt. Die Suchmaschine führt das Ergebnis aus und übermittelt es wiederum an den Kommunikationsserver. Dieser bereitet das Ergebnis auf und gibt es an den Client weiter. Analog verhält es sich bei der Dokumentenanzeige. Eine weitere Aufgabe des Kommunikationsservers ist die Verwaltung der zu den in TRIP gespeicherten Dokumenten gehörenden BLOBs (Binary Large Objects, z.B. Grafiken, Tabellen). Diese BLOBs befinden sich im Dateisystem des Rechners und nicht in Oracle oder TRIP.

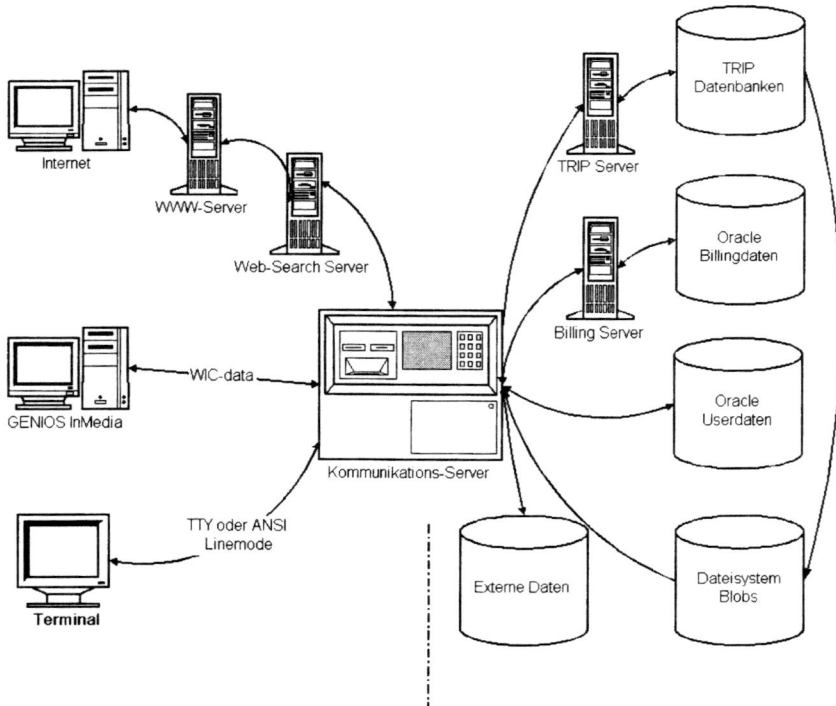

Abb. 4. GENIOS Datenbanktechnologie, Quelle GENIOS 2002

Die Volltext-Suchmaschine TRIP ist eine spezialisierte Software für die Speicherung und Recherche von großen Datenbeständen bestehend aus strukturierten Texten. Zur Zeit sind ca. 110 Millionen Dokumente in TRIP gespeichert.

3.8 Accounting, Billing, Bezahlmethoden, Preismodelle

Um die ausgeführten Recherchen berechnen zu können, steht der Kommunikationsserver parallel sowohl mit dem Billingserver als auch mit den Verwaltungsdatenbanken in Kontakt, um sicherzustellen, dass der Nutzer autorisiert ist, Daten abzurufen oder zu suchen. Die Nutzerverwaltung, das Billing- und Accountingsystem sowie die Systemsteuerung befinden sich in Oracle-Datenbanken. Das GENIOS-Web-Accounting bietet derzeit die Möglichkeit der Bepreisung von Einzeldokumenten und der Kombination von Suchanfrage und Titelliste. Neue Kunden, die beispielsweise das Standardprodukt Web-Search nutzen wollen, können sich online registrieren. Die Online-Registrierung berechtigt zu sofortiger und ggf. limitierter Nutzung des GENIOS-Systems. Die Limitierung kann zeitlich und budgetmäßig (max. Verbrauch) erfolgen. Nach der Online-Anmeldung erhält der Kunde auf dem Postwege die notwendigen Vertragsunterlagen zur Unterzeichnung zugesandt. Bei Rücksendung des unterschriebenen Vertrages wird die jeweilige UserID durch die GENIOS-Kundenadministration dauerhaft und unlimitiert freigeschaltet. Wie bezahlt der Kunde? Der überwiegende Teil der registrierten GENIOS-Kunden nutzt die Dienste und Services für berufliche Zwecke; daher ist die Rechnung das am häufigsten genutzte Abrechnungsverfahren (vgl. Tabelle 3).

Tabelle 3. Bezahlmethoden in GENIOS Web-Search

Bezahlmethoden in GENIOS Web-Search		
Rechnung	Lastschrift	Kreditkarte
ca. 80 %	ca. 12 %	ca. 8 %
Quelle: GENIOS 2002		

Um gelegentlichen und eiligen Kunden die Nutzung von GENIOS Inhalten zu erleichtern, hat GENIOS im November 2001 in einer Testphase den GENIOS-Recherche-Shop eingeführt. Dort ist jetzt die Bezahlung von Inhalten mit anonymen Micropayment-Systemen möglich. Der Nutzer kann in ausgewählten Datenbanken ohne Anmeldung und Registrierung recherchieren. Der Recherche-Shop basiert auf einem Warenkorbsystem, d.h. der Kunde stellt die gewünschten Inhalte in einen Warenkorb und geht anschließend mit dem gefüllten Warenkorb zur Kasse. Gestartet wurde dieses Angebot mit der neuen Prepaid-Card „MicroMoney" von DeTeCardService (Deutsche Telekom-Gruppe). Schrittweise sollen weitere Micropaymentsysteme eingeführt werden, wie z.B. die anonyme Kreditkartennutzung (www.genios.de/shop/).

Die Wahl des Preismodells für die verschiedenen Produkte und Services hängt von der Zielgruppe und der Art der Anwendung des Contents ab. Die folgende

Tabelle zeigt am Beispiel von GENIOS, welche unterschiedlichen Preismodelle im Content-Markt möglich sind (vgl. Tabelle 4):

Tabelle 4. Preismodelle im Content-Business am Beispiel von GENIOS

Produkte / Preismodell	Standard-Produkte					Individualisierung	
	Internet-Recherche	Client-basierte Recherche	E-Mail-Alert	Content-Syndication	Auftrags-recherche	Intranet-/Portal-Ein-bindung	Archiv-lösung
Pay-per-Document	X	X	X				
Suchgebühr	X						
Anschaltzeit		X					
Abo			X	X			
Service-Gebühr				X			
Zuschlag für PI.				X			
Paketpreise						X	X
Projekttage				X		X	X
Stundenabrechnung					X		
Pauschalsätze					X		

Quelle: GENIOS 2002

   Es wird deutlich, dass sich die derzeitige Diskussion über „Cash for Content" in erster Linie auf den Verkauf von Inhalten an den Enkunden über das frei zugängliche World Wide Web bezieht. Nach dem spektakulären Zusammenbruch der Online-Werbung suchen die Verlage heute händeringend nach neuen Möglichkeiten, ihre Inhalte in bares Geld zu verwandeln. Das größte Umsatzpotenzial steckt, neben dem Einzeldokumentverkauf über das Internet, zunehmend im Intranet- und Portalbereich. Hier werden die Inhalte und Werkzeuge individuell für die Unternehmen zusammengestellt und für die Mitarbeiter im Intranet oder Unternehmensportal zugänglich gemacht. Das einzelne Dokument dient zwar als Berechungsgrundlage für die Preisermittlung bei der Intranet-Einbindung, abgerechnet wird aber in der Regel ein Paketpreis, der die unbegrenzte Nutzung von Dokumenten für einen gewissen Zeitraum zulässt.

3.9 Marketing, Vertrieb, Projektmanagement

Der Vertrieb und die Kundenbetreuung bei den Standard-Produkten erfolgt überwiegend über Direktmarketing-Instrumente. Das fängt mit klassischen Mailings und Telefonmarketing an und endet beim regelmäßigen Versand von E-Mail-Newslettern für die bestehenden Vertragskunden. Hinzu kommt Online-Werbung in Form von verlinkten Buttons und Bannern, die überwiegend über die Websites der Poolpartner erfolgt. Zunehmend geht GENIOS dazu über, seine Produkte und Inhalte über Vertriebpartnerschaften zu verbreiten. Die Einbindung von GENIOS in das T-Online Business-Portal ist das prominenteste Beispiel einer solchen, seit langen Jahren bestehenden Vertriebspartnerschaft. Die großen Business-Kunden, die überwiegend umfangreiche Intranet- oder Portaleinbindungen betreiben, werden persönlich von Vertriebsmitarbeitern betreut. Das breit aufgestellte Vertriebsteam ist heute weit mehr als eine reine Verkaufsmannschaft. Jeder Mitarbeiter hat einen informationswissenschaftlichen Hintergrund, kann komplexe Projekte erfolgreich managen und seine Kunden in Fragen der Informationsbeschaffung umfassend beraten. Auch nach Vertragsabschluss steht jedem Key-Account ein persönlicher Ansprechpartner mit Rat und Tat zur Seite.

4. GENIOS Erfolgsfaktoren und Fallbeispiele

4.1 GENIOS Erfolgsfaktoren

Die Fokussierung auf Schlüssel-Erfolgsfaktoren ist auch im Content Business eine der fundamentalen Managementstrategien. Welche Erfolgsfaktoren bestimmen denn das Content Business? Das GENIOS Leistungsspektrum wurde im vorigen Kapitel dargestellt. Eine prozessorientierte Betrachtung dieser Leistungsmodule gibt einen Hinweis auf mögliche Erfolgsfaktoren. Die folgende Abbildung zeigt den GENIOS Wertschöpfungsprozess (vgl. Abbildung 5):

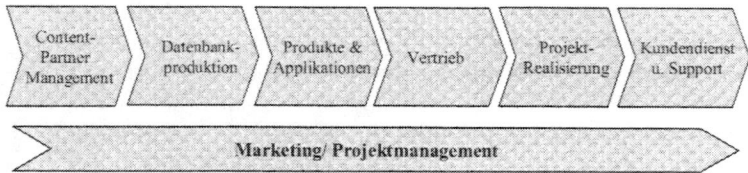

Abb. 5. GENIOS Wertschöpfungsprozess

Aus Erfahrungen von GENIOS, kristallisieren sich vor allem zwei Erfolgsfaktoren heraus: erstens ein „Must-Have" Content Portfolio und zweitens eine ausgeprägte Kundenorientierung.Ein ausgewogenes „Must-Have" Content-Portfolio ist eines der wichtigsten Voraussetzungen für den Markterfolg von Aggregatoren. Die Wertigkeit des Content-Portfolios wird durch folgende Faktoren bestimmt:

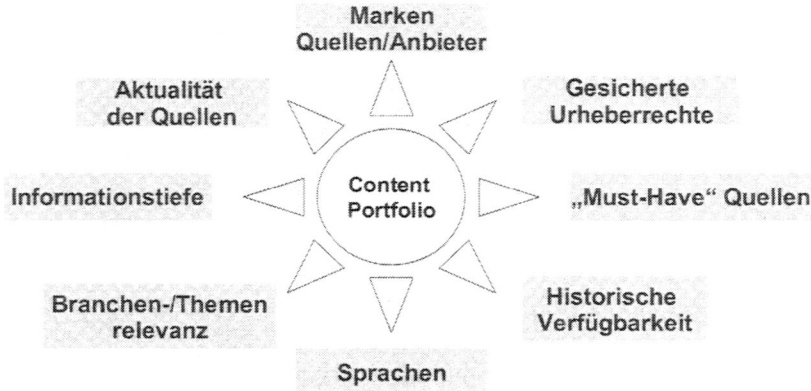

Abb. 6. Bestimmungsfaktoren der Wertigkeit des Content-Portfolios

Ein weiterer wichtiger Erfolgsfaktor im Content-Sales-Geschäft ist ein ausge-
prägtes Kundenmanagement. Der Aufbau von Kundenbeziehungen und die Etablierung einer umfassenden Dienstleistungsmentalität in der eigenen Organisation
beeinflussen wesentlich den Erfolg im elektronischen (Fachinformations-) Markt
für Geschäftsinformationen. GENIOS geht im Jahr ca. 500 Kundenkontakte an.
Insgesamt bestehen 30.000 Kundenkontrakte (exklusive: Anonyme Gelegenheits-
nutzer, die Kreditkarte oder sonstige anonyme Bezahlverfahren verwenden). Ca.
70 % des GENIOS Umsatzes resultiert aus dem Key-Account-Geschäft (vor allem
Top 200 Unternehmen in Deutschland). Im Grosskunden Geschäft ist von der
Kontaktaufnahme bis zur Realisierung der Kundenprojekte eine permanente Kun-
denbetreuung zu gewährleisten. Der Stellenwert des Vertriebs kommt bei
GENIOS auch durch die Anzahl der Vertriebsmitarbeiter zur Geltung: Ca. 25
Prozent der Gesamtbelegschaft von GENIOS gehört dem Vertrieb an.

4.2 Fallbeispiele: GENIOS Kundenprojekte

Im folgenden werden einige GENIOS Referenzprojekte anhand von Kurzskizzen
vorgestellt:

T-Online Business Portal (Horizontales Portal)

GENIOS beliefert das Business Portal von T-Online mit umfangreichen Quellen
zu unterschiedlichen Themen und Branchen. Zielgruppe dieses Angebotes sind
vor allem klein- und mittelständische Unternehmen. Es werden neben aktuellen
Informationen auch Content Archive angeboten. Dem T-Online Nutzer werden
auch E-Mail-Alert Dienste zur Verfügung gestellt.

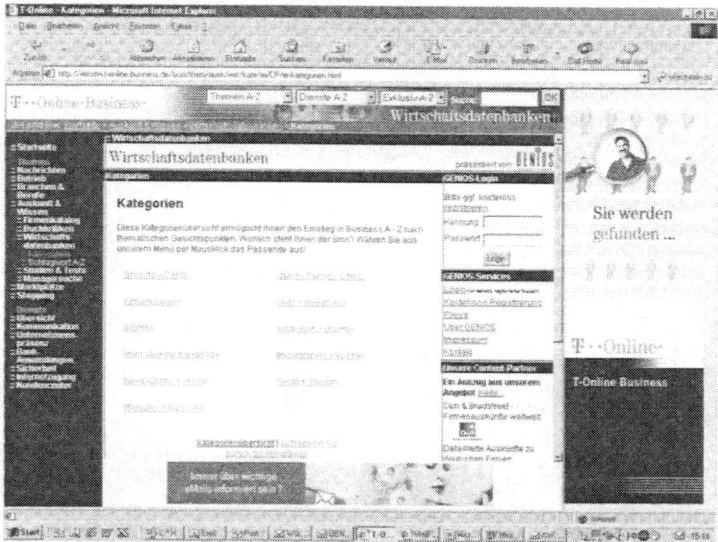

Abb. 7. Fallbeispiel 1: www.t-online-business.de

LEGIOS – Vertikales Portal für Recht, Wirtschaft und Steuern

Das Fachportal www.legios.de ist das Internet-Portal für den Experten in den Bereichen Recht, Wirtschaft und Steuern. Es ist ein Gemeinschaftsunternehmen der Verlagsgruppe Handelsblatt, des Carl Heymanns Verlags, des Dr. Otto Schmidt Verlags und der Haufe Mediengruppe. Es richtet sich vor allem an Juristen, Steuerberater, Anwälte und Wirtschaftsprüfer. Der Zielgruppe werden wichtige Fachzeitschriften, Gesetzestexte, Urteile, Kommentare und Newsletter angeboten. GENIOS agiert bei diesem Engagement als Inhaltelieferant, technischer Plattformbetreiber und Vertriebspartner.

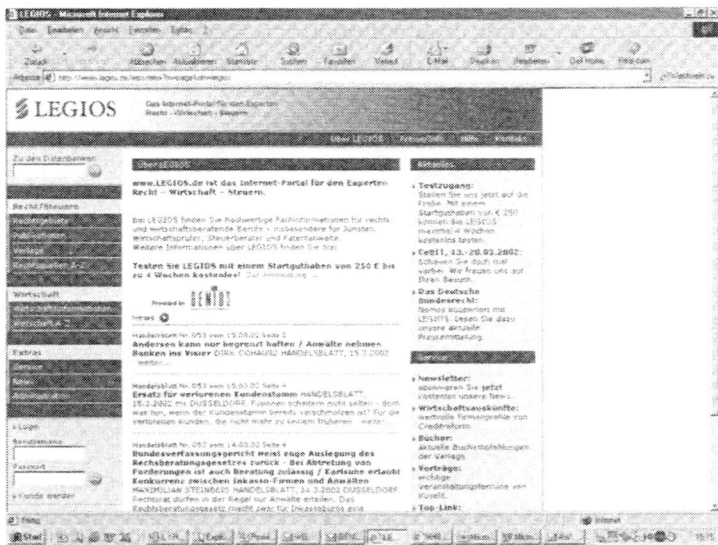

Abb. 8. Fallbeispiel 2: www.legios.de

GENIOS Intranet Integration: Unternehmensportal „Energy-Search" von E.ON[5]

Für geschlossene Benutzergruppen in Unternehmen bietet GENIOS individualisierte Informationslösungen an. Die GENIOS Produkte werden auf die speziellen Bedürfnisse der Mitarbeiter in den Unternehmen zugeschnitten und in die unternehmensinternen Netze eingespeist. Vor allem spezielle Fachinhalte (eingebunden in Archivlösungen und Email-Alert-Dienste) werden in den Unternehmensintranets angeboten.

Im E.ON-Unternehmensportal „Energy-Search" hat GENIOS gemeinsam mit E.ON wichtige Themen aus der Energiewirtschaft definiert und anschließend in das GENIOS-System eingepflegt. Häufig werden hierfür auch die hauseigenen Schlagwortlisten (Thesauri) der Kunden verwendet. Diese vorab festgelegten Recherchen, auch „Intranet-Dossiers" genannt, erleichtern es den Mitarbeitern, sich schnell und umfassend über branchenrelevante Themen zu informieren. Ein Klick beispielsweise auf „Energieversorgung" genügt und man bekommt unmittelbar alle aktuellen Dokumente zu diesem Thema, z.B. aus dem Handelsblatt, auf dem Bildschirm angezeigt. Recherchekenntnisse sind keine notwendig.

---

[5] Aus Wettbewerbsgründen wurden die Original-E.ON-Menüs und –schlagworte verfremdet.

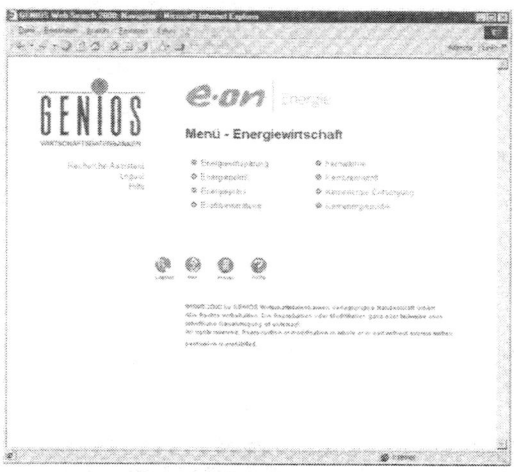

Abb. 9. Fallbeispiel 3: Intranet Unternehmensportal von E.ON

GENIOS Intranet Integration Lösungen sind u.a. in folgenden Branchen im Einsatz:

- Unternehmensberatungen
- Steuer- und Wirtschaftsprüfungsgesellschaften
- Banken und Versicherungen
- Energieunternehmen
- Verlage und Medienunternehmen
- Handel und Dienstleistung

Folgende Grafik (vgl. Abbildung 10) zeigt die Content-Nutzung in geschlossenen Intranet-Benutzerkreisen bei Unternehmen unterschiedlicher Branchen.[6]

Content Nutzung in Intranets - Ausgewählte Beispiele					
Steuerberatungsgesellschaft		Industrieunternehmen Chemie/Energie		Dienstleistungsunternehmen Immobilien	
Datenbank	Nutzung %	Datenbank	Nutzung %	Datenbank	Nutzung %
Firmendatenbank	32,7	Titel aus Fachpresse	14,46	Titel aus Wirtschaftspresse	18,1
Titel aus Wirtschaftspresse	12,38	Titel aus Fachpresse	14,1	Titel aus Fachpresse	16,47
Titel aus Fachpresse	10,29	Titel aus Fachpresse	13,31	Titel aus Fachpresse	16,02
Titel aus Wirtschaftspresse	5,07	Titel aus Fachpresse	11,5	Titel aus Wirtschaftspresse	7,57
Titel aus Fachpresse	3,25	Titel aus Wirtschaftspresse	10,65	Titel aus Wirtschaftspresse	5,64
Titel aus Fachpresse	2,21	Titel aus Wirtschaftspresse	9,67	Titel aus Fachpresse	5,04
Titel aus Wirtschaftspresse	2,18	Titel aus Wirtschaftspresse	9,25	Titel aus Fachpresse	3,86
Titel aus Wirtschaftspresse	2,17	Titel aus Fachpresse	6,23	Titel aus Wirtschaftspresse	3,86
Titel aus Fachpresse	1,9	Titel aus Wirtschaftspresse	5,9	Titel aus Wirtschaftspresse	3,26
Titel aus Wirtschaftspresse	1,59	Titel aus Wirtschaftspresse	4,93	Titel aus Wirtschaftspresse	2,97

Abb. 10. Content-Nutzung in geschlossenen Intranets nach Content-Kategorie, in Prozent

---

[6] Die Unternehmen wurden anonymisiert.

Content-Syndication

Ob Webauftritt, Unternehmensportal oder Marktplatz – die Internet Präsenz eines Unternehmens ist mittlerweile fester Bestandteil der strategischen Vertriebs- und Unternehmenskommunikation. Einer der wichtigsten Erfolgsfaktoren des Webauftritts ist die Einbindung von hochwertigen Inhalten. GENIOS ermöglicht über seine innovative Syndication-Plattform Content4Portals aktuelle, hochwertige und themenorientierte Print- wie auch Online- Inhalte auf einfachste Weise in Internet-Portale einzubinden. An dem Beispiel von www.farao.de, einem Informationsportal für Finanzdienstleistungen, ist die Einbindung von GENIOS Content im mittleren Bereich zu sehen.

Abb. 11. Fallbeispiel 4: www.farao.de

5. Zusammenfassung und Ausblick

1. Die Diskussion um „Cash for Content" bezieht sich derzeit noch vorwiegend auf den Consumer-Bereich. Die Alles-ist-kostenlos-Kultur wird jedoch allmählich von ökonomischen Zwängen beeinflusst, so dass in Zukunft von einem Nebeneinander von Bezahlcontent und Free Content – je nach Exklusivität und Nutzwert – ausgegangen werden kann.

2. Die Musik spielt jedoch unabhängig von dieser Diskussion bereits im Online-Markt der digitalen Business- und Finanz-Informationen, somit im Business-to-Business. Seit es Datenbanken für ein zunächst fachlich orientiertes Publikum gibt, wird Cash für Content bezahlt.

3. Die weitere Qualifizierung des Inhaltegeschäfts hängt von der maßgeschneiderten Anwendungslösung und der vertrieblichen Leistung der Aggregatoren ab. Das gilt sowohl für den Consumer-Bereich, als auch für die Corporate Ebene.

4. Die Inhalte-Produzenten und Provider werden mit wachsendem Marktvolumen die Möglichkeiten intensiver nutzen, mit Content zusätzliche Deckungsbeiträge zu erwirtschaften. Entscheidend dabei ist die möglichst kostengünstige Produktion von Content. Aggregatoren, die sowohl die Akquisition, die technische Aufbereitung und die vertriebliche Anwendungskomponente beherrschen, werden die Nase vorn haben.

Kurzskizze GENIOS, www.genios.de

GENIOS wurde bereits 1985 – lange vor dem Internet-Zeitalter – als Geschäftsbereich der Verlagsgruppe Handelsblatt GmbH, Düsseldorf gegründet. Heute ist GENIOS einer der führenden Online-Anbieter deutschsprachiger Wirtschafts-, Presse- und Fachinformationen. Von standardisierten Produkten bis hin zu maßgeschneiderten Lösungen bietet GENIOS Full-Services für das betriebliche Informationsmanagement, für Intranets und Portale. Das GENIOS Content-Sales-Center umfasst über 550 Datenbanken renommierter Verlage und Provider mit insgesamt ca. 120 Millionen Artikeln und abrufbaren Daten. Unter dem Dach von GENIOS ist eines der größten elektronischen Archive in Deutschland gebündelt, von der regionalen und überregionalen Tagespresse bis hin zu branchenspezifischen Fachzeitschriften.

Aufgaben des Cross-Media Managements in digitalen Fernsehmärkten

Hubert Eisner

Unternehmensberater, Hamburg

1. Die neue Dimension von Cross-Media Publishing im digitalen Fernsehen

Die Vorstellung, den Zuschauer in das Fernsehgeschehen mit einzubeziehen, ist so alt wie das Medium selbst. Erst die Digitalisierung ermöglicht es jedoch, über den Anruf ins Studio oder das Absenden einer Postkarte hinaus eine direkte Interaktion mit dem Programm und den Inhalten zu realisieren. Das Erscheinen dieser technischen Möglichkeiten hat ab etwa Mitte der Neunziger Jahre die Diskussion über das interaktive Fernsehen entstehen lassen, die zum Teil originelle Blüten hervorgebracht hat. In guter Erinnerung sind sicherlich das TimeWarner Pilotprojekt "Full Service Network" in Orlando in Florida und die kurz danach gestarteten deutschen Pilotprojekte. Den Veranstaltern dieser Testprojekte war klar, dass eine Evolution des Fernsehens zu einer interaktiven Plattform nicht nur an die Verbraucher, sondern vor allem an die Inhalteanbieter neue Anforderungen stellen würde und so wurde alles, was man bei der Entwicklung von Computerprogrammen und Spielen gelernt hatte, dazu eingesetzt, neue und attraktive Inhalte auch auf den Fernsehschirm zu bringen. Über die Erprobung der Technik hinaus hatten diese Projektansätze das erklärte Ziel, die Akzeptanz der Interaktionsmöglichkeiten durch den Konsumenten nachzuweisen und Zusatzdienste wie Video on Demand und T-Commerce zu beweisen und auch Grenzen für die finanzielle Belastbarkeit des Verbrauchers aufzuzeigen. Diese Informationen liessen dann auch nicht lange auf sich warten; der Verbraucher machte unmissverständlich klar, was er will, was er nicht will und wieviel er, wenn überhaupt, dafür zu zahlen bereit ist. So endeten sowohl die deutschen als auch die US-amerikanischen Pilotprojekte als Flops. Fazit: Nicht alles, was technisch möglich ist, macht aus der Sicht des Konsumenten auch Sinn.

Auch die "Konvergenz der Plattformen", die noch bis vor wenigen Monaten die Diskussion über die neuen Medien beherrschte, wird so nicht stattfinden; der PC wird nicht mit dem Fernsehgerät zu einem Home-Entertainment Zentrum zusammenwachsen. Zwar werden beide technologisch gesehen immer ähnlicher, vor allem durch die weiter fortschreitende Digitalisierung der Inhalte und ihrer Verbreitungswege. Andererseits holen uns diese beiden Geräte in vollkommen verschiedenen Interaktionssituationen ab. Das Fernsehgerät wird vom Konsumenten in einer "lean-back" Situation genutzt, die Entfernung zum Bildschirm ist gross und die Bereitschaft zur Interaktion mit Inhalten über eine auf den Knien geschaukelte Infrarot-Tastatur ist gering. Die eingeschränkten Interaktionsmöglichkeiten über die Fernbedienung machen eine spezielle Abstimmung der Benutzeroberfläche notwendig, die im Vergleich zum Computer geringere Bildauflösung des Fernsehgerätes erfordert speziell angepasste Schriftgrössen und Layouts. Anders beim PC, bei dem sich der User in einer "lean-in" Situation befindet, mit dem er über Tastatur und Maus sehr differenziert kommunizieren und interagieren kann und dessen hohe Bildschirmauflösung wesentlich mehr inhaltliche Elemente erlaubt.

Dabei ist die Interessenlage der Industrie einfach und klar; die Digitalisierung des Fernsehsignals schafft im übervölkerten Spektrum der elektromagnetischen Ausbreitung Platz für mehr Inhalte und ist damit billiger als die herkömmliche analoge Sendetechnik. Alleine mit diesem Argument ist sichergestellt, dass die Medien Fernsehen und Hörfunk über kurz oder lang digital ausgestrahlt werden, so wie ja auch die Produktion von Zeitungen und Zeitschriften seit vielen Jahren digital erfolgt, ohne dass dies den Lesern gross aufgefallen wäre. Für die galt und gilt: Hauptsache, am Ergebnis ändert sich nichts.

Damit fangen aber auch schon die Probleme an. Während zur Lektüre auch einer digital produzierten Zeitschrift nach wie vor die vorhandene Lesebrille ausreicht, braucht es neue Radio- und Fernsehgeräte, um die digitale Ausstrahlung in der gewohnten Anmutung umzusetzen. Bevor die neuen digitaltauglichen Empfangsmodule schon fabrikseitig in die Fernsehgeräte eingebaut werden, werden wir uns mit Zusatzgeräten behelfen müssen, den so genannten Set-Top Boxen. Ähnliches gab es schon einmal, 1963, als das Zweite Deutsche Fernsehen zum Ersten dazu kam und auf den Fernsehern kleine graue Geräte platziert werden mussten, mit der Aufschrift "UHF Konverter" und einer goldfarbenen, schmetterlingsförmigen Antenne versehen, die die neuen, höheren Frequenzen, die das ZDF nutzte, auf die alten, niedrigeren Frequenzen umsetzten, die von den Fernsehgeräten empfangen werden konnten. Mit dem Übergang vom analogen zum digitalen Fernsehen via Satellit, Kabel oder terrestrisch, entsteht eine neue Plattform mit neuen Charakteristiken, die gleichermaßen Chancen und Risiken aufweist. Die Chancen zu nützen und die Risiken zu vermeiden, das wird die enorme Herausforderung jede neue Anwendung auf diesen neuen Plattformen sein. Die Set-Top Box ermöglicht neben der Darstellung neuer und interaktiver Formate auf dem Fernsehschirm auch die direkte Adressierung des einzelnen Konsumenten und eröffnet damit Chancen für das Direktmarketing auch in kleinen und kleinsten Zielgruppen, die im analogen Fernsehen nur mit enormen Streuverlusten erreichbar sind. Zur Schaffung neuer Inhalteformen und zur effizienten Nutzung dieser

Technologien als Marketing-Werkzeug ist es jedoch unabdingbar, ihre Funktiona-litäten, Möglichkeiten und Grenzen genau zu kennen.

2. Eine neue Plattform für neue Inhalte

Um abschätzen zu können, wie die Konsumenten mit der Plattform "Digitalfern-sehen" umgehen werden, müssen alle Implikationen dieses neuen Mediums be-kannt sein. Die neuen Inhalte sind auch mit neuen Anforderungen an den Verbraucher verbunden, deren Auswirkungen genau bekannt sein müssen, um nicht eine Überforderung (und damit die Zurückweisung der neuen Inhalte) zur Folge zu haben. Die Funktionalitäten der neuen Plattform "Set-Top Box" stellen eine Herausforderung gleichermaßen an die Programmgestalter wie auch an die Marketer dar. Der wesentliche Unterschied zum klassischen linearen Medium "Fernsehen" ist dabei das Vorhandensein eine Software-Schnittstelle (Application Programming Interface, API) in der Set-Top Box. Diese auf dem Endgerät lau-fende Software wird als Middleware bezeichnet, um deutlich zu machen, dass sie zwischen den Anwendungen des Programmanbieters (der "Software") und dem Fernsehgerät (der "Hardware") vermittelt, wie etwa auch das Betriebssystem eines Computers zwischen den Programmanwendungen und dem Rechner vermittelt. Das Fernsehgerät kann damit über das lineare Programm hinaus auch Anwen-dungsdaten empfangen, mit denen multimediale und vor allem interaktionsfähige Inhalte auf den Bildschirm gebracht werden können. Der Konsument wird aller-dings nur dann eine Bereicherung seiner Medienlandschaft darin sehen, wenn es den Programmgestaltern gelingt, ihm einen Mehrwert durch das Angebot interak-tiver Zusatzdienste darzustellen (vgl. Abbildung 1).

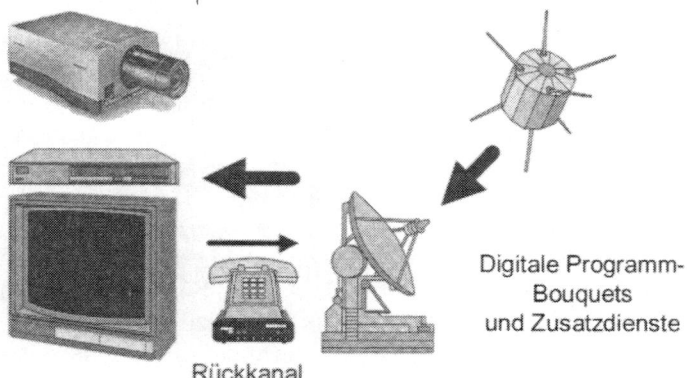

Digitale Programm-
Bouquets
und Zusatzdienste

Rückkanal

Abb. 1. Digitaler Verteildienst

Die Software-Anwendungen (wie Java Applets) und die dazu gehörigen Inhalte (wie Text, Bild, Bewegtbild und Spiele) werden in immer wiederkehrenden

Schleifen ausgestrahlt, den so genannten Daten-Karussels. Dadurch wird sicher gestellt, dass die Set-Top Box die richtigen Anwendungen erhält, die sie, so wie auch die Inhalte, in einem Speicher ablegt. Die Anwendung startet auf der Box, die Inhalte erfüllen die Anwendung mit Leben und der Konsument kann beginnen, mittels seiner Fernbedienung die Inhalte abzurufen und mit ihnen zu interagieren (vgl. Abbildung 2).

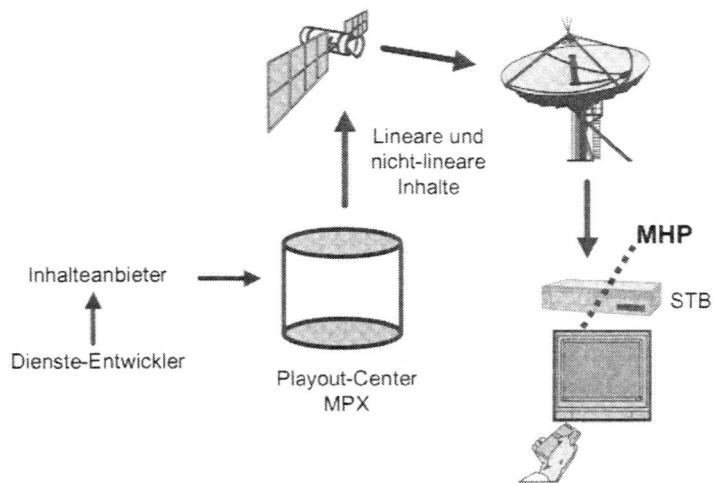

Abb. 2. Digitalfernsehen und die Multimedia Home Platform (MHP)

Hier deutet sich auch bereits das große Problem dieser neuen Technologie an; damit alle Zuschauer die gleiche Anmutung eines solchen interaktiven Programms haben, müssen auf allen Set-Top Boxen Standard-Programme laufen, auf die sich dann auch alle Anbieter verlasssen können. Der Europäische Standard, auf den sich Hersteller und Sender geeinigt haben, ist die Multimedia Home Platform, MHP. Die Multimedia Home Platform wird auch als Middleware bezeichnet, da sie zwischen den inhaltlichen Angeboten auf der einen Seite und den Betriebssystemen der Set-Top Boxen auf der anderen Seite "vermittelt". Diese Software-Schnittstelle in der Set-Top Box stellt sicher, dass alle Inhalteentwickler und -Anbieter wissen, wie ihre Angebote auf dem Fernsehgerät dargestellt und wie die Interaktionen mit diesen Angeboten abgewickelt werden. Der MHP-Standard stellt damit in letzter Konsequenz auch sicher, dass der Zugang zum Konsumenten offen und nicht von Anbieterlizenzen abhängig ist, wie das bei proprietären Eigenentwicklungen von solcher Middleware der Fall ist. Während der Entwicklung dieses Standards wurde jedoch unter anderem in England und Frankreich bereits interaktives Fernsehen eingeführt, und damit stehen dort Systeme im Einsatz, die vom Standard abweichen. Im Falle Frankreichs ist dies das MediaHighway Verfahren, in England kamen vor allem Endgeräte nach dem OpenTV System zum Einsatz. Die Hersteller dieser und anderer Middleware haben zugesichert, mit der nächsten Generationen ihrer Geräte kompatibel zum Europäischen Standard MHP zu sein.

Die Möglichkeit der direkten Ansprache von Konsumenten über ihre Set-Top Box macht das digitale interaktive Fernsehen so attraktiv für Inhalteanbieter und Marketer. Jedes Endgerät ist eindeutig identifiziert und damit als Grundlage für ein Consumer Relationship Management (CRM) ideal einsetzbar. Wenn es also gelingt, durch attraktive Inhalte und intuitive Interaktionsangebote den Fernsehzuschauer von der passiven Betrachtungsweise seines Fernsehschirms zur aktiven Interaktion mit den Inhalteangeboten zu bringen, dann kann eine neue Dimension des Direktmarketings entstehen, das den Kunden noch mehr als bisher in den Mittelpunkt stellt, ihm neue Informations- und Einflussmöglichkeiten gibt der und ihn noch intensiver in die Wertschöpfungskette einbindet (vgl. Abbildung 3).

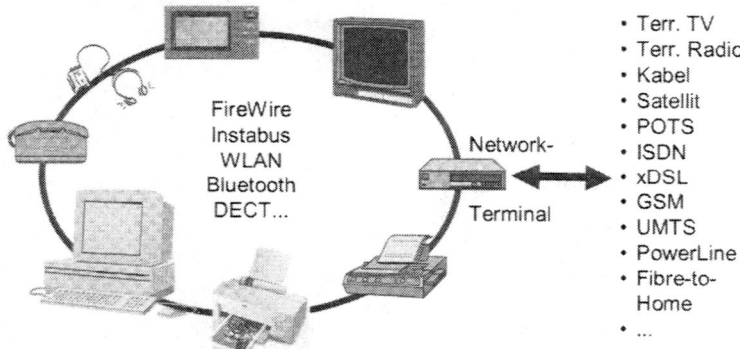

Abb. 3. Vernetzung im Haushalt

In Zukunft wird die Set-Top Box zum "Gateway", zum Einfallstor multimedialer Dienste in den Wohnungen werden. So gut wie alle neuen Kommunikations- und Unterhaltungsgeräte sind auch heute schon netzwerkfähig und tauschen untereinander Informationen und Inhalte aus. Um die Verkabelung dieser Geräte nicht zum Alptraum werden zu lassen, beginnt die Wohnungsbauwirtschaft damit, die In-Haus Vernetzung als Standardausstattung vorzusehen, so wie heute die Ausstattung mit Kabelfernsehanschlüssen und Telefonsteckdosen in den meisten Räumen bereits durchaus üblich ist. Diese zukünftigen Hausnetze, auf denen Kommunikationsstandards wie FireWire und Instabus eingesetzt werden können, werden über Gateways an die von draussen ankommenden Dienste angeschlossen. Heute übliche Gateways sind ISDN-Anschlussboxen und Kabelmodems, die als "Network Terminals" Kommunikations- und Unterhaltungsdienste in die Wohnung bringen und dort weiter verteilen (vgl. Abbildung 4). Die Set-Top Box kann, wenn die Entwicklung in Deutschland zu der in England und Frankreich aufschliesst, ein sehr mächtiges und für die Marketer wesentliches Werkzeug werden, weil sie technisch in der Lage ist, für mehrere Dienste als Gateway zu dienen. Über die Set-Top Box und das koaxiale Fernsehkabel (das in Zukunft mehr und mehr durch Glasfaser ersetzt werden wird) kann der Haushalt mit Telefon, analogem und digitalem Free-TV, digitalem Pay-TV, multimedialen Zusatzdiensten für den

Fernseher und einem Breitband-Anschluss für den PC versorgt werden - ein deutlich grösserer Leistungsumfang, als der Satellit ihn anbieten kann.

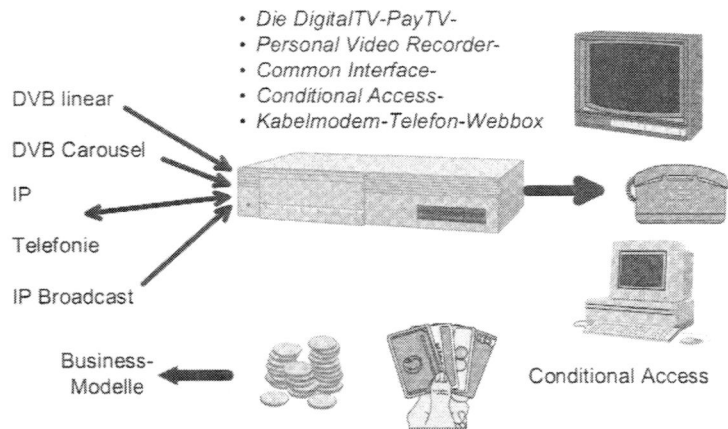

Abb. 4. Die Set-Top Box

Damit wird es für den Konsumenten zunehmend einfacher werden, ohne bautechnische Massnahmen die Informations- und Unterhaltungsdienste auf der jeweils am besten geeigneten Plattform abzurufen, womit möglicherweise auch die Häufigkeit der Zugriffe steigen wird. Wenn sich der PC nicht erst langwierig ins Internet einbuchen muss und wenn Zusatzinformationen und Transaktionsmöglichkeiten am Fernsehschirm zur Verfügung stehen, ohne deshalb erst ins Schlafzimmer gehen und den Rechner hochfahren zu müssen, dann steigt auch die Wahrscheinlichkeit, dass trotz des nach wie vor limitierten Zeitbudgets des Users solche Dienstleistungsangebote auch wahrgenommen werden.

3. Neue Formate für eine neue Plattform

Der wesentliche Erfolgsfaktor neuer Angebote ist und bleibt aber deren inhaltliche Qualität. Dazu gehören auch die Bedieneroberfläche und die Informations- und Transaktionsarchitektur, die unter dem Begriff "Usability" zusammengefasst werden können. Nur wenn ein inhaltliches Angebot für den Konsumenten attraktiv und einfach zu bedienen ist, wird es angenommen werden. Die Interaktion mit einem solchen inhaltlichen Angebot auf dem Fernsehschirm erfolgt in der überwiegenden Zahl der Fälle über die Fernbedienung mit dem Speicherinhalt der Set-Top Box und kann auf mehreren Ebenen stattfinden. Ohne die Berücksichtigung der Möglichkeiten und Grenzen der Plattform kann kein optimales Produkt entstehen (vgl. Abbildung 5).

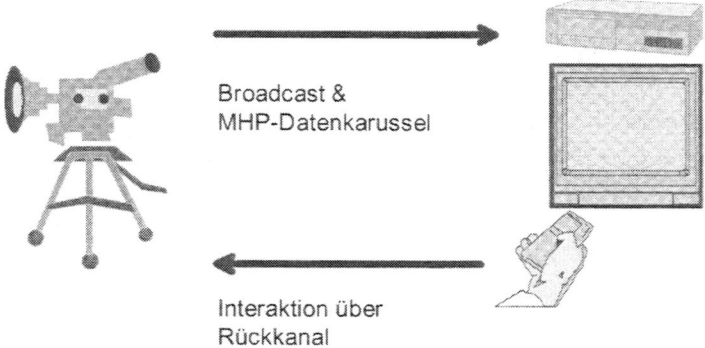

Broadcast &
MHP-Datenkarussel

Interaktion über
Rückkanal

Abb. 5. Ebenen der Interaktion 1 - die Set-Top Box im MHP-Modus

Der Einsatz der Set-Top Box ermöglicht unter anderem das neue Programmformat des "Enhanced Television". Lineare Programminhalte werden vom Inhalteanbieter mit Zusatzinformationen angereichert, die vom Konsumenten auch ohne einen Rückkanal der Box auf dem Fernsehschirm dargestellt werden können. So kann eine Dokumentation mit Hintergrundinformation angereichert werden, zu einem Reiseprogramm können Fahrplan- und Hotelinformationen verfügbar gemacht werden und der Konsument kann seine eigenen Antworten bei einem Quizprogramm mit den Antworten der Studiokandidaten vergleichen.

Beim Empfang von Digitalfernsehen mit multimedialer Zusatzinformation oder auch beim Empfang von programmunabhängigen Inhalten im MHP-Standard findet die Interaktion des Users mit dem Speicherinhalt der Set-Top Box statt. Der Anbieter übermittelt seine Inhalte an das Play-Out Center. Dort wird ein MHP Daten-Karussel zusammengestellt und, gegebenenfalls mit dem Fernsehinhalt synchronisiert, als Daten-Broadcast an alle Endgeräte ausgestrahlt. Die Set-Top Box stellt diese MHP-Inhalte auf dem Fernsehschirm dar. Verfügt die Set-Top Box über einen Rückkanal, beispielsweise durch den Anschluss an die Telefonsteckdose, dann können Reaktionen (Wahlvorgänge, Antworten auf Quizfragen u.a.) und Transaktionen (Bestellvorgänge) mit der Fernbedienung eingegeben und über den Rückkanal der Box an einen Server übermittelt werden. Dieser Server kann beim Kabelnetzbetreiber, beim Programm-Anbieter oder bei einem Dritten stehen (vgl. Abbildung 6).

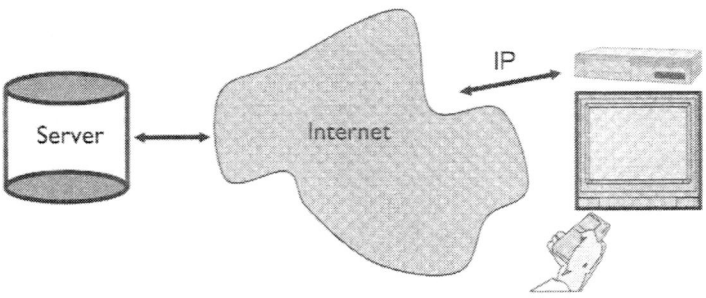

Abb. 6. Ebenen der Interaktion 2 - die Set-Top Box im Internet-Modus

Neben der Darstellung des Digitalfernsehens und der MHP-Anwendungen, die als Broadcast auf die Set-Top Box gelangen, kann diese auch eine Punkt-zu-Punkt Verbindung zum Internet herstellen und dort angebotene Inhalte ebenfalls auf dem Bildschirm des Fernsehgerätes darstellen. Solche Angebote können im Verbund mit linearen Fernsehprogrammen, aber auch unabhängig davon erfolgen, wie beispielsweise Home Shopping oder Home Banking. Sinnvoll wird ein solches Angebot in jeden Fall allerdings nur dann sein, wenn Inhalte und Interaktionsmechanismen auf die Endgeräte Fernseher und Fernbedienung hin optimiert sind. Beim Einsatz der Set-Top Box als Internet-Endgerät findet die Interaktion des Users mit dem Server des Kabel-Netzbetreibers, dem des Anbieters oder eines Dritten über den Rückkanal-Anschluss der Box im Internetprotokollformat (IP) statt. Der Konsument interagiert also in diesem Fall nicht mit dem Speicher der Set-Top Box, sondern über das in der Set-Top Box eingebaute Modem über das Internet mit dem Server. Kabelnetzbetreiber und Inhalte-Anbieter stellen ihre Inhalte auf einem Server (möglichst nahe am User) der Set-Top Box zur Verfügung. Das Format der Inhalte und die Interaktions-Architektur sind an die Gegebenheiten von Fernsehschirm und Fernbedienung angepasst. Die Formatentwicklung muss auf diese Anforderungen durch die entsprechende kreative und informationsarchitektonische Gestaltung des Produktes Rücksicht nehmen.

An der Komplexität dieser Vorgänge ist leicht erkennbar, dass das entscheidende Augenmerk der Inhalte- und Transaktionsanbieter auf die einfache Nutzbarkeit der Angebote gelenkt werden muss. Die User, die vor allem mit den neuen Angeboten erreicht werden sollen, haben sich bisher vielleicht aus Altersgründen, vielleicht auch aus finanziellen Erwägungen dem PC verschlossen und sollen nun über die ihnen vertraute Plattform des Fernsehgerätes angesprochen werden. Bei diesen Konsumenten besteht im Normalfall nur geringe Medien- und Bedienungskompetenz. Sie sind in Deutschland, anders als in den meisten anderen EU-Ländern, von üppig ausgestatteten Free-To-Air Fernsehprogrammen verwöhnt worden und müssen vom Nutzen neuer Medien erst überzeugt werden. Es gilt, Ihnen eine Verschiebung ihrer Medien-Nutzungsgewohnheiten von der gewohnten und aus ihrer Sicht bewährten Plattformen Print und Fernsehen zu der neuen Plattform "Interaktives Fernsehen" schmackhaft zu machen - gewiss keine triviale Aufgabe, wie das bisher weitgehende Scheitern des deutschen Pay-TV gezeigt hat. Auch hier ist, wie bei jedem erfolgreichen Marketing, nicht allein die Qualität des Produktes entscheidend, sondern es müssen Marken transferiert oder geschaffen werden. Dabei haben die etablierten Senderfamilien sicherlich heute noch Vorteile, weil sie sich am längsten mit dem Thema der multimedialen Zusatzdienste im Digitalfernsehen beschäftigen und auch bereits einschlägige Erfahrungen sammeln konnten. So bietet RTL zu seinem Markenprodukt "Wer wird Millionär" nicht nur das Internet-Spiel und die CD-ROM, sondern wird auf der MHP-Plattform auch das Mitspielen auf dem Fernsehschirm über Set-Top Box und Fernbedienung anbieten.

Positive Erfahrungen mit programmbegleitenden, aber auch eigenständigen iTV-Formaten haben vor allem die englischen und französischen Anbieter. Eine kleine Auswahl aus der ständig wachsenden Zahl interaktiver Anwendungen zeigt den Entwicklungsstand im Ausland.

- Bei dem französischen Programmformat *Star Academy* verfolgt die Kamera während dreier Monate das tägliche Leben angehender Stars, und über seine Set-Top Box erhält der Zuschauer nicht nur ähnlich wie bei Big Brother die Hintergrundinformationen zur Sendung und den Mitwirkenden, er kann auch seine Wahl zwischen ihnen treffen. Das Programm ist Teil der *Canal Satellite Kiosque* Pay-TV Programmauswahl und kann auch über die Kreditkarte direkt an der Set-Top Box bestellt und bezahlt werden. Die Anwendung läuft unter dem System MediaHighway.

- In England ist es ebenfalls bereits ganz normal, eine Set-Top Box als Endgerät für das Pay-TV zu Hause stehen zu haben. Die Endgeräte wurden vom Satellitenbetreiber subventioniert und damit die Zugangsschwelle zu den neuen Angeboten niedrig gehalten. Anwendungen wie die von SkyNews bieten auf den OpenTV Set-Top Boxen neben den Nachrichten auch die Möglichkeit, über aktuelle Themen abzustimmen (*SkyNews Active Voting*). Der Rückkanal wird über eine kostenpflichtige Telefonnummer abgewickelt, so dass ein entsprechendes Paid Content Businessmodell aufgesetzt werden kann.

- Diejenigen englischen Fernsehzuschauer, die 2001 die Tennisübertragungen der BBC aus Wimbledon auf ihren digitalen Endgeräten verfolgten, konnten auf ihrem Fernsehschirm 5 Spiele simultan verfolgen und zusätzlich alle Zwischen- und Endstände der Spiele im Auge behalten. Eine Anwendung, die ebenfalls unter OpenTV ausgestrahlt und von den Tennisfans enthusiastisch aufgenommen wurde.

- Die dänische Spiel- und Quizshow *ROFL* nützt alle Möglichkeiten des digitalen interaktiven Fernsehens und gibt dem Zuschauer über seine Set-Top Box Zugang zu einem zusätzlichen Kamerasignal, das während der Veranstaltung die Vorbereitung der Kandidaten, aber auch Zusatzinformation zu den Quizfragen zeigt. Bei der Beantwortung von Fragen mittels der Tasten seiner Fernbedienung kann der Zuschauer sein Wissen mit dem der Kandidaten im Studio messen. Ein Fall eines programmbegleitenden, multimedialen Zusatzdienstes, der vom Publikum sehr gut angenommen wird.

Ein Beispiel für T-Commerce ist die im australischen Pilotprojekt New South Wales laufende Anwendung von Pizza Hut. Wenn dem Zuschauer nach Pizza ist, kann er sich auf der unter dem System Liberate laufenden Oberfläche mittels der Fernbedienung die Pizza seines Geschmacks zusammenstellen und auch gleich ordern. Auf den beiden Plattformen OpenTV und MediaHighway läuft der interaktive Werbespot für den Renault Clio. In diversen Bildfenstern erscheinen Bilder und Informationen über das Produkt, und gegen Ende des Spots kann ein kleine Spiel gestartet werden, als Gewinne locken Probefahrten. Um sich für die Teilnahme zu qualifizieren, muss der Konsument über die Fernbedienung einige persönlichen Daten eingeben.

Um dem Fernsehzuschauer in der reich bestückten digitalen Fernsehlandschaft Anhaltspunkte für seine Programmauswahl zu geben, werden zudem elektronische Programmführer (Electronic Programme Guide, EPG) ausgestrahlt, die im Idealfall die Navigation durch das Angebot der Set-Top Box zum Kinderspiel machen. Zwei erwähnenswert gut gemachte EPGs sind die von SkyDigital und dem irischen Anbieter Chorus produzierten digitalen Programmführer. Beide laufen unter OpenTV und werden ständig mit neuen Features versehen, wie der Erinnerungsfunktion und der automatischen Anpassung an neue Kanäle.

Diese Beispiele aus der sich ständig vergrössernden Landschaft des digitalen interaktiven Fernsehens zeigen deutlich, dass sich die neue Plattform durchzusetzen beginnt. Die in Deutschland bisher spürbare Verzögerung dieser Entwicklung durch Monopole und Free-To-Air Programmqualität kann als Chance gesehen werden, Medien-übergreifende Marketingmaßnahmen noch länger erproben zu können als dies in Ländern wie England und Frankreich möglich war, wo unter dem Druck der Mitbewerber manchmal auch mit nicht ganz ausgereiften Lösungen begonnen werden musste.

4. Asset Management und Meta-Daten

Die Grundlage des Marketings über verschiedene Plattformen und Medien ist neben dem CRM das Einrichten eines digitalen Media Asset Management Systems (MAM). Alle (digitalen) Inhalte und Anwendungen werden zentral als Datenbestand gehalten und mit Metadaten versehen. Diese "Information über die Information" beschreibt die vorhandenen Inhalte so komplett wie möglich, und auch hier entwickeln sich internationale Standards wie das "Standard Media Exchange Format SMEF" der BBC oder das Projekt der MPEG-7 Entwicklungsgruppe (vgl. Abbildung 7).

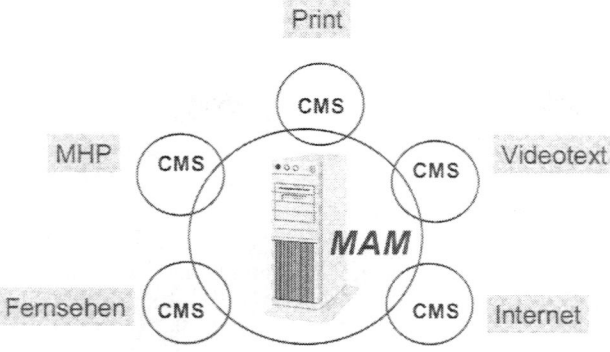

Abb. 7. Asset- und Content Management

Ein funktionierendes Media Asset Management erlaubt das schnelle und gezielte Bespielen unterschiedlichster Plattformen von Print bis Internet und von Videotext bis zum Interaktiven Fernsehen. Der Programmaustausch mit Anbietern und
Abnehmern wird vereinheitlicht und der Einsatz von Content Management Systemen (CMS) erleichtert. Dies wiederum hält den Aufwand für redaktionelle Leistungen überschaubar, die die inhaltliche Qualität sicherstellen und damit eine der
wesentlichen Grundlagen für die erfolgreiche Vermarktung von Inhalten, Dienstleistungen und Waren sind.

5. Workflows in der digitalen Fernsehwelt

Während sich die Technik für die Produktion und die Ausstrahlung des Digitalfernsehens rüstet, beginnen Redaktionen und Programmgestalter mit der Entwicklung der neuen Formate für die interaktive Plattform. Den Zeitungs- und Zeit-
schriftenredakteuren ist diese Entwicklung vertraut, weil sie sich durch die zunehmende Ausbreitung des Internets in den letzten Jahren vor allem damit konfrontiert sahen, dass ihre Leser ihnen plötzlich sehr nahe gerückt waren und sozusagen "auf ihren Schreibtischen" saßen. Viele Leser vor allem anspruchsvoller
Printobjekte nützen gerne die ihnen durch die elektronischen Medien gegebene
Gelegenheit zu Dialog mit den Schreibern, was diesen nicht in jedem Fall ange-
nehm ist.

So werden sich auch die Gestalter von Fernsehprogrammen mit den neuen Anforderungen auseinandersetzen müssen. Um die Möglichkeiten des interaktiven
Mediums voll auszuschöpfen, reicht es nicht aus, ein bisschen Hintergrundinformation zu einer Dokumentation anzubieten. Die gesamte Informationsarchitektur
eines geplanten ITV Programms muss auf die Möglichkeiten der Endgeräte und
die Anforderungen des Zuschauers ausgerichtet werden. Da der Konsument in
vielen Fällen heute immer noch skeptisch auf das Schlagwort von der Interaktivität reagiert, erfordert es viel Aufwand, diese Qualitätsziele zu erreichen, und das

bei in Deutschland minimalen Verbreitungszahlen. Wenn es nicht gelingt, den Konsumenten über die Qualität der Inhalte zur Interaktion anzuregen, wird sich die Marktpenetration dieser durchaus wertvollen Plattform weiter verzögern. Immerhin ist nach den holprigen Anläufen des deutschen Pay-TV hierzulande der Begriff "Set-Top Box" bislang nicht besonders positiv belegt.

Wesentlichen Einfluss auf die Qualität des interaktiven Produktes hat auch die Rücksichtnahme auf dessen Bedienbarkeit über die Fernbedienung. Die üblicherweise auf die Interaktion über PC, Monitor, Tastatur und Maus abgestimmten Inhalte der Edutainment- und Spielehersteller können dabei nicht zur Anwendung kommen. Ausgedehnte (und teure) "Usability"-Tests mit "echten" Konsumenten werden nötig sein, um die bedienungstechnischen Eigenheiten, Möglichkeiten und Grenzen der Anwendungen zu erforschen. Dabei kann bereits auf Erfahrungen aus weiter fortgeschrittenen Märkten zurückgegriffen werden, die in jedem Fall wertvolle Hinweise geben, die spezifische Forschungen am deutschen Kundenverhalten jedoch nicht völlig ersetzen können.

Die derart entwickelte und getestete Anwendung wird in eine für die jeweilige Set-Top Boxen Landschaft geeignete technische Form gebracht, also beispielsweise mit Hilfe von offenen Entwicklungsumgebungen (wie bei MHP) in Java Applets umgesetzt oder mit Hilfe proprietärer Autorenwerkzeuge (wie bei OpenTV, MediaHighway u.a.) zu einem Produkt geschmiedet. Dazu gehört auch die Generierung der "Service Information (SI)", mit der sichergestellt wird, dass die Inhalte auf dem Übertragungsweg und in der Set-Top Box korrekt identifiziert und dargestellt werden können und gegebenenfalls in den Elektronischen Programmführern auch richtig berücksichtigt werden. Obwohl die Multimedia Home Platform der europäische Standard für Set-Top Boxen ist, ist zunächst nicht davon auszugehen, dass alle deutschen Kabelnetzbetreiber MHP auf ihren Endgeräten einsetzen. Auch bei den über Satellit empfangbaren Anwendungen wird es in absehbarer Zeit mehrere Verfahren geben. Alle Erzeuger von Set-Top Boxen haben allerdings angekündigt, dass ihre nächsten Gerätegenerationen MHP-kompatibel sein werden. Gut beraten sind Inhalteanbieter, die schon jetzt bei der Entwicklung und Umsetzung von interaktiven Inhalten darauf Bezug nehmen und diesen Migrationsweg von proprietären Systemen zur Multimedia Home Plattform berücksichtigen.

Wenn es sich nicht um alleinstehende, sondern um mit dem Fernsehprogramm zusammenhängende interaktive Anwendungen handelt, dann müssen lineares Programm und nicht-lineare multimediale Anwendung synchronisiert werden. Mit dem Fernsehprogramm ausgestrahlte Daten stellen dann sicher, dass der jeweilige Teil der interaktiven Anwendung zum richtigen Zeitpunkt gestartet oder beendet wird. Am Beispiel eines Quiz-Programms ergibt sich dann die Möglichkeit für den Zuschauer, an dem im Studio stattfindenden Spiel teilzunehmen. Die Fragen tauchen zum selben Zeitpunkt auf seinem Bildschirm auf, wie sie auch den Kandidaten im Studio vorgelegt werden, und er hat genauso viel Zeit wie diese, um sie zu beantworten - später eingegebene Antworten werden von der Anwendung ignoriert. Seine Resultate werden in der Set-Top Box gespeichert und am Ende der Sendung ins Studio übermittelt, so dass auch der Sieger unter den zu Hause teilnehmenden Zuschauern festgestellt und belohnt werden kann (vgl. Abbildung 8).

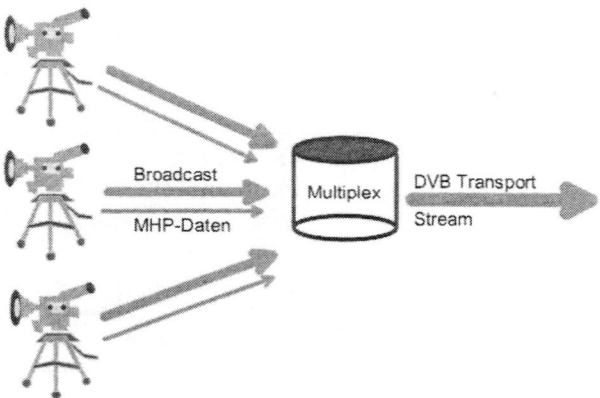

Abb. 8. Multiplex

Die synchronen oder asynchronen Daten werden vom Programmveranstalter an das Play-Out Center übermittelt und von diesem zu einem Satelliten oder anderen Broadcastern weitergeleitet. Dazu werden die Daten, die dem linearen Programm entsprechen, mit den nicht-linearen Informationen zu einem breiten Datenstrom verknüpft, dem "Multiplex". In diesem Multiplex finden sich dann die Daten-Karussels, das Fernsehprogramm und die Service Information nebeneinander wieder, und mit Hilfe der SI wird in der Kabelkopfstation und in der Set-Top Box jeder Inhalt dann wieder seinem entsprechenden "Kanal" auf der Fernbedienung zugeordnet.

Neu ist für die Programmgestalter und die Anbieter multimedialer Dienste von Werbung bis Home Shopping auch die Notwendigkeit, die Reaktionen des Zuschauers zu sammeln und auszuwerten. Die Sammlung dieser Information erfolgt in einem Data Warehouse, die Auswertung über ein Customer Relationship Management (CRM) System. Unter Berücksichtigung der Datenschutzbestimmungen können Informationen über die Art und Weise gesammelt werden, wie die Konsumenten mit einem bestimmten Inhalt umgehen und daraus Verbesserungsvorschläge abgeleitet werden. Ähnlich wie im Internet wird auch der Umgang des einzelnen Verbrauchers mit interaktiver Werbung transparenter und kann zur Verbesserung des beworbenen Produktes und zur Verbesserung seiner Darstellung im Werbemedium herangezogen werden.

Die nächsten Generationen von Set-Top Boxen werden mit einer Speichermöglichkeit für Programme und Zusatzdienste ausgestattet sein. Typische heute bereits erhältliche Produkte zeichnen bis zu vierzig Stunden Video auf. Es ist damit zu rechnen, dass dieser Speicherplatz in Kürze auf etwa hundert Stunden ausgeweitet wird. Damit erfüllen die Endgeräte für das Digitalfernsehen die Funktion eines personalisierbaren Videorecorders ("Personal Video Recorder" PVR) und erlauben damit dem Zuschauer eine bisher unbekannte Nutzungsvielfalt seines Programmangebotes. Neben der reinen Aufzeichnung von linearen Fernsehprogrammen und multimedialen Zusatzdiensten wie Katalogen, Spielen und Reiseinformationen ermöglichen PVR auch die Unterbrechung von Live-Programmen, beispielsweise zur Annahme eines Telefongespräches. Nach Beendigung des Telefonates kann das Programm an der selben Stelle wieder aufgenommen werden, an der es zuvor unterbrochen worden war, und der Zuschauer hat dann die Wahl, zeiTVersetzt zu Ende zu schauen oder aber auch im schnellen Vorlauf wieder an die Stelle vor zu fahren, an der die Live-Übertragung sich gerade befindet. Für die klassische Fernsehwerbung bedeutet das natürlich eine Gefährdung, weil auch die Werbeunterbrechungen weggeblendet werden können: Der Fernsehzuschauer fängt zwanzig Minuten nach dem Beginn eines Spielfilms zu schauen an, fährt durch die Werbeunterbrechungen im Schnellauf und ist am Ende des Films wieder synchron zur realen Welt, ohne auch nur einen Spot gesehen zu haben.

Auch der PVR wird eine wertvolle Informationsquelle darüber werden, wie Konsumenten mit Inhalten umgehen. Vor allem aber sollte er die Werbetreibenden dazu anregen, Informations- und Werbeinhalte besser zu verknüpfen, um die Gefahr des Wegzappens im Rahmen zu halten.

Andererseits sind bereits Geschäftsmodelle in Ausarbeitung, die darauf beruhen, der werbenden Wirtschaft den Zugang zu der Festplatte der Set-Top Box zu ermöglichen, die damit eine Reihe von Inhalten direkt im Haushalt vorhalten kann. In Frage kommen hier vor allem Kataloginhalte der T-Commerce Unternehmen, aber auch Produkt- und Reiseinformationen, an deren jederzeitigem Abruf der Konsument Interesse haben könnte.

Glossar

Application Programming Interface (API)
Auf der (>) Set-Top Box vorhandene Software-Schnittstelle, die den Ablauf von multimedialen Programmen ermöglicht. Beispiele sind der offene Standard (>) MHP unter (>) JAVA und proprietäre Verfahren wie OpenTV, MediaHighway und Liberate

Customer Relationship Management (CRM)
Datenbank-gesteuertes Verfahren zur Auswertung von und Reaktion auf das Verhalten von Konsumenten

Content Management System (CMS)
Redaktionelles Werkzeug, mit dem die Ein- und Ausgabe aus einem (>) Media Asset Management System gesteuert wird, wobei zahlreiche Plattform-spezifische Formatierungen automatisch durchgeführt werden

Data Warehousing
Datenbank von Information über Konsumenten und ihr Verhalten, z.B. zur Auswertung durch ein (>) CRM

Free-to-Air
Im Gegensatz zu Pay-TV frei empfangbare Fernsehprogramme

Interaktives Fernsehen (ITV)
Programminhalte, die die Interaktion mit dem Zuschauer ermöglichen

IP
Internet Protocol, Daten-Transportstandard im Internet

ISDN
Digitaler Telefonanschluss

JAVA
Programmiersprache für multimediale Anwendungen

Mb/s
Bandbreite eines Übertragungskanals in Megabit pro Sekunde

Media Asset Management (MAM)
Speichersystem für multimediale Inhalte, die mit (>) Metadaten versehen werden können

Metadaten
Information über Inhalte, die mit diesen Inhalten gemeinsam gespeichert (>MAM) und ausgestrahlt werden kann

MPEG
Familie von Kompressionsverfahren, ursprünglich entwickelt von der Motion Picture Experts Group

MPEG-7
Standard für (>) Metadaten

Multimedia Home Platform MHP
Software-Standard für die (>) API der (>) Set-Top Box, basiert auf (>) JAVA

Multiplexen
Zusammenführen von Programmen zu einem (>) Transport Stream

Personal Video Recorder, PVR
Set-Top Box für das Digitalfernsehen mit eingebauter Festplatte zur Aufzeichnung von Videoprogrammen und multimedialen Zusatzdiensten

Play-Out Center
Abspielzentrum für Digitalfernsehen, in dem lineare und nicht-lineare Programme zusammengefügt, mit technischer Zusatzinformation (>) SI versehen und ausgestrahlt bzw. zu einem Satelliten ("Up-Link") gesendet werden

Service Information (SI)
Technische Zusatzinformation zu digitalen Programmen, die deren Empfang durch die (>) Set-Top Box ermöglichen

Set-Top Box (STB)
Endgerät für das digitale Fernsehen. Stellt lineares Fernsehen und multimediale Zusatzdienste auf dem Fernsehschirm dar und ermöglicht einen Rückkanal des Zuschauers zum Anbieter

Standard Media Exchange Format SMEF
Entwicklung der BBC für ein (>) Metadaten-Format für mediale Inhalte

T-Commerce
Abwicklung von Kauf- und anderen Transaktionen über das Fernsehgerät

Transport Stream (TS)
Gesamtheit von linearen und nicht-linearen Programmen sowie von (>) Service Information, die zur Weiterleitung an einen Satelliten zusammengefasst (> multiplext) werden. Typische Bandbreite eines TS ist 34 Mb/s.

Cross-Media Branding – die mediale Markenfamilie führen

Dr. Marcus Englert

Kirch Intermedia GmbH, München

1. Gibt es Synergien durch Mehrfachverwertung?

1.1 Synergieeffekte durch Mehrfachverwertung von Content

Was ist Synergie?

Das Konzept der Synergie ist eines der ältesten Konzepte überhaupt in der Managementliteratur. Synergieeffekte kommen immer dann zum Tragen, wenn bei der Zusammenfassung mehrerer Leistungen ein höheres Endergebnis resultiert, als die Summe der addierten Einzelleistungen hervorbringen würde. Am plakativsten läßt sich das Konzept der Synergie mit der Gleichung von Chandler beschreiben: 2+2=5. Klassisch werden Synergien durch Einsparpotentiale auf Kostenseite begründet. Mindestens ebenso bedeutsam sind jedoch Synergieeffekte, die durch das Zusammenwirken mehrerer separater Faktoren zu Umsatzpotentialen führen. Insbesondere in der Markenführung sind derartige Synergieeffekte nur schwer aufzuzeigen – sie können am ehesten am Markenwert festgemacht werden.

Was ist Mehrfachverwertung von Content?

Produzierte Inhalte im Bereich der Medien werden als sog. „Content" bezeichnet. Mit der zunehmenden Digitalisierung der Medien wird die Produktion und Verwendung von „Content" mehr und mehr professionalisiert und klassische Managementkonzepte halten Einzug. Im folgenden soll untersucht werden, inwiefern bei der Mehrfachverwendung von Content Synergieeffekte auftreten, wie sie aus den klassischen Bereichen der wirtschaftswissenschaftlichen Literatur bekannt sind. Dabei wird ein Feld untersucht, das in den letzten Jahren gerade vor dem Hintergrund der technischen Entwicklung in den Medien sowie durch die Entstehung neuer Plattformen viel Bewegung erfahren hat. Im Zuge des New Economy Booms der Jahre 2000 und 2001 ist die Idee der Mehrfachverwendung von Content sehr prominent geworden. Die neuen Distributionsmöglichkeiten des Internet führten dabei zunächst zur Idee, Content extern mehrfach zu verwenden und dabei zur Entstehung von Content Syndication Häusern wie iSyndicate u.a., die sich im wesentlichen mit dem Handel von Medieninhalten beschäftigen und diesen über digitale Plattformen abwickeln. Nur wenige dieser Häuser haben bis heute überlebt.

Als tragfähiger hat sich bis heute die interne mehrfache Verwendung von Contents erwiesen. Prinzipiell ist die Idee der mehrfachen Verwendung einmal produzierter medialer Assets keineswegs neu – so blicken beispielsweise Nachrichtenagenturen auf eine lange Tradition zurück, und auch für Bilder gibt es bereits seit der Kommerzialisierung der Photographie Bildagenturen. Die neuere Entwicklung in den Medien erlaubt es jedoch, Contents aus denselben Arbeitsumgebungen heraus zunehmend für unterschiedliche Plattformen zu verwenden. Parallel zu dieser Entwicklung nimmt die Anzahl der Plattformen durch neue Medien wie das Internet sowie durch mobile Plattformen und der Zukunftsperspektive des interaktiven Fernsehens zu. Einmal produzierte Inhalte können also für eine Vielzahl von Plattformen genutzt werden. In wie weit sich daraus synergetische Beziehungen ergeben ist jedoch fraglich.

Einmal gekauft – vielfach verwertet

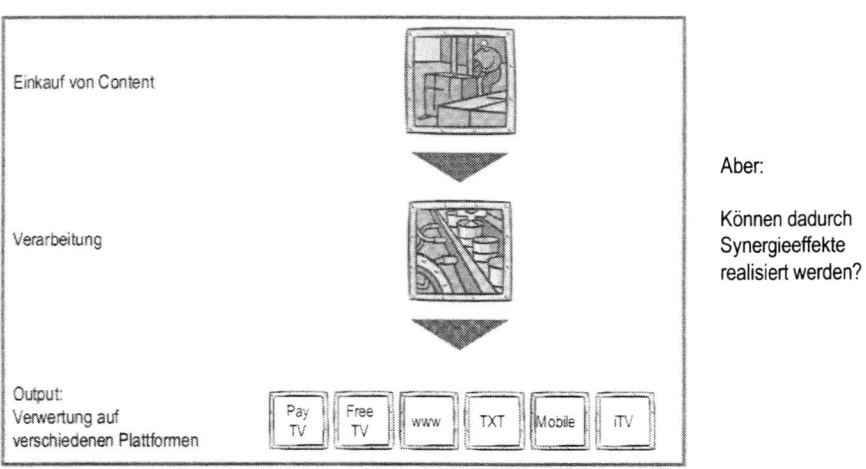

Abb. 1. Synergien durch Cross-Media Distribution?

Im folgenden wird die eigentliche Produktion des Contents ausser Acht gelassen. Je nach Art des produzierten Contents nimmt diese Stufe in der Wertschöpfung unterschiedliche Dimensionen an – so sind Bewegtbildinhalte wesentlich teurer in der Produktion als Bild- und Textinhalte. Die unterschiedlichen

Spezifika der einzelnen Produktionsprozesse führen zu unterschiedlichen Spezialisierungen in den einzelnen Medienberufen und sind aus der Perspektive der Beschreibung von Synergien nur schwer zu fassen. So ist ein Fernsehredakteur vor allem auf das Denken in Bildern spezialisiert, ein Redakteur in einer Nachrichtenagentur hingegen muß aktuelles Geschehen möglichst schnell in Worte fassen. In wie weit es gelingen kann, die aus Synergieperspektive optimale „eierlegende Wollmilchsau" des medienneutral produzierenden Redakteurs zu züchten, soll hier nicht näher betrachtet werden. Es geht also im Folgenden darum, welche Synergieeffekte auftreten, wenn ein einmal eingekaufter Content für unterschiedliche Medienplattformen verwendet wird. Der Leser soll allerdings zuletzt nicht enttäuscht werden; deswegen das Ergebnis gleich vorneweg – die Synergieeffekte, die sich hieraus auf der Kostenseite ergeben, sind eher gering. Sie hängen zunächst einmal davon ab

- welche Stufe im Wertschöpfungsprozess gerade betrachtet wird
- welche Anzahl an Plattformen zur Distribution des Contents genutzt wird
- unter wievielen Marken der Content vertrieben wird
- und wie sich die Komplexität der jeweiligen Produktionsprozesse gestaltet.

Es können sich aber durchaus eine Reihe von Synergieeffekten auf der Umsatzseite ergeben, die nicht direkt bewertet werden können. Schließlich heißt Medienproduktion – zumindest bei der hier betrachteten KirchGruppe – immer auch, Medienmarken aufzubauen und zu führen. Und dabei muß es immer um mehr gehen als nur um die Realisation von Synergien.

1.2 Wertschöpfung im Mediensektor

Einzelne Industriebereiche weisen prototypische Wertschöpfungsketten auf. Dies ist auch im Medienbereich der Fall. Auch wenn dies eventuell gegen das Selbstverständnis eines Redakteurs gehen mag – die Produktion von Medien unterliegt zwar durch so spezielle Produktionsfaktoren wie „Stars" und „Events" speziellen Anforderungen, sie läßt sich aber durchaus mit klassischen Managementtools erfassen. Es geht also im folgenden darum, mögliche Synergieeffekte bei der Medienproduktion über verschiedene Marken und über verschiedene Plattformen hinweg zu erfassen. Dieser Untersuchung liegt eine prototypische Wertschöpfungskette zugrunde, die zunächst erläutert werden soll.

Wertschöpfungsketten in der Medienbranche

Medienhäuser verbinden zunehmend mehrere Plattformen; d.h. mehrere Mediengattungen unter einer Marke. So ist es für einen Fernsehsender von Bedeutung, einzelne Marken von Formaten nicht nur im Fernsehen zu nutzen sondern diese auch durch Formatverlängerungen im Online-Bereich oder neuerdings auf mobilen Medien, z.B. durch SMS-Dienste zu erweitern. Printhäuser beispielsweise nutzen die Marken ihrer Printtitel vermehrt auch im TV – Focus TV oder Bravo

TV laufen unter den Marken der Printtitel Focus und Bravo, werden aber von eigenständigen Produktionsgesellschaften hergestellt.

Synergien treten dabei zum einen durch die Mehrfachnutzung einmal produzierten Contents auf. Da jedoch die Erstellung der eigentlichen Inhalte nur einen Teil der gesamten Wertschöpfungskette eines Medienproduktes darstellt, ist es wichtig, das Auftreten von Synergien in den unterschiedlichen Wertschöpfungsstufen der Medienproduktion zu betrachten. Da es bei- Cross-Media Distribution, wie in den obigen Beispielen deutlich wurde, auch häufig um die Nutzung unterschiedlicher Plattformen geht, die unterschiedliche Inhalte verwenden, ist diese Sichtweise besonders wichtig. Die Ableitung eines Fernsehformats aus einem Printtitel ist nur zum Teil vor dem Hintergrund der für den Printtitel erstellten und recherchierten Inhalte sinnvoll. Die wesentlich höheren Kosten der Produktion von Bewegtbild rechtfertigen einen solchen Schritt nur bedingt. Im folgenden wird aber deutlich werden, dass auch in anderen Bereichen Synergien auftreten können. Für die Ableitung eines Fernsehformats aus einer Printmarke ist beispielsweise vor allem der Markenwert der Printmarke ausschlaggebend.

Die Produktion unterschiedlicher Mediengattungen bewirkt jeweils unterschiedliche Anforderungen an den Wertschöpfungsprozeß. Dennoch lassen sich für die Medienindustrie prototypische Wertschöpfungsketten aufzeigen. Den folgenden Ausführungen liegt die in Abbildung 3. vorgestellte Wertschöpfungskette zugrunde.

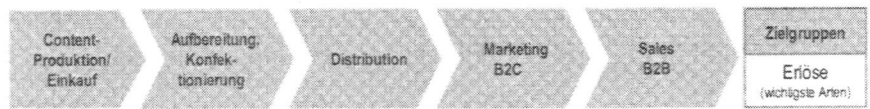

Abb. 2. Eine prototypische Wertschöpfungskette der Medienindustrie

Ein erster Schritt ist die Produktion oder der Einkauf von Content. Die Bedeutung dieser Wertschöpfungsstufe kann dabei je nach Mediengattung unterschiedlich sein. Im Fernsehbereich, in dem beispielsweise teure Spielfilme produziert werden, fällt in dieser Stufe ein hoher Anteil der Kosten an. Beim Versand eines Horoskops per SMS fallen hingegen geringere Kosten für die Produktion des Inhalts an, Datenbanken für den Versand sowie die Mobilfunkfrequenzen der Distribution hingegen nehmen einen Großteil der Wertschöpfung ein. Nach der Produktion oder dem Einkauf des Contents muß dieser aufbereitet und konfektioniert werden. Diese Stufe kann einerseits beinhalten, daß ein einmal eingekaufter Inhalt an die Marke angepasst wird – so werden beispielsweise von einer Nachrichtenagentur bezogene Nachrichten an den spezifischen Schreibstil einer Zeitung angepasst, wobei die markenspezifische Umarbeitung der Inhalte zum Teil einen erheblichen Aufwand erfordert. Bilder werden eventuell vor ihrer Verwendung bearbeitet und dem spezifischen „look and feel" einer Website oder eines Printtitels in der Grösse oder evtl. sogar der Farbgebung angepasst. Andere Inhalte (z. B. Spielfilme) können unangepasst weiter verwendet werden. Packaging beinhaltet die Bündelung unterschiedlicher Medieninhalte zu einem Gesamtpaket; z.B. einem Programmformat. Packaging kann auch mehrstufig erfolgen – beispielsweise wenn ein Medienunternehmen Nachrichten unterschiedlicher Agenturen zu einem Paket von News bündelt und dieses an einen dritten Medienanbieter weitergibt. Ein Abnehmer könnte z.B. ein Mobilfunkanbieter sein, der ein mobiles Portal betreibt. Auch dieser Mobilfunkbetreiber betreibt wiederum Packaging: er passt unterschiedliche Bündel von Inhalten zu einem Gesamtangebot (seinem Portal) zusammen.

Die Distribution des Contents erfolgt je nach Mediengattung durch Ausstrahlung einer Sendung im Fernsehen, durch Abruf einer Website bei einem Online-Anbieter, durch den Druck und die Distribution einer Zeitschrift, die Versendung einer SMS oder den Aufruf einer Internetseite per WAP-Handy. Je nach Mediengattung kann dabei sogar ein Teil der Distributionskosten beim Endkonsumenten anfallen – dieser zahlt beispielsweise seinen Mobilfunkprovider direkt für die an ihn übersandte SMS oder seinen Internetprovider für die Zeit, die er bei der Nutzung einer Website online ist. Einen wichtigen Faktor für die Nutzungshäufigkeit des Inhalts stellt die Marke dar. Aus diesem Grund muß die Medienmarke eigenständig beworben werden. Grundsätzlich sind Marketingaufwendungen spezifisch für eine Plattform zu erbringen. Es treten aber auch Spillover-Effekte auf, falls eine Marke über unterschiedliche Plattformen hinweg genutzt wird.

Der Bereich Sales umfasst die je nach Mediengattung unterschiedlichen Vertriebsaktivitäten. Dabei werden in dieser Stufe nur Vertriebsaktivitäten angesiedelt, die sich B2B an andere Firmenkunden wenden. Im Fernsehbereich handelt es sich hier vor allem um den Verkauf von Werbezeiten. Zunehmend interessant wird aber auch der Vertrieb von konfektionierten Medienprodukten an dritte Plattformen – so z. B. der Vertrieb fertig konfektionierter Inhalte eines Sportsenders an die Website eines Sportartikelherstellers. Medienprodukte werden, in Abhängigkeit von der genutzten Plattform und der Marke jeweils von unterschiedlichen Zielgruppen konsumiert. Dabei ist wichtig, daß die Zielgruppen einer Marke je nach Mediengattung variieren können – Online-Auftritte einer Fernsehmarke haben beispielsweise ein zur Fernsehmarke hin verschobenes Zielpublikum. Parallel dazu gibt es unterschiedliche Erlösmodelle für die unterschiedlichen Mediengattungen. Es gibt mehrere grundlegende Erlösmodelle in den Medien – Anzeigenverkauf, Abonnements und direkte Einnahmen aus dem Vertrieb von einzelnen Medienprodukten. Die Anzahl der einzelnen Erlösmodelle für unterschiedliche Mediengattungen nimmt dabei mit dem Auftreten neuer medialer Plattformen wie Online und Mobile zu. In diesen Mediengattungen können dem User erstmals direkt für einzelne Contents Beträge abgerechnet werden – sogenanntes „Pay per Use". Welche der bisher erfolgreichen Erlösmodelle – Werbefinanzierung, Pay per Use, Abonnements oder andere – sich dabei in Zukunft durchsetzen werden, bleibt abzuwarten.

Die Wertschöpfungskette am Beispiel der KirchGruppe

Die KirchGruppe hat sich im Medienbereich auf unterschiedliche Plattformen konzentriert, die im Kern um die Verwendung von Bewegtbild aus dem Rechtestock der KirchMedia gruppiert sind. Hier sind zunächst die Free TV-Sender ProSieben, Sat 1, Kabel 1 und N24 zu nennen. Der Bereich Pay TV wird unter der Marke Premiere abgedeckt. Die Fernsehmarken werden jeweils in den Online- und Mobile-Bereich verlängert. So werden zu den Fernsehmarken jeweils Online-Auftritte betrieben. Zum Teil werden diese durch weitere Marken ergänzt – *Sport 1*, die führende Sportseite Deutschlands ist aus einer Kooperation des Sat 1 Fußballmagazins *Ran*, dem Printtitel *Sport Bild* sowie dem Sportsender DSF hervorgegangen. Wetter.com betreibt einen Internetauftritt; ist aber gleichzeitig der zentrale Zulieferer für die Wetterberichte der Fernsehsender.

Im Mobile-Bereich werden Contents mit dem Branding der Fernsehmarken derzeit an Mobilfunkbetreiber weitergegeben. Diese wiederum betreiben Plattformen, von denen die Endkonsumenten Nachrichten und Entertainment Inhalte via SMS beziehen können, oder bei dem diese von mobilen Internetseiten Inhalte abfragen können. Die Wertschöpfungsketten der einzelnen Mediengattungen haben spezifische Ausprägungen. Natürlich müssen die Inhalte jeder Plattform zunächst einmal produziert und eingekauft werden. Dabei fallen für jede Plattform und jede Marke separat Rechte an.

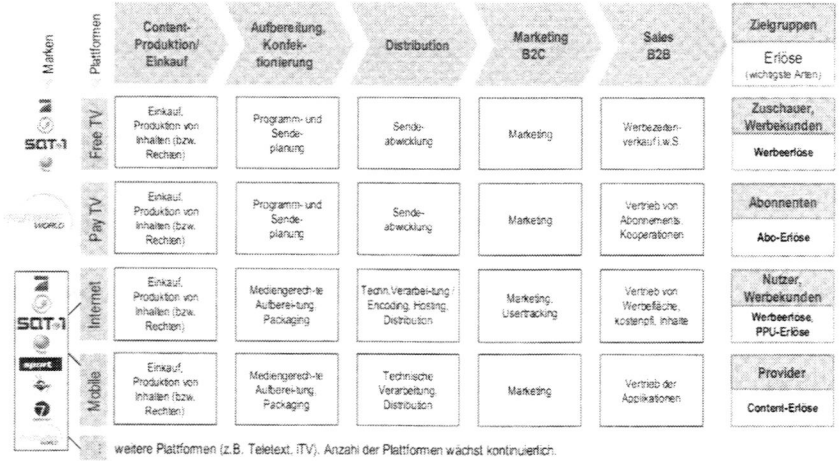

Abb. 3. Die Wertschöpfungskette am Beispiel der ProSieben Sat1 Media AG

Im Fernsehbereich – d.h. im Free TV und Pay TV – ist in der Stufe der Aufbereitung und Konfektionierung die Programm- und Sendeplanung besonders von Bedeutung. Beim Pay TV fällt darüber hinaus die Zusammenstellung von Bouquets an – ein Pay TV-Anbieter fasst in der Regel mehrere Sender zu einem Programmbouquet zusammen, für das dann Abonnementgebühren verlangt werden. Beim Pay TV-Anbieter Premiere erfolgt dies auch unter Einbezug von Drittsendern wie Studio Universal und 13th Street. Diese werden zwar nicht im Haus betrieben, der Vertrieb als Pay TV Sender erfolgt aber über die Pay TV Plattform von Premiere. In den digitalen Medien Internet und Mobile fällt hingegen die mediengerechte Aufbereitung und das Packaging der Inhalte an. Hierfür müssen z.B. Texte in die entsprechenden Formatlängen gebracht werden. So werden bei der Kirch Intermedia (dem Online-Haus der KirchGruppe) Texte aus der hauseigenen Nachrichtenagentur ddp für den Vertrieb auf mobilen Endgeräten von der Zeichenlänge her angepasst. SMS oder Texte, die sinnvoll auf mobilen Endgeräten konsumiert werden können erfordern eine kürzere Zeichenlänge als Texte z. B. auf einer Internetseite. Auch die Zusammenstellung von Inhalten verschiedener Hersteller zu einem Gesamtpaket fällt in dieser Stufe an: für einen Sport SMS-Dienst werden beispielsweise eigenerstellte Inhalte von Sport 1 mit Nachrichten der Agentur ddp zusammengefasst und dann vertrieben. Im Internetbereich müssen zudem Text- und Bildinhalte sowie zunehmend auch Bewegtbildinhalte zu thematischen Bündeln gefasst werden. So finden sich auf Internetseiten von TV-Formaten wie der Bullyparade einerseits Bilder und Texte, aber auch kurze Ausschnitte vergangener Sendungen. Mit der ansteigenden Bandbreitenentwicklung im Mobilfunkbereich wird auch dort die Produktion von Inhalten mit der Zeit komplexer: während derzeit nur Textinhalte verarbeitet werden können, werden auch hier bald Packages von Texten, Bildern und Bewegtbild distribuiert werden. Diese Bündelung unterschiedlicher Medienformen stellt hohe Anforderungen an Content Management Systeme zum Handling dieser Inhalte.

Bei der Distribution unterscheiden sich die Vertriebswege zwischen dem klassischen Broadcasting und den neuen Medien wie Internet und Mobile fundamental. Im Free TV und Pay TV erfolgt eine einmalige Sendeabwicklung. Im Internet sind diverse Schritte nötig, um einen Inhalt über eine Internetseite abrufbar zu machen: Bewegtbildinhalte müssen encodiert werden; d.h. ihre Dateigröße wird reduziert um diese über das Internet abrufbar zu machen. Andere Inhalte müssen in Form von Datenbanken wie Redaktionssystemen und Content Management Systemen vorliegen, um distribuiert werden zu können. Die Internetseiten werden auf einem Webserver gehostet. Von diesem Server erfolgen die Abrufe der Seiten, getriggert durch die Clicks der User. Durch den „individuellen" Abruf einzelner Inhalte im online- und Mobile-Bereich ergeben sich im übrigen andere Kostenstrukturen bei der Distribution als beim Broadcasting der TV-Sender. Hierauf wird im weiteren Verlauf noch näher einzugehen sein. Im Marketing erfolgen die Aktivitäten weitgehend parallel: Jede Plattform und jeder Marketingauftritt benötigt seine eigenen Marketingmaßnahmen, um von Kunden wahrgenommen zu werden. Ein Spezifikum von Online-Auftritten ist das Usertracking – die Anzahl der aufgerufenen Seiten und der Weg der User durch diese Seiten geben dem Marketing wertvolle Hinweise auf die Nutzerschaft der Seite.

Die Sales-Aktivitäten der einzelnen Plattformen unterscheiden sich je nach dem vorherrschenden Geschäftsmodell. Bei den TV-Sendern werden die Werbezeiten der Sender an Werbekunden vertrieben. Zu diesem Vertrieb gehören im weiteren Sinne auch Marketingkooperationen, die z.T. von den Sendern mit ihren Werbekunden abgeschlossen werden und die auch weitere Bereiche ausserhalb der Sender (wie z. B. Events) einschliessen können. Im Pay TV erfolgt der Vertrieb von Abonnements des Pay TV-Bouquets. Für den Vertrieb der Abonnements werden darüber hinaus Kooperationen, bsp. zum Vertrieb der Abonnements in Elektrofachgeschäften o.a. abgeschlossen. Für das Internet entwickeln sich zunehmend zwei Geschäftsmodelle: während die Werbefinanzierung durch Banner, Sponsorings und eine Vielzahl an zunehmend weiterentwickelten Werbeformen nach wie vor von großer Bedeutung ist, wird auch ein weiteres Geschäftsmodell forciert: das kostenpflichtige Anbieten von Inhalten. Im Werbereich wird dabei eine zunehmende Konvergenz von TV und Online-Bereich deutlich: dem Werbekunden werden zunehmend Bündel von Medienleistungen unterschiedlicher Plattformen angeboten.

Für ein Contenthaus stellt sich beim Angebot von Paid Content die Frage nach der Wertschöpfungstiefe. Grundsätzlich können zwar alle Online-Plattformen mit Hilfe von unterschiedlichen Zahlungssystemen und Micropayment-Anbietern ihre User direkt für genutzten Content zur Kasse bitten. Als Problem erweist sich dabei jedoch die Hemmschwelle des Users, eine neue Zahlungsbeziehung einzugehen. Diesen Nachteil nutzen Internet-Serviceprovider für sich aus: da sie in den meisten Fällen bereits eine etablierte Zahlungsbeziehung zum Endkonsumenten besitzen, können sie zusätzliche Kosten für Inhalte auf einer bestehenden Rechnung abrechnen. Aus diesem Grund etablieren sich die Seiten von Internet-Serviceprovidern zunehmend zu Portalen, auf denen sog. Paid Content aggregiert wird. Besonders relevant ist dies im Breitband-Bereich, bei dem es um den kostspieligen Abruf von Bewegtbild geht. Hier scheint sich eine Mittlerfunktion solcher Portale anzubahnen – die Inhalte etablierter Brands werden auch über fremde Portale, häufig gegen Erfolgsbeteiligung, vertrieben, um die zentrale Stellung eines solchen Anbieters mit „Kassenhäuschen" auszunutzen. Der Erfolg der ersten auf diesen Vertriebsweg spezialisierten Portale wie T-Online Vision bleibt abzuwarten.

Auch im mobilen Bereich herrschen etablierte Zahlungsbeziehungen mit den Endkonsumenten vor. Da hier jedoch auch die technische Plattform in der Regel vom Mobilfunkbetreiber angeboten wird, ist die Rolle eines Content-Hauses wie der KirchGruppe vor allem der Vertrieb von Applikationen an die Mobilfunkportale. Auch hier ist ein neuer Markt erst im Entstehen, und der langfristige Erfolg von Applikationen, die jenseits von Sportnachrichten, Klingeltönen und Betreiberlogos liegen bleibt abzuwarten. Die Anzahl neuer Plattformen ist mit den inzwischen bereits relativ etablierten Plattformen Online und Mobile keineswegs abgeschlossen. Derzeit erzielt gerade der Teletext in Deutschland erhebliche Umsätze. Die Zukunft des interaktiven Fernsehens bietet ebenfalls eine Zunahme an Plattformen, mit denen der Konsument von Medienangeboten erreicht werden kann. Und auch an öffentlichen Orten nimmt die Verbreitung konsumierbarer Medien zu: vermehrt entstehen Plattformen wie Infoscreen, bei der an U-Bahnen werbefinanziert aktuelle Nachrichten und Informationen verbreitet werden.

2. Synergien bei der Mehrfachverwertung von Content am Beispiel der ProSieben Sat 1 Media AG

Es liegt die Vermutung nahe, daß die mehrfache Verwendung von Content über einzelne Plattformen und Marken hinweg zu Synergieeffekten führt. Hierbei sollen zunächst kostenbedingte Synergien betrachtet werden. Es geht also zunächst um Effekte der Mehrfachverwendung von Contents, bei denen ein meßbarer Kostenvorteil in den einzelnen Wertschöpfungsstufen entsteht. Synergien können einerseits daraus entstehen, daß ein Content von unterschiedlichen Marken verwendet wird. Dieser Fall soll zunächst betrachtet werden. Danach wird die Verwendung eines Inhalts (der auch mit einer spezifischen Marke gebrandet sein kann) über verschiedene Plattformen hinweg betrachtet.

2.1 Ein Content – verschiedene Marken

Wird ein Inhalt einmal eingekauft oder produziert und für unterschiedliche Marken verwendet, so ergeben sich Synergien. Bei der Eigenproduktion von Inhalten teilen sich die Produktionskosten theoretisch auf die unterschiedlichen Marken auf – Synergien entstehen. Diesen Synergien steht jedoch wiederum entgegen, daß bei der Konfektionierung der Inhalte sowie der Programm- und Sendeplanung Anpassungen an die spezifische Identität der jeweiligen Programmmarke vorgenommen werden müssen. Der zentrale Einkauf eines Inhalts weist allein für sich schon Synergien auf – gute Rechteeinkäufer sind eine teure Ressource, und ob diese für eine oder mehrere Plattformen verhandeln, ändert wenig am Personalaufwand. Der Einkauf größerer Rechtepakete bringt darüber hinaus auch Preisnachlässe mit sich. Synergien im Rechteeinkauf sind also nicht von der Hand zu weisen. Allerdings handelt es sich bei diesen Synergien lediglich um Transaktionskosten – schließlich müssen beim Rechteeinkauf für jede Plattform und jede Marke Lizenzgebühren entrichtet werden. Auch bei eingekauften Inhalten lassen sich jedoch bei der Sendeplanung nicht immer Synergien erzielen. Wenn es sich nicht um Spielfilme oder Wiederholungen von Programmformaten handelt, müssen diese Inhalte aufwändig an den spezifischen Kontext der Marke angepasst werden. So haben unterschiedliche Medienmarken einen spezifischen Stil in Bild und Berichterstattung. Inhalte, die über mehrere Marken hinweg verwendet werden, müssen deshalb nachbearbeitet werden – ein Schritt, der fast so umfangreich sein kann wie die eigentliche Produktion des Inhalts. Auch die Programmplanung eines Senders muß einzeln erfolgen und weist wenig Synergiepotential mit anderen Sendern auf. Bei der Abwicklung der Distribution im TV-Bereich existiert eindeutiges Synergiepotential. So betreibt die KirchGruppe zwei Sendezentren, bei denen die Ausstrahlung der einzelnen Sender zentral abgewickelt wird. Die Abwicklung der Free TV Sender und der Pay TV Sender erfolgt dabei allerdings getrennt.

Für das Marketing eines Contents über verschiedene Marken hinweg lassen sich nur schwierig kostenbedingte Synergien feststellen. Jede Marke der kirchgruppeneigenen Sender besitzt eine eigenständige Positionierung, so daß kaum gemeinsame Marketingaktivitäten erbracht werden können. Dabei sind Positionierungen, die ähnliche Schwerpunkte für unterschiedliche Zielgruppen aufweisen, sogar erwünscht: ProSieben und Kabel 1 beispielsweise positionieren sich beide über eine Kompetenz zum Thema Spielfilm. ProSieben bedient dabei, wie Abbildung 5 zu entnehmen ist, eine wesentlich jüngere Zielgruppe. Zwar können hauseigene Marken zu relativ geringen Kosten in anderen Bereichen des Hauses beworben werden – da die Zielgruppen jedoch nicht übereinstimmen, entstehen dabei nur begrenzt Synergieeffekte.

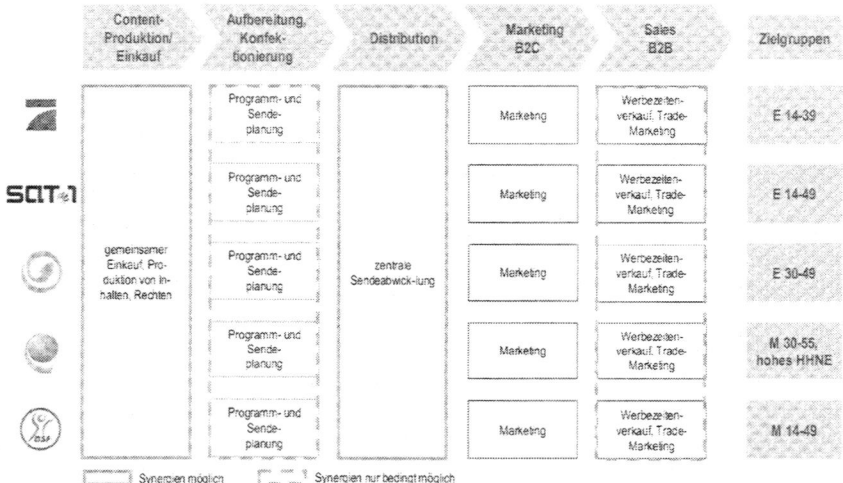

Abb. 4. Synergien bei der Verwendung von Contents über unterschiedliche Sendermarken hinweg

Beim Werbezeitenverkauf sowie beim Trade Marketing treten bedingt Kostensynergien auf. Bei der ProSieben Sat 1 Media (hier sind die Free TV Aktivitäten der KirchGruppe gebündelt) erfolgt der Verkauf der Werbezeiten zentral über die hauseigene SevenOne Media. In enger Zusammenarbeit mit der SevenOne Media werden die Werbezeiten der Online-Auftritte der kirchgruppeneigenen Sender von der SevenOne Interactive vertrieben. Die Nutzung einer gemeinsamen Organisation bietet hier eindeutiges Synergiepotential. Von Vorteil ist weiterhin, daß dem Werbekunden durch die unterschiedlichen Positionierungen der Sender ein reichhaltiges Bouquet an Zielgruppen angeboten werden kann. Gerade bei großen Werbekunden, die in ihrem Hause unterschiedliche Produkte vereinen ist dieses „One Stop Shopping" sinnvoll und wird zunehmend genutzt. Die bedeutende Rolle von Mediaagenturen, die Zielgruppenbouquets für Werbekunden zusammenstellen, macht diesen Vorteil jedoch zum Teil wiederum zunichte. Ein gutes Beispiel für die dargestellten Synergiepotentiale ist die Mehrfachverwertung von Fußballinhalten in der KirchGruppe über verschiedene TV-Sender hinweg:

Im Einkauf ergeben sich beim Abschluss grosser Rechtepakete wie bsp. dem Erwerb der Rechte an der Fußball-Bundesliga eindeutige Synergieeffekte. Diese liegen neben eingesparten Personalkosten und Verhandlungsvorteilen bei der KirchGruppe vor allem auch darin, daß die Rechte gleichzeitig im weltweiten Vertrieb genutzt werden. Da der Kreis potentieller Abnehmer von Fernsehrechten weltweit recht gering, ist ergeben sich hier Synergieeffekte durch die Nutzung einer Vertriebsorganisation, die gleichzeitig Content für hauseigene Sender erwirbt. Allerdings ist zu bedenken, daß diese Synergieeffekte nur bei den Transaktionen wirksam werden – die Rechte für unterschiedliche Verwendungsarten sind jeweils separat abzugelten.

Bei der Produktion der Inhalte im Sportbereich sind ebenfalls Synergien möglich: Fernsehbilder aus dem Stadion können über mehrere Sender hinweg genutzt werden. Allerdings werden diese Synergien in der Programm- und Sendeplanung bereits wieder relativiert: Zum einen muß natürlich jede Sendermarke in Abstimmung auf die jeweilige Zielgruppe eine eigene Programmplanung betreiben. Auch Sendeplanung und die markenspezifische Anpassung der Inhalte wirkt Synergieeffekten wiederum entgegen: jede Sendermarke verwendet die Sportinhalte unterschiedlich. Die Einbindung des Contents wie auch der jeweilige visuelle Auftritt eines Senders machen daher Anpassungsleistungen erforderlich. ProSieben und N24 beispielsweise verwenden Fußballrechte in Form von Sport News nur am Rande, Sat 1 hingegen verarbeitet die Rechte in der Fußballsendung Ran als wesentliches und markenprägendes Element. Bei Kabel 1 finden die Fußballrechte aufgrund der stark spielfilmfokussierten Ausrichtung des Senders keine Verwendung. Das Deutsche Sportfernsehen DSF nutzt insbesondere die Rechte an der 2. Liga und erweitert damit die Nutzung der vorhandenen Rechte. Premiere nutzt ebenfalls die zentral eingekauften Rechte. Allerdings muß für den Betrieb eines Pay TV Senders eine weitere Rechteform eingekauft werden: Pay TV-Rechte. Um den Mehrwert des Pay TV für den Endkonsumenten adäquat abbilden zu können betreibt Premiere eine separate Programmplanung und Konfektionierung der Inhalte in der Premiere Sportsworld. Hier treten in der Verbindung mit anderen Sendern des Hauses keine Synergien auf. Wie bereits erwähnt wird die Sendeabwicklung in der KirchGruppe durch zwei zentrale Dienstleister vorgenommen, was zu erheblichen Synergieeffekten führt. Allerdings muss die Sendeabwicklung für die digitale Ausstrahlung von Premiere separat abgewickelt werden.

Im Marketing hingegen gestaltet sich die Realisation von Synergien wiederum schwierig. Während Sat 1, das DSF und Premiere die Fußballinhalte jeweils als Positionierungsmerkmal jedoch für unterschiedliche Zielgruppen nutzen, verwenden ProSieben und N 24 diese Inhalte für das Sendermarketing nur im geringen Umfang. Im Sales-Bereich der Free TV Sender lassen sich wiederum Synergien erkennen. So können einem Werbetreibenden, der am Image des Fußballsports interessiert ist, durch die Vermarktungsagentur SevenOne Interactive gezielte Umfelder geboten werden, mit denen der Werbetreibende seine Zielgruppe erreichen kann. Auch im Trade-Marketing lassen sich Synergieeffekte erzielen: den

Werbetreibenden können die Produkte des Hauses beispielsweise auf Messen wie der Online-Telemesse gebündelt vorgestellt werden.

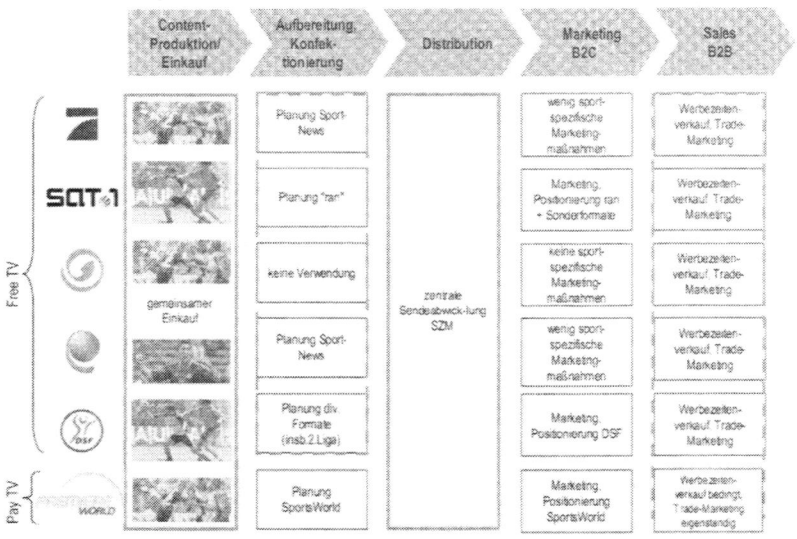

Abb. 5. Synergien bei der Verwendung von Fußballinhalten auf den unterschiedlichen TV-Plattformen der KirchGruppe

2.2 Ein Content – verschiedene Plattformen

Bei der Verwendung eines Inhalts über verschiedene Marken hinweg, aber auf einer Plattform liegen die Synergien demnach hauptsächlich im Rechteeinkauf und in der zentralen Sendeabwicklung. Ein komplizierteres Verhältnis ergibt sich bei der Verwendung desselben Inhalts über unterschiedliche Plattformen hinweg. Zur Darstellung möglicher Synergieeffekte werden im folgenden Free TV, Pay TV, Internet und Mobile als mögliche Plattformen herausgegriffen. Wiederum liegen hier mögliche kostenbedingte Synergien stark beim Rechteeinkauf. Ob über verschiedene Marken oder über verschiedene Plattformen hinweg - die Transaktionskosten für den Abschluß eines umfangreichen Vertrags sind wenig variabel.

Interessanter ist das Verhältnis bei der Produktion der Inhalte. Mobile Applikationen und Internet benötigen unterschiedliche Medienformate als Free TV und Pay TV. Zur Erstellung von Online-Sites und mobilen Applikationen kann aber auf Content und zum Teil auch auf die Redaktionen der TV-Sender zurückgegriffen werden. Dabei werden derzeit für online und mobile Plattformen hauptsächlich Nebenprodukte der TV Produktion verwendet – so können Bilder für die Programmbewerbung verwendet werden; auch Texte sind in vielen Fällen hierfür vorhanden. Allerdings wird bei begleitenden Online-Sites zu TV Formaten die Erstellung neuer Inhalte wie bsp. Flash-Spiele notwendig. Auch im Mobile-Bereich sind häufig Erweiterungen der Programmformate notwendig. Diese Erweiterungen werden jedoch in zunehmenden Masse bereits bei der Programmentwicklung konzipiert; auch hier treten also Synergien auf.

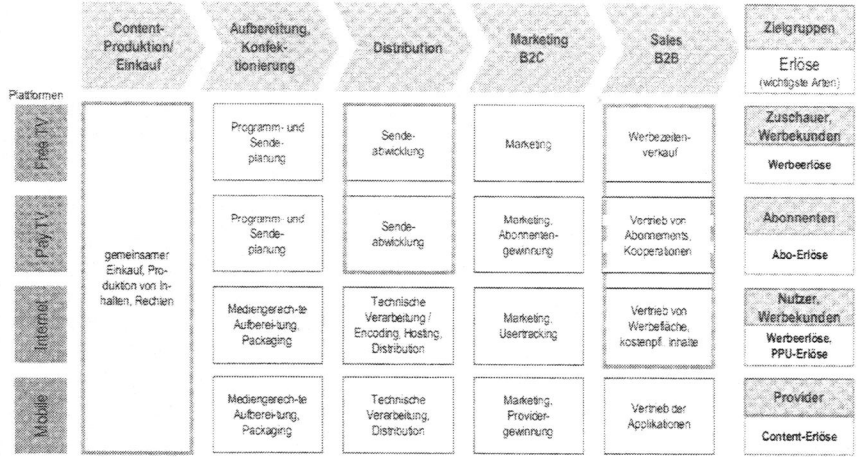

Abb. 6. Synergien bei der Verwendung von Content auf verschiedenen Plattformen

Das Packaging und die Formatierung der Inhalte kann dann aufgrund der unterschiedlichen Anforderungen der einzelnen Plattformen nur begrenzt synergetisch erfolgen. Programm- und Sendeplanung können theoretisch zwischen Free TV und Pay TV Inhalten Synergien aufweisen – allerdings erfolgt dies, wie bei obigem Beispiel deutlich wurde, meistens nicht, da die Anforderungen eines Pay TV Senders anders sind als diejenigen eines Free TV Senders. Die Konfektionierung von Online und Mobile-Plattformen kann ebenfalls nicht synergetisch erfolgen, da hier andere technische Anforderungen vorherrschen. Bei den Online-Auftritten eines TV Senders ist zwar der enge Kontakt zwischen Onlineredakteuren und Fernsehredakteuren sehr bedeutsam. Dieser führt aber lediglich zu Synergien bei der Erstellung der Inhalte, die Planung und Konfektionierung der Inhalte muß gemeinsam in einem Team von Spezialisten erfolgen und kann nicht nur durch „Universalredakteure" vorgenommen werden. Zudem fallen im Online und Mobile-Bereich viele zusätzliche Verarbeitungsschritte wie Encoding, Hosting und die Produktion der Inhalte an. Bei der Abwicklung der Distribution treten Kostensynergien nur bei der gemeinsamen Sendeabwicklung von Free TV und Pay TV Sendern auf. Online und Mobile-Bereich jedoch bieten keine Synergien im herkömmlichen Sinne, da die Distributionswege hier andere Spezifikationen aufweisen.

Im Sales-Bereich schließlich lassen sich beim Vertrieb von Werbezeiten auf den unterschiedlichen Plattformen durchaus synergetische Verhältnisse feststellen. Die SevenOne Interactive, die die Online-Plattformen der KirchGruppe vermarktet, besitzt eine enge Koordination mit der SevenOne Media, die für die Werbezeitenvermarktung der TV Plattformen der KirchGruppe zuständig ist. Die gemeinsame Ansprache von Werbekunden durch Vertreter beider Firmen, sowie die Möglichkeit, crossmediale Angebote zu schnüren, bieten hier Raum für Synergien. Gerade die Möglichkeiten der Konvergenzvermarktung werden dabei von den Werbetreibenden zunehmend genutzt.

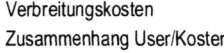

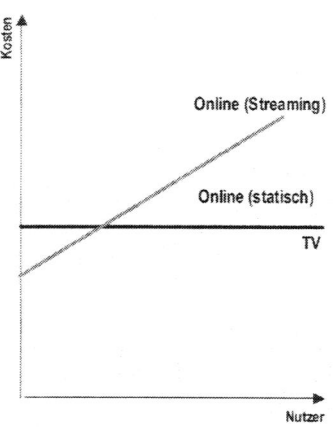

TV: Verbreitungskosten weitgehend unabhängig von Zuschauerzahl

Online: Verbreitungskosten steigen mit jedem zusätzlichen User → höhere Reichweite kann Ergebnis mindern

Abb. 7. Distributionskosten von Broadcasting und Streaming

Nutzt man den Begriff der Synergie jedoch in einem erweiterten Sinne, ergeben sich durch die unterschiedlichen Kostenstrukturen bei der Distribution im TV vs. im Online und Mobile-Bereich synergetische Verhältnisse, die aber nicht direkt unter dem klassischen Begriff der Kostensynergien gefasst werden können. Betrachtet man die Kosten der Distribution, dann ergibt sich zwischen dem Broadcasting im TV und den Abrufzahlen der Fernsehsender ein fundamentaler Unterschied (siehe hierzu auch Abbildung 8): Während das Broadcasting einmalig hohe Fixkosten verursacht – egal wieviele Zuschauer eine Fernsehsendung betrachten – fallen in den interaktiven Medien Internet und Mobile jeweils variable Kosten pro Abruf einer Seite oder eines Contents an. Kostenbedingte Synergien zwischen Fernsehsendern und Internetsendern fallen hierdurch nicht an. Es kann sich jedoch ein komplementäres Verhältnis zwischen Angeboten ergeben, die über die einzelnen Wege verbreitet werden: so ist es nicht ökonomisch, die Live-Sendung eines großen Events wie bsp. der Eröffnung einer Olympiade über das Internet zu streamen. Die hierbei anfallenden Kosten für das parallele Streamen einer Vielzahl an abgerufenen Streams ist gegenüber dem Broadcasting des Events prohibitiv. Internet, mobile und weitere interaktive Medien können jedoch dazu verwendet werden, weitere Umsatzströme für Inhalte abzuschöpfen, deren Verbreitung erst über diesen bei kleineren Zuschauerzahlen ökonomischen Verbreitungsweg interessant wird. Die Zahl der Zuschauer, die die Eröffnung beispielsweise im Laufe der nächsten Tage verpasst haben und diese „nachsehen" möchte, mag für einen Auftritt im Internet eine ökonomische Basis darstellen. Dies insbesondere dann, wenn die Zuschauer bereit sind, für diese Inhalte eine direkte Gebühr zu zahlen. Diese muß natürlich dann die Kosten der variablen Verbreitung übersteigen. Eine Wiederholung des Events im Fernsehen würde demgegenüber nicht genügend Zuschauer anziehen, um einen Sendeplatz kostendeckend füllen zu können. In Großbritannien gibt es derzeit erfolgreiche Tests mit einem umgekehrten Angebot: hier sind User eines Breitbandangebots bereit, Premiumpreise für Episoden ihrer Lieblingsserie einen Tag vor Ausstrahlung im Free TV zu bezahlen. Im Hinblick auf die Mehrfachverwendung von Contents ergibt sich hieraus eine komplementäre Beziehung zwischen den einzelnen Plattformen: Je nach Zeitschiene können die einzelnen Inhalte optimal verwertet werden. Hierbei handelt es sich jedoch nicht um Kostensynergien. Aus diesem Grund tritt diese Form von Synergie in der oben angeführten Graphik nicht auf.

Bei den Marketingmaßnahmen für die einzelnen Inhalte fallen keine Synergien im klassischen Sinne an. Zwar können die einzelnen Plattformen jeweils über Marketingmaßnahmen auf den anderen Plattformen beworben werden. Werbezeiten können hier natürlich inhouse weitergegeben werden, dies macht Synergien insbesondere über die Nutzung freibleibender Kapazitäten möglich. Dabei muß aber beachtet werden dass die Zielgruppen der einzelnen Plattformen nicht identisch sind. Die Produktion der Werbemittel muß über die einzelnen Plattformen hinweg separat erfolgen.

Eine, wenn auch nicht kostenmäßig erfassbare, Synergie tritt jedoch trotzdem auf – falls Inhalte unter derselben Marke auf verschiedenen Plattformen verwendet werden, treten Abstrahlungseffekte der jeweiligen Marke auf. Die Bekanntheit einer Marke wie bsp. ProSieben überträgt sich, wenn Inhalte unter dieser Marke auf neuen Plattformen angeboten werden. Wichtige Faktoren sind dabei die Credibility und das Vertrauen, das in eine etablierte Marke gesetzt wird. Gerade bei Paid Content, der ja im mobilen und Online-Bereich zunehmend bedeutsam wird, hat dieses Vertrauen in die gelieferten Inhalte eine bedeutsame Rolle. Dem Inhalt wird mehr Bedeutung zugemessen und der Nutzer hat eine bessere Vorstellung von dem, was ihn erwartet, wenn er für ein Angebot bezahlt. Diese Synergien, die nur über den Markenwert fassbar sind, sind aber keine Kostensynergien im herkömmlichen Sinne. Sie gehören aber insgesamt zu den bedeutendsten Effekten der crossmedialen Verwendung von Inhalten.

3. Warum Markenverlängerung?

Bisher ist deutlich geworden, dass die Entstehung crossmedialer Synergien bei einer kostenorientierten Analyse sehr skeptisch zu beurteilen ist. Diejenigen Synergieeffekte, die zunächst plausibel erscheinen, können aufgrund der Anforderungen unterschiedlicher Markenführung oder der spezifischen Personal- und Technikerfordernisse einzelner Plattformen nicht realisiert werden. Interessanterweise nimmt das Synergiepotential sogar ab, je mehr unterschiedliche Plattformen und Marken mit einem Content beliefert werden.

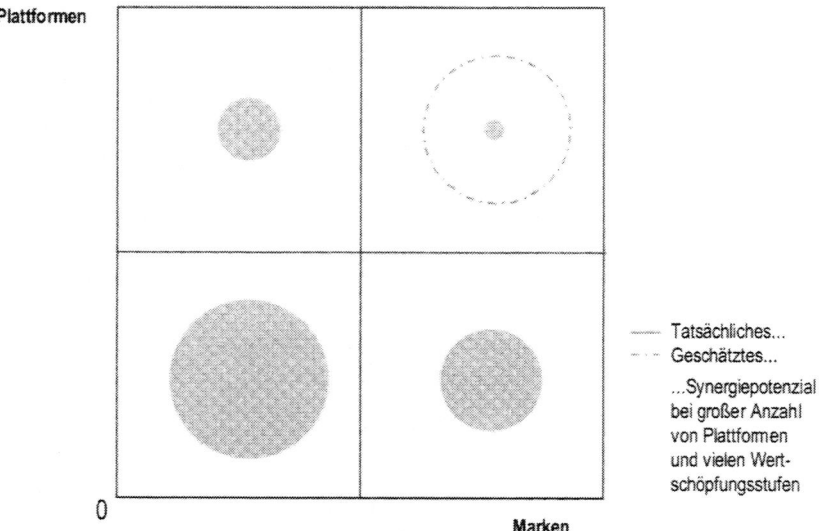

Abb. 8. Synergiepotentiale bei Nutzung verschiedener Marken und Plattformen

Dies lässt sich relativ einfach verdeutlichen: eine gemeinsame Programm- und Sendeplanung lässt sich über zwei Plattformen und Marken hinweg noch einfach und unter Verwendung weniger Kräfte, die die Anforderungen dieser Plattformen überblicken können, realisieren. Je mehr unterschiedliche Plattformen und Marken jedoch dazukommen, desto komplexer ist die Abstimmung der einzelnen Bereiche. Zur Belieferung unterschiedlicher Plattformen wird das Spezialwissen von mehreren Kräften benötigt; auch die Anforderungen an technische Systeme nehmen stark zu. Betrachtet man die Verwendung von Contents auf unterschiedlichen Marken, stehen einer einheitlichen Verwendung unterschiedliche Anforderungen der jeweiligen Marken an den Markenauftritt und die Einbindung in ein vorhandenes Programm entgegen. Bei der Produktion oder dem Rechteeinkauf für einige wenige Plattformen kann dies noch berücksichtigt werden. Werden jedoch mehrere Plattformen beliefert, ist dies nicht mehr der Fall. Somit ergibt sich bei der Verwendung von Contents über mehrere Plattformen und Wertschöpfungsstufen hinweg ein kontraintuitives Verhältnis: Synergieeffekte sind kaum festzustellen.

Warum wird dennoch Markenverlängerung über unterschiedliche Plattformen betrieben? Die Begründung liegt in Synergieeffekten, die auf der Kostenseite nur schwer zu belegen sind. Die Verwendung einer Marke über unterschiedliche Plattformen hinweg erschließt zusätzliche attraktive Umsatzpotentiale. Gerade durch die Zunahme an unterschiedlichen Plattformen wird es dabei mehr und mehr wichtig, den Nutzer über den Tag hinweg mit einer Marke zu begleiten.

3.1 Die Vision: One brand – all channels

Auch wenn also die Verwendung von „recycelten" Contents über unterschiedliche Plattformen hinweg nicht direkt zu Kosteneinsparungen führt – je stärker eine Marke beim Endkonsumenten präsent ist, desto höher ist ihr Wert. Die Vision ist dabei letztlich, den Nutzer mit der Marke über den gesamten Tag hinweg zu begleiten. Mit der Zunahme an Plattformen, über die mediale Inhalte übertragen werden können, ist diese Vision in greifbare Nähe gerückt.

Inhalte von ProSieben wie z.B. News von Hollywoodstars können beispielsweise in Formaten wie TAFF im Vorabendprogramm empfangen werden. Mit der Zunahme an interaktiven Plattformen kann der User aber vermehrt auch an anderen Orten als seinem heimischen TV-Gerät an diese Informationen herankommen. Über den Internetauftritt von *ProSieben.de* können Starnews auch am Arbeitsplatz zu jeder Tageszeit abgefragt werden. Mobile Internetauftritte erweitern diesen Spielraum: mit einem mobilen Internetauftritt kann der Nutzer nun an fast jedem Ort, an dem er sich aufhält, Informationen abfragen. Je zeitkritischer diese Informationen sind, um so wichtiger wird dies für die Nutzung. Die Ergebnisse der Oscarverleihung beispielsweise können vom User auch von unterwegs aus stets abgefragt werden. Gerade bei den mobilen Plattformen erweitert sich dabei die Zahl der Empfangsgeräte: neben Handys mit WAP-Zugang können die Inhalte auch auf PDAs sowie in Zukunft auch per mobilen Internetzugang im Auto abgerufen werden. Derzeit können auf *ProSieben.de* nach der Oscarnacht sogar die wichtigsten Szenen als Bewegtbild abgerufen werden. Zusammenstellungen kurzer Clips kann man sich – wenn sich die Bandbreiten zur Übertragung der Dateien durch UMTS entsprechend erweitert haben – durchaus auch auf mobilen Endgeräten wie Handies und PDAs vorstellen. Wer also nicht aufgeblieben ist, um sich die Oscarverleihung anzusehen, wird die ergreifendsten Szenen am nächsten morgen in der S-Bahn abrufen können. Dabei muß die Distribution nicht von ProSieben selbst gewährleistet werden – entsprechende Applikationen werden an Betreiber von Mobilfunknetzen vertrieben und in deren Mobilfunkportale eingebunden.

Auch auf dem Fernsehgerät können Information zunehmend ausserhalb der fest gegebenen Sendezeiten abgerufen werden: der Teletext hält bereits jetzt die wichtigsten Informationen vor. Die Zukunft des interaktiven Fernsehens wird es ermöglichen, verlinkte Informationsseiten auf dem Fernsehgerät nach Bedarf abzurufen und Fernsehbeiträge dann abzufragen, wenn es dem Zuschauer zeitlich gelegen kommt.

Dabei werden sich die einzelnen Plattformen auch technisch nach und nach annähern: wenn Internetinhalte per Web-on-TV auf den Fernsehbildschirm gelangen, müssen diese für einen Laien gar nicht als Internetinhalte ersichtlich werden. So wird beispielsweise auf dem Nokia Media Terminal, einer Set Top Box mit

Internetzugang und persönlichem Videorecorder[1], durch die Benutzungslogik gar nicht ersichtlich, ob ein Inhalt über einen Fernsehbroadcast, eine abgerufene Internetseite oder von der Festplatte des Geräts abgerufen wurde. Letztendlich ist es aus der Perspektive des Endkonsumenten auch gar nicht wichtig, mit welcher Technologie die Inhalte zu ihm kommen – lediglich die Qualität und die Kosten des Medienkonsums müssen stimmen.

Abb. 9. One brand – all channels

3.2 Die Medienmarke als Begleiter über den Tag

Die Zunahme unterschiedlicher Plattformen, von denen mediale Angebote abgerufen werden können, führt dazu, daß sich auch die Nutzungssituationen, in denen Inhalte konsumiert werden, verändern. Eine Marke wie ProSieben konnte ihre Nutzer bisher nur zu den üblichen Fernsehzeiten (also zum Frühstücksfernsehen und am Abend) über Fernsehsendungen und den Teletext erreichen. Über das Internet ist die Marke nun auch während der Arbeitszeiten im Büro oder am PC zu Hause erreichbar. Wer beispielsweise die Harald Schmidt Show auf Sat 1 verpasst hat, kann sich die besten Clips tagsüber aus dem Internet abrufen. Durch mobile Plattformen wird der Nutzer zunehmend auch in den bisher medial nicht genutzten Zeiten erreichbar: auf dem Weg zur Arbeit oder während der Freizeitaktivitäten, die nicht zu Hause stattfinden. Formate wie Mission Impossible auf ProSieben nützen genau diese Zeitspannen: Die Zuschauer des Fernsehformats, bei dem Einzelpersonen eine Art „Schnitzeljagd" durch Deutschland bestehen müssen,

---

[1] Ein persönlicher Videorecorder (PVR) ist eine Festplatte, mit der Fernsehinhalte wie auf einem herkömmlichen Videorekorder aufgenommen werden können.

können per SMS an dem Spiel teilnehmen und mitteilen, wenn Sie Teilnehmer der Show in der Öffentlichkeit gesehen haben.

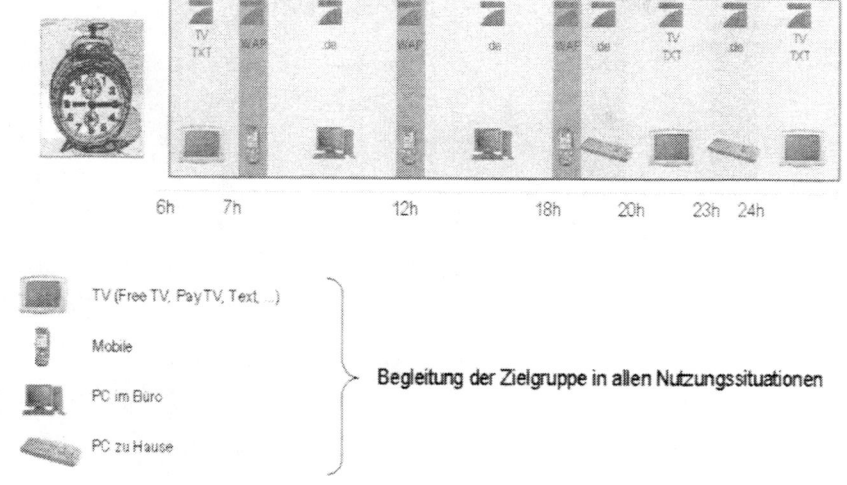

Abb. 10. Die Medienmarke als Begleiter über den Tag

3.3 Die Zukunft der Medien: Multi-Optionale Nutzung

Durch die Zunahme an Nutzungssituationen erhöht sich die Zeit, in der Medien konsumiert werden können, erheblich. Herkömmlicher Medienkonsum nimmt während eines durchschnittlichen Tages nur ca. ein Drittel der Tageszeit ein – davon in Deutschland rund 2:30 Stunden der Konsum des Fernsehens und rund 2:49 Stunden der Konsum von Radio. Durch mobile Plattformen erhöht sich die potentielle Erreichbarkeit des Konsumenten um weitere ca. 8 Stunden. Diese mit Arbeit und weiteren Freizeitaktivitäten verbrachte Zeit wird natürlich nicht gesamt zum Medienkonsum verwendet. Sie stellt aber dennoch eine Zeit dar, in dem der Nutzer beispielsweise wichtige Meldungen seiner Lieblingsmannschaft per SMS empfangen kann. Die Medienmarken, die den Konsumenten zur Nutzung dieser Inhalte zur Verfügung stehen, begleiten ihn also tatsächlich über den gesamten Tag (vgl. Abbildung 11).

Die Mediennutzung wird sich demnach in Zukunft in mehreren bedeutenden Attributen verändern: Sowohl die Zeit, der Ort, die Abfrage und auch der Standardisierungsgrad der genutzten Medien wird sich zunehmend variabel gestalten lassen. Dabei lassen sich zwei grundlegende Modi der Medienkonsumption unterscheiden: *Lean Back* und *Lean Forward*. Lean Back bedeutet, daß Medien ohne Interaktivität – sozusagen im Sofa zurückgelehnt – konsumiert werden. Es findet keine Interaktion mit dem Inhalt statt; der Mediennutzer lässt sich passiv „berieseln". Beim Modus des „Lean Forward" ist dies umgekehrt: der Nutzer tritt in Interaktion mit dem Inhalt und weist ein wesentlich höheres Spannungsniveau auf als im „Lean Back"-Modus.

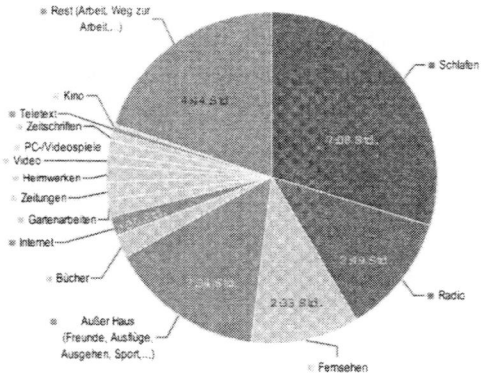

Freizeitbeschäftigung
Angaben in Stunden:Minuten

Neue Medien ermöglichen die Ansprache der Zielgruppe außerhalb der herkömmlichen Medien-nutzungszeiten; z.B. unter-wegs, am Arbeitsplatz oder im Fitnessstudio

Abb. 11. Mediennutzung über den Tag[2]

Das Fernsehen, wie wir es heute kennen, ist dabei dem „Lean Back"-Modus vorbehalten.[3] Zeiten und Orte des Fernsehkonsums sind dabei fix vorgegeben. Der Konsum von Fernsehinhalten ist derzeit stets durch den Medienanbieter vorgegeben. Der Zuschauer kann im Sinne eines „Push" die vorgegebenen Inhalte nur abrufen; er kann diese nicht im Sinne eines „Pull" aus einem breiten Archiv anfordern. Auch eine Personalisierung der angebotenen Inhalte ist nicht möglich; diese sind standardisiert.

Inhalte auf dem PC hingegen können sowohl im Sinne eines „Lean Forward" wie auch im Sinne eines „Lean Back" konsumiert werden. Derzeit ist die Nutzung von Internetseiten im Modus des „Lean Back" zwar noch selten; da aber zunehmend Bewegtbildinhalte über den PC als Endgerät abgerufen werden können, ist ein Zurücklehnen auch vor dem PC durchaus möglich.

Der Ort der Konsumption von Internetseiten ist ebenfalls relativ fix. Auch wenn ein Laptop mobil sein mag, muß der Medienkonsum derzeit zumindest im Umkreis einer Telephonsteckdose stattfinden. Der individuelle Abruf von Inhalten

---

[2] Quelle: TimeBudget 2001, SevenOne Media, forsa., 582 Befragte, Erwachsene 14-49 Jahre

[3] Dabei wird außer Acht gelassen, daß natürlich über eine Spielekonsole auch Computerspiele auf dem Fernsehbild konsumiert werden können. Hier herrscht dann ein „Lean Forward" Modus vor.

im Sinne eines „Pull"-Verfahrens und die Personalisierung einzelner Inhalte ist
natürlich möglich. In Zukunft wird die Medienkonsumption auf allen Endgeräten
die Möglichkeiten aufweisen, die heute dem PC vorbehalten ist.

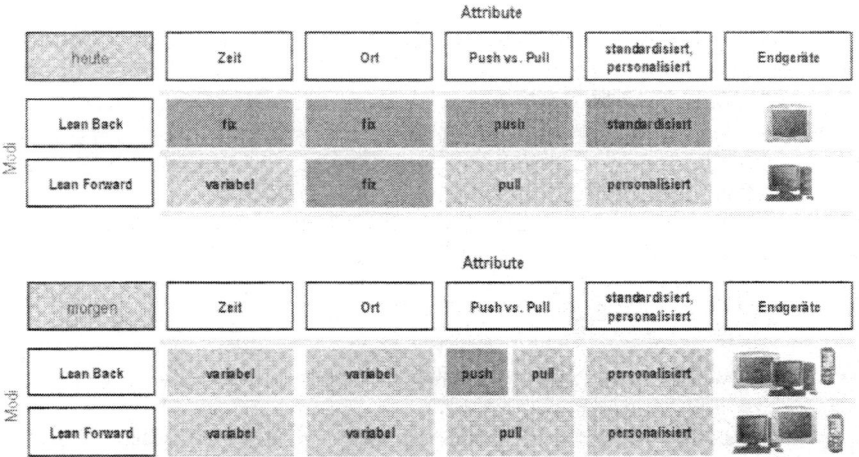

Abb. 12. Attribute und Modi des Medienkonsums heute und morgen

Der Modus des „Lean Back" wird auf allen Endgeräten durch den Konsum von
Bewegtbildinhalten und Musik ermöglicht. Es bleibt allerdings abzuwarten, ob die
begrenzten Bildschirme von Handies ein wirkliches „Lean Back" ermöglichen.
Bei mobilen Internetplattformen, die im Font von Automobilen eingebaut werden
und die den Konsum von Bewegtbild ermöglichen, kann man sich ein „Lean
Back" jedoch sehr gut vorstellen.

Da Inhalte zunehmend auch über die Plattformen Internet und Mobile angeboten werden, heben sich sowohl Zeit- wie auch Ortsbeschränkungen zum Konsum
von Lean Back-Inhalten auf. Dies gilt auch für den Fernseher: interaktives Fernsehen ermöglicht theoretisch die jederzeit mögliche Abfrage gewünschter Inhalte
wie z. B. von Spielfilmen aus Datenbanken. Damit wird zum einen die lineare
Programmstruktur des Fernsehens aufgehoben, der Zuschauer kann aber auch im
Sinne eines „Pull" gewünschte Inhalte anfordern. Der klassische Fernsehkonsum
in einer festen Struktur wird aber ebenfalls bestehen bleiben; die Push-Struktur
des heutigen Fernsehens wird damit ebenfalls zur Wahlmöglichkeit. Interaktives
Fernsehen ermöglicht neben standardisierten Programmformen personalisierte
Formen des Medienkonsums – so können beispielsweise Spielfilmpräferenzen
eines Nutzers in einer Video-on-Demand Plattform auf Wunsch auch gespeichert
werden. Alle zukünftigen Plattformen werden darüber hinaus „Lean Forward"-
Angebote aufweisen, die unabhängig von Zeit und Ort konsumiert werden können.
Die Zunahme an Plattformen führt also letztlich dazu, daß der Medienkonsument
einen größeren Teil seines Tages als bisher mit dem Konsum unterschiedlicher
Medien verbringt. Für diesen zunehmenden Medienkonsum müssen andere Frei-

zeitaktivitäten wie beispielsweise die Zeit mit Freunden nicht einmal abnehmen. Der Konsument ist lediglich zu erweiterten Zeiten bisher erreichbar; Wartezeiten oder bisher ungenutzte Zeit wie bsp. Zeit auf dem Weg zur Arbeit in öffentlichen Verkehrsmitteln steht zum Medienkonsum zur Verfügung.

Für eine Medienmarke ergibt sich hieraus letztlich ein erweitertes Umsatzpotential: je präsenter die Marke während des Tages ist, desto mehr Umsätze können mit einem Konsumenten der Marke getätigt werden. Dies beinhaltet auch den Vorteil einer stärkeren Streuung der Erlösmodelle, die für die Marke bestehen. Da die unterschiedlichen Plattformen ja neben Werbeerlösen zunehmend Abonnements und Paid Content Modell etablieren, kann sich die derzeitige Abhängigkeit einer Fernsehmarke wie ProSieben von den Schwankungen des Werbemarktes reduzieren. Dies ist für die langfristige Stabilität des Geschäftes ein weiterer Vorteil.

Letztendlich rechtfertigt sich die Verwendung von Contents über mehrere Plattformen und Marken hinweg also nicht aus kostengetriebenen Überlegungen. Es ist vielmehr wichtig, den Medienkonsumenten in Zukunft mit den verschiedenen, in einem Medienhaus versammelten Marken über den Tag zu begleiten. Hieraus resultieren Markenwerte und Umsatzpotentiale, die weitaus wichtiger sind als kostengetriebene Überlegungen.

Autoren

Christoph Dernbach, Jahrgang 1960, ist Managing Editor bei der dpa-infocom GmbH. Er studierte Politikwissenschaft, Publizistik und Germanistik in Münster/Westfalen und nahm von 1980 bis 1988 freie journalistische Tätigkeiten bei verschiedenen Tageszeitungen, Hörfunksendern und TV-Anstalten sowie Computermagazinen wahr. Seit 1988 nahm er in der dpa-Gruppe, deren Online-Dienst er 1996 konzipierte, u.a. Positionen wie Leiter der dpa-Online-Redaktion (1997–2000) aus. Seit 2001 ist er Redaktionsleiter dpa-infocom, der Multimedia-Tochter der dpa. Christoph Dernbach ist Mitbegründer des Hamburger High-Tech Presseclubs (HHPC) und wurde zweimal, 2000 (Platz 71) und 2001 (Platz 50), von der Jury des kressreport zu den „100 wichtigsten Deutschen im Internet" gewählt.

Hardy Dreier, Jahrgang 1965, studierte von 1987 bis 1993 an der Freien Universität Berlin Publizistik, Politologie und Bibliothekswissenschaft. Danach arbeitet er als wissenschaftlicher Mitarbeiter im Arbeitsbereich Medienökonomie des Instituts für Publizistik an der Freien Universität. In dieser Zeit beschäftigte er sich unter anderem mit internationalen Fragestellungen der Multimediaentwicklung und der Entwicklung der Presselandschaft in Deutschland. Seit 1999 arbeitet er als Wissenschaftlicher Referent am Hans-Bredow-Institut und beobachtet und analysiert die Auswirkungen der Multimediaentwicklung auf die Strukturen des Mediensystems. Sein Forschungsinteresse gilt auch unabhängig von der Multimediaentwicklung den sich beständig wandelnden Strukturen des Mediensystems sowohl aus der Perspektive der Anbieter als auch des Publikums mit dem Schwerpunkt auf ökonomischen Fragestellungen.

Birgit van Eimeren, Jahrgang 1960, ist Diplom-Psychologin und war neben ihrem Studium der Psychologie, Betriebswirtschaftslehre und Statistik an der Universität Mannheim zwischen 1981 und 1986 für diverse Unternehmen im Großraum Mannheim/Ludwigshafen, u.a. BASF, im Bereich der Werbeforschung und -

beratung tätig. Nach Abschluss des Studiums arbeitete sie von 1986 bis 1988 als Studienleiterin für die GfK Marktforschung in Nürnberg und von 1988 bis 1990 als Projektleiterin bei der Infratest Kommunikationsforschung in München. Seit 1990 ist sie Leiterin der Medienforschung des Bayerischen Rundfunks und der Bayerischen Rundfunkwerbung. Im Rahmen dieser Funktion ist sie Vorsitzende der ARD-ZDF-Projektgruppe Multimedia, AG.MA-Beauftragte der ARD sowie Lehrbeauftragte der Ludwig-Maximilians-Universität München und der Bayerischen Akademie für Werbung, München. Von ihr erschienen sind zahlreiche Buchbeiträge und Artikel vor allem aus den Bereichen Medienentwicklung, Neue Medien, Internet, Medienverhalten und Politikverständnis von Jugendlichen, Talkshows.

Hubert Eisner, Jahrgang 1947, berät Unternehmen aus allen Sparten bei der Digitalisierung von Inhalten, der Optimierung von Workflows und der Einführung von Metadaten. Der Nachrichtentechniker Herr Eisner begann seine Karriere beim ORF im Aktuellen Dienst und als Technischer Leiter der Videofilm Wien. Danach war er fünf Jahre mit der Planung und Einrichtung von Fernseh- und Hörfunkstudios und -Stationen für Studio Hamburg Media Consult International beauftragt. Eisner wechselte 1985 zum Heinrich Bauer Verlag, wo er mit der technischen Leitung der Fernsehstudios, der Digitalisierung der Zeitschriftenproduktion und dem Aufbau Neuer Elektronischer Medien beauftragt war. Während dieser Zeit betreute Hubert Eisner auch das Hamburger Pilotprojekt „Digitales Interaktives Fernsehen". In seinen zahlreichen Tätigkeiten hat sich Herr Eisner immer wieder mit der Frage der Konvergenz zwischen alten und neuen Medien befasst. Als Mitglied des Commercial Modules des DVB-Standardisierungsgremiums hat er aktiv an der Gestaltung des Multimedia Home Platform- (MHP-) Standards mitgearbeitet. Von August 1999 bis Ende 2001 war er verantwortlich für den Bereich Media & Entertainment und Business Development bei der Skillberry GmbH.

Dr. Marcus Englert, Jahrgang 1965, ist seit Juli 2001 Sprecher der Geschäftsführung der Kirch Intermedia GmbH. In 2001/2000 zeichnete er als Mitglied des Vorstandes der Kirch New Media für die Bereiche Produkt und Markt verantwortlich. Zuvor war er seit 1998 Geschäftsführer der ProSieben Digital Media GmbH in München. Von 1995 bis 1996 studierte Dr. Marcus Englert an der INSEAD in France mit dem Abschluß des MbA. Von 1994 bis 1998 arbeitete er als Berater bei der Boston Consulting in München. Dr. Englert wurde vom Kernforschungszentrum CERN in Genf promoviert. Zuvor schloß er das Studium der Physik an der Ludwig-Maximilians-Universität in München ab.

Reinhold Gokl, Jahrgang 1948, Studium der Sozial- und Informationswissenschaften in Heidelberg und Stuttgart. Von 1982 bis 1989 war er Leiter der Abteilung Informationsdienste, einem der ersten und führenden Infobroker der Technologie-Vermittlungs-Agentur (TVA) Berlin. Seit 1989 ist er Bereichsleiter und

Prokurist in der Verlagsgruppe Handelsblatt GmbH, Düsseldorf/Frankfurt, verantwortlich für GENIOS-Wirtschaftsdatenbanken. Geschäftsfelder: Content-Provider, Inhaltepartner für Intranets- u. Corporate Information Portals, vertikale Fachportale, Content-Syndication. Partner von Verlagen und Online-Providern bei der Gestaltung und dem Betrieb von Premium-Diensten im professionellen Online-Markt.

Björn Müller-Kalthoff, Jahrgang 1966, ist Gründer und geschäftsführender Gesellschafter des Strategie-Beratungsunternehmens ModularMedia mit Sitz in Hamburg. ModularMedia ist auf Medienunternehmen und integrierte Cross-Media Strategien spezialisiert. Zu den Kunden zählen renommierte deutsche Medienhäuser, europäische Fachverlagsgruppen sowie Unternehmen aus Konvergenzbranchen wie der Telekommunikation. Herr Müller-Kalthoff ist zweisprachiger Industriekaufmann und studierte Volkswirtschaft an der Universität Bonn. Er sammelte in zahlreichen Projekten Erfahrungen auf den Gebieten Strategie-Entwicklung, Process Redesign, System Integration und Projektmanagement bei der internationalen Beratungsgesellschaft KPMG, bevor er als Vice President Business Development das Geschäft für einen deutschen Online-Content Vermarkter aufbaute. Bei ModularMedia verantwortet er den Geschäftsbereich *Digital Strategies*.

Dr. Christa-Maria Ridder, Jahrgang 1951, ist Chefredakteurin der Medienfachzeitschrift Media Perspektiven, die von der ARD-Werbung herausgegeben wird. Nach dem Studium der Wirtschafts- und Rechtswissenschaften in Gießen, Konstanz und an der Yale University, USA, war sie ab 1980 als wissenschaftliche Lektorin für den Campus Verlag tätig. 1981 trat sie in die Redaktion der Media Perspektiven ein, deren Leitung sie 1993 übernahm. Sie ist Mitherausgeberin der Schriftenreihe Media Perspektiven. Im Rahmen ihrer Funktion als Mitglied der ARD/ZDF-Medienkommission ist sie Projektleiterin für die kontinuierliche ARD/ZDF-Programmstrukturanalyse des IFEM-Instituts, Köln, sowie die ARD/ZDF-Langzeitstudie "Massenkommunikation". Sie hat zahlreiche Buchbeiträge, Aufsätze, Hörfunksendungen und Vorträge zu medienpolitischen und -wissenschaftlichen Themen verfasst.

Hergen H. Riedel, Jahrgang 1959, arbeitet heute als freier Journalist und Medien-Berater für Verlage und Online-Medien. Schwerpunkte: Medien & Medienjournalismus, Redaktions-PR, Media-Marketing, Recruiting, Jobs&Karriere. Er promovierte nach dem Studium der Publizistik, Politikwissenschaft, Soziologie und Germanistik in Münster/Westfalen über Medienwirkungen und die Möglichkeiten, theoretische Ergebnisse in der Praxis anzuwenden. Nach der Promotion absolvierte er ein Zeitungsvolontariat und war als Redakteur, Werbetexter und Autor (u.a. für das Bundesjustizministerium „Öffentlichkeitsarbeit der Justiz") tätig. Mehr als sieben Jahre leitete er danach das Ressort Print-Medien beim Me-

dien-Informationsdienst text intern, bevor er zur Wirtschaftzeitung Net Business
wechselte.

Wolfgang Scheuren, Jahrgang 1943, besitzt als gelernter Journalist jahrzehntelange publizistische Erfahrung sowohl auf dem Print- als auch auf dem Electronic
Publishing Sektor. Die Stationen waren u.a. Fachredakteur bei "w&v – werben
und verkaufen", Chefredakteur in der E. Albrecht Verlags KG sowie geschäftsführender Gesellschafter einer Food-PR-Agentur, Verleger eines Food-Newsletters
und -Nachschlagewerks, Leiter der Presseabteilung und des (elektronischen) Zent-
ral-Archivs des Deutschen Fachverlages. Als Content Partner Relationship Manager trägt er bei GENIOS Wirtschaftsdatenbanken u.a. zur Anbahnung neuer Con-
tentpartnerschaften bei und zeichnet für den Inhalt des GENIOS Newsletters Content Strategy verantwortlich.

Andreas Schoo, Jahrgang 1960, ist Geschäftsführer im Heinrich Bauer Pro-
grammzeitschriften Verlag KG. Er studierte Rechtswissenschaften in Göttingen,
Hamburg und Los Angeles. 1990 bis 1991 war Herr Schoo als Rechtsanwalt in
einer Wirtschaftskanzlei tätig. 1992 wechselte er in den Heinrich Bauer Verlag in
die Rechtsabteilung. Ab 1996 wurde Herr Schoo Assistent der Geschäftsleitung.
Ab November 1998 übernahm er die Verlagsleitung für TV Movie, tv pur, RTL 2
Text, TV Movie.de und Electronic Program Guide. Seit Dezember 2001 ist er
Geschäftsführer im Heinrich Bauer Programmzeitschriften Verlag und hier für alle
Programmzeitschriften verantwortlich.

Yüksel Sirmasac, Jahrgang 1972, hat nach dem Studium der Betriebswirtschaftslehre an der Universität zu Köln seine berufliche Karriere in der international
tätigen Unternehmensberatungsgesellschaft KPMG eingeleitet. Anfang 1999
wechselte er zur Verlagsgruppe Handelblatt. Im Rahmen eines Trainee-
Programms verantwortete er den Aufbau des GENIOS Internet-Marktplatzes für
redaktionelle Inhalte content4portals. Weitere Stationen des Trainee-Programmes
waren die strategische Unternehmensentwicklung der Verlagsgruppe sowie Economy One AG (Handelsblatt Online), wo er unter anderem die Projektleitung für
die Bewerbung um UKW-Lizenzen im Hörfunk übernahm. Seit Anfang 2002 ist
Herr Sirmasac als Projektleiter Business Development bei GENIOS tätig.

Prof. Dr. Insa Sjurts ist Inhaberin des Lehrstuhls für Allgemeine Betriebswirtschaftslehre, insbesondere Medienmanagement an der Universität Flensburg.
Nach dem Studium der Betriebswirtschaftslehre in Hamburg war Insa Sjurts zunächst bei der Gruner + Jahr AG & Co. im Vorstandsstab Betriebswirtschaft tätig.
Im Jahr 1989 wechselte sie an die Universität der Bundeswehr Hamburg, wo sie
als wissenschaftliche Mitarbeiterin am Lehrstuhl Internationales Management und
am Lehrstuhl für Organisationstheorie arbeitete und sich 1999 mit der Arbeit

„Kollektive Unternehmensstrategie – Grundzüge einer Theorie kollektiven strategischen Handelns" habilitierte. Insa Sjurts ist Verfasserin des ersten betriebswirtschaftlichen Lehrbuchs zu Strategien in der deutschen Medienbranche und Auto-
rin zahlreicher Artikel zu Medienthemen. Seit Frühjahr 2002 ist Prof. Sjurts Mitglied der Kommission zur Ermittlung der Konzentration im Medienbereich
(KEK).

Sören Stamer, Jahrgang 1972, ist CEO & Co-Founder der CoreMedia AG mit
Hauptsitz in Hamburg. Er studierte Betriebswirtschaftslehre und Informatik an der
Universität Hamburg und arbeitete studienbegleitend von 1992 bis 1996 als freibe-
ruflicher Unternehmensberater im IT-Bereich. Als solcher war er von 1994 bis
1995 u.a. am Aufbau von AOL Deutschland beteiligt. Mit der Gründung der Co-
reMedia AG am 19. April 1996 übernahm er die Rolle des Vorstandsvorsitzenden
und positionierte das Unternehmen erfolgreich als Anbieter innovativer Content
Management Technologie. Als ehrenamtlicher Leiter des Arbeitskreises Content
Management des Förderkreises Multimedia e.V. in Hamburg kreierte er ein offe-
nes Innovationsforum für aktuelle Themen der Content-driven Economy. Sören
Stamer wurde 2001 von der Jury des kressreport auf Platz 59 der „100 wichtigsten
Deutschen im Internet" gewählt.

Prof. Dr. Insa Sjurts ist Inhaberin des Lehrstuhls für Allgemeine Betriebswirtschaftslehre, insbesondere Medienmanagement an der Universität Flensburg.
Nach dem Studium der Betriebswirtschaftslehre in Hamburg war Insa Sjurts zunächst bei der Gruner + Jahr AG & Co. im Vorstandsstab Betriebswirtschaft tätig.
Im Jahr 1989 wechselte sie an die Universität der Bundeswehr Hamburg, wo sie
als wissenschaftliche Mitarbeiterin am Lehrstuhl Internationales Management und
am Lehrstuhl für Organisationstheorie arbeitete und sich 1999 mit der Arbeit
„Kollektive Unternehmensstrategie – Grundzüge einer Theorie kollektiven strategischen Handelns" habilitierte. Insa Sjurts ist Verfasserin des ersten betriebswirtschaftlichen Lehrbuchs zu Strategien in der deutschen Medienbranche und Auto-
rin zahlreicher Artikel zu Medienthemen. Seit Frühjahr 2002 ist Prof. Sjurts Mitglied der Kommission zur Ermittlung der Konzentration im Medienbereich
(KEK).

Timo Wasmer, Jahrgang 1970, studierte von 1991 bis 1996 Volkswirtschaftslehre
mit Schwerpunkt Umwelt- und Gesundheitsmanagement an der Albert-Ludwigs-
Universität in Freiburg i. Br. Nach Abschluss des Studiums absolvierte er längere
Sprach- und Praktikumsaufenthalte in Australien und Großbritannien, u.a. bei der
Deutsch-Britischen Industrie- und Handelskammer in London. Anfang 1998 be-
gann er seine berufliche Karriere als Projektmanager bei Grolman.Result GmbH,
Frankfurt a. M., einer Unternehmensberatung mit Schwerpunkt Marketing. Im
August 2000 wechselte er zu seinem jetzigen Arbeitgeber GENIOS Wirtschaftsda-
tenbanken – Verlagsgruppe Handelsblatt GmbH in Frankfurt. Er begann dort als

Produktmanager Internet Services und ist seit Anfang 2001 Marketingleiter von GENIOS.

Sachverzeichnis

   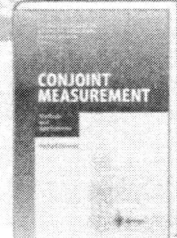
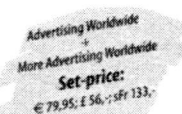